한국 현대사와 국가폭력

한국
현대사와
국가폭력

김상숙·박은성·임채도·
전명혁·한성훈·홍순권
엮음

푸른역사

책을 내며

1960년 4월혁명으로 제1공화국의 이승만 정권이 무너지자, 민주화를 향한 각계각층의 열망이 다양한 형태로 분출되었다. 그중 하나로 한국 전쟁 시기 국가폭력에 의해 희생된 민간인들의 명예 회복과 진상 규명이 시대적 과제로 떠올랐다. 희생자 유족들은 지역별로 유족회를 결성하고 민주당 정부와 국회에 희생자들의 명예 회복과 진실 규명을 요구했다. 당시 국회는 희생자 유족들의 절절한 요구를 받아들여 '양민학살 사건 진상 조사 특별위원회'를 구성하고 경북·경남·전남의 3개 지역에 조사반을 파견하여 한국전쟁 중 일어난 민간인 학살사건의 진상 규명을 위한 조사 작업에 착수했다.

그러나 민주화 과정에서 응당 해결되었어야 했던 이러한 과거사 청산 작업은 이듬해 일어난 5·16군사쿠데타에 의해 중단되고 말았다. 진상 규명을 요구했던 유족회의 간부들은 〈특수범죄 처벌에 관한 특별법〉 위반으로 재판에 회부되었고, 유족회는 반국가 불법단체로 낙인찍힌 채 해체되었다. 4월혁명 기간 중 수습하여 안치한 희생자들의 분묘는 쥐도 새도 모르게 사라져버렸고, 희생자들을 추모하는 위령비는 누군가에 의해 훼손되거나 철거되는 수난을 겪어야 했다. 이렇게 해서 역사적 진실은 다시 땅속 깊이 묻히고 말았다.

1987년 6월 민주항쟁의 승리와 함께 민주화라는 새로운 시대의 문이 열리면서 과거사 청산에 대한 사회적 요구가 크게 대두되었다. 중간에 우여곡절을 겪긴 했지만 2000년 10월, 지난 권위주의 정권하에서 벌어진 의문의 죽음을 밝히기 위한 '의문사진상규명위원회'가 출범하면서 과거사 청산운동의 물꼬가 트였다.

한국전쟁 전후 민간인 학살에 대한 진상 규명은 과거사 청산의 주요 과제였다. 일부 유족이나 선구자들이 개별적으로 수행했던 진상 규명 노력은 2000년 9월 '한국전쟁 전후 민간인학살 진상규명 범국민위원회'(이하 '범국민위원회')라는 시민단체 탄생으로 이어졌다. 2004년에는 이러한 과거사 문제를 학술적으로 연구하기 위한 '제노사이드연구회'가 조직되었다. 특히 희생자 유족과 시민활동가가 중심이 된 범국민위원회는 자체적인 진상 조사활동과 함께 진상 규명을 위한 범국민적인 입법운동을 전개했다. 그 결과 2005년 5월 〈진실·화해를 위한 과거사정리기본법〉(이하 〈과거사 기본법〉)이 제정·공포되었고, 이 법에 기초해 그해 12월 마침내 '진실·화해를 위한 과거사정리위원회'(이하 '진실화해위원회')가 공식 출범하게 되었다.

1987년 이후 지금까지 30여 년 동안 역대 정부에서 특별법에 기초한 과거사 청산이 지속적으로 이루어져왔다. 일제강점기의 과거사 문제와 관련하여 일제강점하강제동원진상규명위원회(2004), 친일반민족행위진상규명위원회(2005) 등이 출범했고, 해방 이후 과거사와 관련해서도 5·18민주화운동등에관한특별법(1995), 제주4·3특별법(2000) 등이 제정되었다. 또 한국전쟁 관련 과거사 문제 가운데 거창사건이나 노근리사건은 진실화해위원회와는 별개로 특별법을 통해 진상 규명 작업이 진행되었다. 이는 과거사 청산이 민주화를 위한 실천적 과제이자 이른바 '이행기의 정의 실현'에 필요한 조치라는 인식이 지배적이었기에 가능했다.

그러나 지금까지 역대 정부가 과거사 정리를 위해 기울여온 노력과 성과에 비해 일반 시민들에게는 이 문제의 중요성이 크게 각인되지 못했다. 이는 이명박 정부 출범 이후 한동안 종전에 이룩한 과거사 정리 성과마저 훼손하려는 시도가 도처에서 일어났던 실정과 무관하지 않다. 이러한 과거사 청산의 후퇴는 곧 민주주의의 후퇴를 의미하기도 했다.

과거사 청산 관련 위원회에서 다룬 과거사 정리는 단순히 잊힌 역사의 복원이 아니다. 그 자체가 한국 사회의 역사에 대한 성찰의 과정이자 한국 사회의 민주적 발전과 정의의 회복 과정이기도 하다. 물론 지금까지의 과거사 청산이 한계를 지니고 있고, 아직 접근조차 하지 못한 과거사도 만만찮게 남아 있다. 하지만 성과도 적지 않았다. 문제는 그러한 성과들이 일부 학계 차원에서만 공유되고 있을 뿐 대중에게 널리 알려지지 않았다는 점이다. 과거사 청산이 한국 사회의 역사적 과제이자 자산이라는 점에서 너무나 유감스러운 일이 아닐 수 없다.

진실화해위원회가 활동하던 시절에도 언론을 통해 과거사 정리의 진행 과정이나 그 성과들이 대중에게 알려졌으나, 이를 체계적으로 전달하려는 노력은 매우 부족했다. 《한국 현대사와 국가폭력》은 진실화해위원회의 조사결과를 바탕으로 과거사 정리의 역사적 의미 및 그동안 은폐되었거나 왜곡되어왔던 한국 현대사의 진실을 대중과 공유하기 위한 책이다. 이러한 일은 민주주의를 중심축으로 구성해야 할 역사교육의 중요한 몫이기도 하다.

사실 민주주의와 과거사 청산 그리고 역사교육은 서로 떼려야 뗄 수 없는 관계다. 과거사 청산은 은폐되었던 과거사의 진실을 밝혀 정의를 세우는 작업으로 민주주의적 제도하에서 가능한 일이지만, 그 자체가 민주주의를 확립해 나아가는 과정이기도 하다. 이는 역사교육을 통해 뒷받침될 때 비로소 지속가능하다.

2013년 제69회 유엔총회에 제출된 〈역사교과서와 역사교육에 관한 문화적 권리 분야의 특별조사관의 보고서〉(이하 〈보고서〉)의 내용도 이와 맥락을 같이한다. 〈보고서〉에 따르면 역사교육은 관용, 상호 이해, 인권, 민주주의 같은 근본적 가치들의 증진을 위한 역할을 해야 한다. 〈보고서〉는 이러한 가치들이 근대국가 형성 과정에서 많은 갈등을 통해 탄생하고 받아들여진 개념이기 때문에 그러한 갈등에 대한 사실을 인정하지 않고서는 역사교육이 인권과 민주주의를 함양하는 장이 되기 힘들 것이라고 지적하고 있다. 〈보고서〉에서 지적하고 있는 근대국가 형성 과정에서 일어난 갈등이란 곧 과거사와 과거사 청산을 가리킨다.

이 책은 시대순으로 3부로 구성되어 있다. 한국전쟁 발발을 기준으로 나눴지만, 다소 겹치는 부분도 있다. 또 해방 이후 1990년대 초까지 한국 현대사의 주요 사건을 다루고 있지만, 모든 사건을 포괄하지는 못했다. 함께 묶기에 너무 비중이 큰 1980년 광주민주화운동을 비롯해 진실화해위원회에서 미처 취급하지 못한 여러 사건들이 제외되었다.

제1부 '전쟁 전야—이념 갈등 속의 민간인 학살'은 해방 직후 좌우의 이념 갈등이라는 정치적 소용돌이 속에서 희생된 민간인 집단학살 문

제를 다루었다. 모두 3장으로 나누어 이른바 '10월 항쟁사건'과 여순사
건은 김상숙이, 제주 4·3사건은 전명혁이 집필했다.

제2부 '전쟁과 국가폭력'은 한국전쟁 전후 민간인 집단학살 문제와
관련된 주요 사례를 가해 주체와 사건의 성격에 따라 다섯 가지로 분류
하여 정리했다. 대부분은 전쟁 중에 일어난 사건이지만, 국군의 빨치산
토벌 과정에서 발생한 민간인 학살은 전쟁 이전에도 있었고 전쟁 중 일
어난 민간인 학살과도 밀접한 연관성이 있기 때문에 함께 서술했다. 1
장 인민군과 좌익세력에 의한 민간인 학살은 홍순권, 예비검속 희생자
를 다룬 2장의 국민보도연맹사건은 한성훈, 형무소 재소자 희생사건은
박은성, 3장 부역이라는 누명을 쓴 사람들과 4장 빨치산 토벌과 민간인
희생은 홍순권, 미군의 피란민 공격을 다룬 5장은 김상숙이 집필했다.

제3부 '독재정치하의 인권탄압'은 이승만 정부를 비롯하여 역대 권위
주의 통치하에서 일어난 각종 인권탄압 사례들을 네 가지로 분류하여
정리했다. 1장 시국사건은 전명혁이, 2장 간첩조작사건, 3장 강제징집
과 노동운동 탄압 및 의문사사건, 4장 언론탄압과 언론인 강제해직은
임채도가 집필했다.

책의 기획과 내용 구성, 편집 등 출간의 전 과정은 집필진 6인의 공
동 작업으로 이루어졌다. 필자들은 모두 2005년 12월 설치된 진실화해
위원회에서 위원이나 조사관으로 참여한 경험이 있기에 과거사 청산에
대해 누구보다 깊은 문제의식을 가지고 있다. 그러한 문제의식과 진실
화해위원회의 활동 경험은 이 책을 발간하는 데 밑바탕이 되었다.

필자들은 보다 많은 사람들이 과거사 청산의 성과를 좀 더 쉽게 확인
할 수 있기를 갈망하면서 서둘러 작업을 시작했다. 그럼에도 불구하고

집필에서 출간까지 무려 2년 이상이 흘렀다. 과거사 청산이라는 주제를 대중이 하나의 역사로서 인식하도록 하는 일이 그만큼 쉽지 않았다. 그 많은 사건을 취합, 요약하고 의미를 부여하는 작업이 또 하나의 역사 해석이라는 점을 절실하게 느낀 과정이었다.

2010년 6월 진실화해위원회의 조사활동이 종료되면서, 정부 차원의 과거사 청산 작업은 사실상 일단락되었다. 미진하게 처리된 부분도 있고, 아직 손조차 대지 못한 과제도 있었다. 다행히 '촛불혁명'으로 들어선 새 정부는 미진했던 과거사 청산의 재개를 정책 과제로 제시하고 있다. 따라서 이제 그동안 진행되어온 과거사 청산의 성과를 엄밀하게 평가하고, 이를 바탕으로 장차 과거사 청산의 방향과 과제를 새롭게 설정해 보는 것도 의미 있는 일이다. 비록 부족한 점은 있으나 이 책이 그러한 방향 설정에 조금이라도 기여할 수 있기를 기대한다.

《한국 현대사와 국가폭력》이 과거사 청산 과제를 통해 한국 현대사를 깊이 있게, 그러면서도 쉽게 접근할 수 있는 징검다리가 되기를 희망한다. 책의 내용 중 혹시라도 오류가 있다면, 그것은 전적으로 필자들의 공동 책임이다. 독자 여러분의 따가운 질책을 바란다. 끝으로 이 책의 출판을 허락하고 책이 나오기까지 오랫동안 인내해준 도서출판 푸른역사에 더없는 감사의 인사를 올린다.

2019년 6월
엮은이를 대표하여 홍순권 씀

• 책을 내며 ... 5

1

전쟁 전야
이념 갈등 속의 민간인 학살

2

전쟁과
국가폭력

3

독재정치하의
인권탄압

1

전쟁 전야
이념 갈등 속의 민간인 학살

01

민간인 학살의 시발점,
대구 10월 항쟁

"배고파 못 살겠다,
쌀을 달라!"

경찰, "쌀을 달라"는 시위대에 발포

"배고파 못 살겠다, 쌀을 달라!"

1946년 10월 1일 오전 10시 반경, 대구부청 앞에서 여성과 어린이가 중심이 된 시민 1,000여 명이 시위를 벌였다. 성난 군중을 해산하려고 경관 1명이 공포탄을 세 발 발사하자, 군중은 더 분노하여 그를 구타했다. 그들은 그 길로 10여 분 거리에 있는 도청 광장으로 이동하여 계속 시위를 벌였다. 이들의 시위는 대구공동위원회 인사들의 설득으로 수그러드는 듯했다.

그러나 이날 오후 대구공회당(현 대구시민회관)과 대구역 광장 일대에서 파업 노동자와 100여 명의 무장경찰대가 대치하는 상황이 벌어졌다. 파업은 합법이었으나, 노사 양쪽 대표의 협상이 지지부진한 채 파업본부인 남조선총파업 대구시투쟁위원회(이하 대구시투·1946년 9월 27일 철도노조원 1,000여 명을 선두로 30여 개 업체의 노동자 5,000여 명이 조선노동조합전국평의회 산하 노동조합대구지방평의회 의장 윤장혁을 위원장으로 하여 결성) 간판 철거 문제로 노동자들과 경찰 사이의 대립이 격화된 것이었다. 오후 5시경 대구역 광장에서는 대구시투 주도로 '전매국 노조의 쟁의 지원 시민궐기대회'가 열렸다. 이 집회에는 노동자 동맹파업단 외에도 시민 5,000~6,000명이 모였다. 집회는 오후 7시경 끝났으나 군중은 해산하지 않고 경찰과 대치했다.

당시 경찰은 친일 인사가 대부분이어서 시민들에게는 증오의 대상이었다. 미군정하에서 대구와 경북을 담당하는 제5관구 초대 경찰청장에 임명된 권영석과 대구경찰서장 이성옥 역시 일제강점기 때 관료, 경찰로 일했던 친일 인사였다. 일제강점기의 유산을 고스란히 물려받은 경찰은 파업 이전에도 비민주적인 수사 관행과 고문 등 인권 탄압으로 시민들의 반발을 샀다. 이런 상태에서 다수의 시민과 무장경찰이 대치하게 되자 분위기가 험악해졌다. 운수경찰관(교통경찰관)과 운수노동자들의 충돌로 경찰이 중상을 입는 사태까지 일어났다.

결국, 위기의식을 느낀 경찰의 발포로 노동자 1명이 현장에서 즉사했다. 또 다른 노동자 1명은 중상을 입고 도립의원으로 이송되었으나 이틀 뒤 숨졌다. 당시의 상황에 대해 미24군단 사령부에서 작성한 문서(1946. 10. 24)에는 "1946년 10월 1일 (대구)역 앞에서 시위 중 경찰이 시위자에게 발포해 2명이 죽었다. 이 중 노조 지도자 이상익은 복부에 총을 맞고 10월 3일 병원에서 숨졌으며, 또 다른 신원 미상 한 명은 병원에 도착하기 전에 사망하여 영안실에 안치했다"고 기록되어 있다. 당시 대구공회당 인근의 시위 현장에 있었던 철도노조원 유병화는 동료 노조원 김용태金龍泰가 경찰의 발포로 현장에서 즉사했다고 증언했다. 사건이 수습된 뒤 1946년 11월 13일 대구부 후생과에서 발표한 민간인 피살자 명단에도 김용태(27·역수驛手)라는 이름이 있다. 이를 통해 봤을 때 '신원 미상자'는 김용태로 추측된다.

경찰서 점령되자 장갑차 앞세운 미군의 시내 진입

1946년 10월 2일 이른 아침부터 대구의과대학에서 최무학을 중심으로 한 학생들이 전날 사망한 김용태의 시신을 들것에 메고 교정을 돌면서 "어제 경찰 총격으로 숨진 노동자"라 외치며 다른 학생들에게 시위에 동참할 것을 호소했다. 그들은 교정에서 나와 대구사범대학을 거쳐 중앙통과 경북도청을 지나 대구경찰서로 향했다. 학생 시위대는 중학생들까지 합세해 수천 명으로 불어났다. 오전 10시경, 시위대가 대구경찰서 앞에 도착하자 청년, 노동자, 시민들도 합세했다. 1만 5,000여 명으로 불어난 시위 군중은 대구경찰서 정문에서 무장경찰과 대치하며 "살인 경찰관을 처단하라"는 구호를 외쳤다.

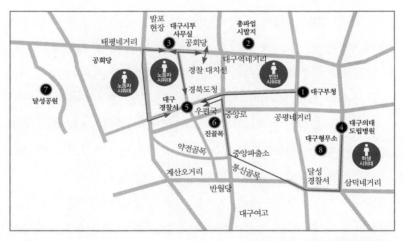

〈그림 1-1〉 대구 10월 항쟁 전개도

① 기아·빈민 시위 현장(대구부청, 경북도청), ② 철도 노동자 총파업(대구역), ③ 대구시투, ④ 시신 시위 시작(대구의대), ⑤ 시위대의 최종 집결지(대구경찰서), ⑥ 고관대작, 친일 인사 주택 습격(진골목), ⑦ 습격 후 취득물을 빈민들에게 나눔(달성공원), ⑧ 무력 진압 및 검거, 항쟁 참가자 구금(대구형무소).
ⓒ 10월 항쟁유족회.

비슷한 시각, 대구역 앞에는 전날 경찰의 총격으로 동료를 잃은 파업 노동자 수천 명이 아침부터 집결해 있었다. 경찰은 경상북도 5관구 경찰청 특경대 등이 동원되면서 전날의 두 배로 불어나 있었다. 노동자들이 경찰을 향해 구호를 외치고 돌을 던지며 대치하던 중 경찰이 또다시 발포했다. 당시 현장에 있었던 한 경찰은 진실화해위원회 조사에서 "1946년 10월 1일 출동명령을 받고 대구역 앞으로 진압을 나가 철야를 했다. 현장에서 경찰 지휘관이 하늘을 향해 검지를 치켜들면서 손가락으로 지시하면 졸병들은 총을 한 발씩 발사했다"고 증언했다.

미국 국립문서기록관리청에서 공개한 당시 사진을 보면 거리 한쪽에 장총으로 무장한 경찰들이 엄폐물 뒤에 쪼그려 앉아 있고 반대편에는 시위 군중이 모여 있는데 여러 명이 바닥에 쓰러져 있다. 또한 시신을 찍은 사진에는 24번까지 번호가 매겨져 있어 적어도 24명이 사망했음을 알 수 있다. 경찰의 발포 계기에 대해서는 ① 군중 측의 투석에 의한 것이라는 설, ② 군중 측의 총격에 의한 것이라는 설, ③ 집회 중 연단에서 연설 중인 노동자에게 경찰이 총격을 가했다는 설이 있다. 여러 기록이나 증언의 내용이 엇갈리므로 이 부분은 좀 더 확인이 필요하다.

한편, 대구경찰서 앞에서는 학생·시민 연합시위대가 연좌하고 있었고 시위대 대표단이 미군정을 상대로 '구금자 석방', '경찰의 무장해제', '시위대에게 발포하지 말고 폭력으로 시위 진압을 하지 말 것' 등을 요구했다. 권영석 제5관구 경찰청장은 시위 군중에게 해산을 종용했고, 미군정의 프레이저 소위는 이성옥 대구경찰서장에게 무력으로 군중을 해산할 것을 명령했다. 그러나 일부 경찰이 어린 중학생들이 주축이었던 시위대에 동조하고 대구역에서 유혈사태까지 일어나자, 이성옥 서장은 총기를 무기고에 넣고 인근의 본정소학교(지금의 종로초등학교)로

〈사진 1-1〉, 〈사진 1-2〉 대구 10월 항쟁
대구역 광장 시위 발포 현장 모습(1946. 10. 2). 엄폐물 뒤에 쪼그려 앉아 있는
무장경찰들(오른쪽)과 시위 군중(왼쪽)의 모습이 보인다.
ⓒ 미국 국립문서기록관리청.

경찰을 철수시켰다. 이에 시위대는 시위한 지 1시간 반 만에 대구경찰서를 접수한 뒤 유치장 문을 열고 구속자 100여 명을 석방했다.

10월 2일 오후 1시경, 대구경찰서가 점령되었다는 소식이 퍼지자 대구 시내 곳곳에서 빈민 등 기층민중의 봉기가 일어났다. 군중들은 경찰서 지서와 사택을 공격하고 경찰과 우익인사, 군정관리 30여 명을 살해했다. 일부 마을에서는 청년들이 자치회를 만들어 질서를 잡고 관리와 부유한 인사들의 집에서 가져온 물품을 빈민에게 배급하는 등 민중 스스로 새로운 질서를 세우려는 움직임도 있었다.

그러자 같은 날 오후 3시, 미군이 장갑차와 기관총부대를 앞세워 대구 시내로 들어왔다. 그들은 장갑차를 시내 곳곳에 배치하고 군중에게 해산하지 않으면 발포하겠다고 위협했다. 이에 대구경찰서 앞의 학생시위대는 순순히 해산했다. 오후 5시에는 미군정이 계엄령을 선포했다. 충청도 등 다른 지방에서 온 경찰도 투입되었다. 그들은 5명씩 조를 짜 길거리나 민가를 수색하며 눈에 띄는 청장년 남성들을 무차별 연

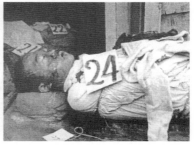

〈사진 1-3〉, 〈사진 1-4〉 대구 10월 항쟁 피살자들
10월 항쟁 피살자들(1949. 10. 2). 24번(〈사진 1-4〉)까지 있는 것으로 보아 적어도 24명이 사망했음을 알 수 있다.
ⓒ 미국 국립문서기록관리청.

행했다. 특히 미군정 반대자가 많았던 남산동의 남산국민학교 인근 마을, 덕산국민학교 윗마을, 자갈마당 주위 마을 등의 청년들을 연행해 경찰서나 수창국민학교 운동장 등에 수용했고, 불응하는 자는 그 자리에서 사살했다.

농민 가세, 도 전역으로 항쟁 확산

대구에서 밀려난 시위대는 시 외곽으로 빠져나가 경북 각 군의 농민들과 합세했다. 10월 항쟁 이전부터 미군정의 식량 공출 문제뿐 아니라 토지개혁 지연에 대해 불만이 많았던 경북 지역의 농민들은 1946년 초부터 경주, 왜관, 의성, 현풍 등 곳곳에서 시위를 벌였으며, 소작쟁의를 일으키기도 했다. 이런 상황에서 대구에서 항쟁이 일어나자 농민까지 가세하여 경북 전역으로 항쟁이 퍼진 것이다. 경북의 몇몇 지역에서는 대구보다 훨씬 더 격렬한 항쟁이 일어났다. 미군정이 이미 계엄령을 선포한 상태였으므로 진압 또한 훨씬 강경했고 이 과정에서 학살된 민간인도 많았다.

　칠곡에서는 1946년 10월 2일 밤부터 3일 새벽 사이에 대구에서 온 시위대에 지역 농민들이 합세하여 여러 지서를 습격하고 경찰 3명을 살해했다. 시위 군중은 왜관읍 북쪽의 교량 2개를 폭파했으며, 경찰·관리·부호의 가옥을 파괴하기도 했다. 이 과정에서 시위 군중 측도 7명이 사망했다. 칠곡의 각 면을 돌아 약 2,000명으로 불어난 시위 군중은 3일 오전 6시경 왜관읍에 도착하여 행진하다가 칠곡경찰서를 공격, 6명의 경찰을 살해하고 경찰서를 점거했다. 이 봉기는 이튿날 왜관읍에 들어온 충남 경찰부대에 의해 진압되었다. 10월 4일 새벽, 칠곡경찰서를 점거했던 시위대는 경찰이 오는 것을 알고 도피했으나 경찰서 부근에는 비무장 상태의 주민들이 많이 있었다. 그들은 상황의 심각성을 알지 못하다가 경찰이 발포하자 흩어졌다. 이때 미처 피하지 못한 주민 여러 명이 사살되었다. 같은 날 오후에는 칠곡군 약목면 동안동 주민 11명이 토벌을 나온 충남 경찰부대에 사살되었다. 주민들 증언에 의하면, 당시 1개 대대 경력으로 추정되는 경찰이 마을을 포위해서 들어오는 통에 여성과 노약자는 집 안에 숨고 미처 마을을 벗어나지 못한 남성들은 논으로 달려가 추수를 앞둔 벼 사이에 숨었다. 그러자 경찰은 논을 포위하고 숨어 있던 사람들에게 일어서면 살려준다고 하고는 일어선 주민 11명을 사살했다.

영천에서는 1946년 10월 3일 오전 1시경 주민 1만 명이 봉기해 읍내를 포위하여 통신망을 절단하고 군청, 경찰서, 우편국, 재판소, 등기소, 신한공사 출장소 등과 지서, 면사무소 등을 습격하고 불태웠다. 이때 한민당의 요인이자 악질 지주로 악명이 높았던 이인석의 집도 공격을 받았으며, 군수 이태수를 포함하여 경찰과 관리 16명이 살해되었다. 이 와중에 주민 24명도 사망했다. 면 단위에서도 격렬하게 일어나 연인원 수만 명이 참가하여 영천 전역을 휩쓸었던 영천의 봉기는 10월 5일 대구에 주둔하던 미군과 충남 경찰부대 등 지원 경찰에 의해 진압되었다. 이후 12월 8일까지 사건 관련자 600여 명이 경찰에 검거되었으며 재판에 부쳐진 사람 가운데 9명이 사형을 선고받았다. 이러한 법적 처리 과정과는 별도로 진압 과정에서 충남 경찰부대와 서북청년단이 무차별 발포·구타를 하여 민간인이 다수 살해되기도 했다. 특히 화북면에서는 항쟁 발생 직후 군경이 화북면 자천리 오리장림(현 자천중학교 운동장) 등지에서 주민 여러 명을 사살했고, 화북면 정각동 추곡마을에도 들어가 주민을 사살하고 가옥 10여 채를 불태웠다.

진실화해위원회 조사에는 포함되지 않았으나, 선산 지역에서는 박정희 전 대통령의 형인 박상희의 주도로 봉기가 일어났다. 박상희는 이 지역 명망가로 일제강점기에는 좌우합작 항일단체인 신간회 선산지회 간부였고 해방 후에는 인민위원회 간부였다. 그는 1946년 10월 3일, 2,000여 군중을 이끌고 구미경찰서를 습격하여 협상 끝에 경찰들을 철수시켰다. 그리고 경찰서 간판을 떼어낸 뒤 선산인민위원회 보안서 간판을 내걸고 서장을 비롯한 경찰관들과 우익정당 요인들을 유치장에 가뒀다. 선산군의 항쟁은 10월 6일 대구에서 온 경기도 경찰부대에 의해 진압되었다. 박상희를 비롯한 주동자 3명은 경찰을 피해 달아나다 논바닥에서 사살되었다.

이처럼 1946년 10월 2일 대구의 항쟁이 진압된 후 경북 22개 군에서 항쟁이 일어났다. 경북의 항쟁은 10월 6일경 대부분 진압되었다. 그러나 항쟁은 경남과 충남, 경기도와 황해도, 강원도와 전라도 등으로 번져 12월 중순까지 동학농민운동이나 3·1운동에 버금갈 정도의 규모로 계속되었다.

일제강점기 때 쌓인 한, 미군정의 실정에 폭발

1946년 10월 항쟁의 배경과 원인에 대해서는 여러 설명이 있다. 첫째, 당시 미군정과 사회운동세력의 관계 변화다. 1945년 8·15 직후 민중은 남한 각지에서 자발적으로 건국준비위원회와 인민위원회를 조직했다. 하지만 곧이어 진주한 미군정은 일제강점기 식민지체제 관료들을 중심으로 행정과 치안조직을 형성했다. 당시 국내에는 다양한 정치세력이 있었으나 미군정은 친일 지주, 토착 자본가, 미국유학파 지식인들이 만든 정당인 한국민주당과 친미계 반공주의 인사인 이승만 등 일부 세력을 선별하여 통치 기반을 형성했다. 반면 임시정부 세력이나 중도세력과 좌파세력이 주도하던 민중 자치조직인 인민위원회 등 나머지 세력은 합법적 조직으로 인정하지 않았다. 이에 따라 미군정과 주민들의 갈등이 고조되었다.

미군정은 1946년 5월 제1차 미소공동위원회가 결렬되자 한편으로는 좌익세력 탄압을 강화하면서 다른 한편으로는 좌우합작을 추진하는 이중정책을 펼쳤다. 이에 미군정 협조노선을 취하고 있던 조선공산당은 미군정 협조노선보다 공세적인 '신전술'을 채택했고, 여운형을 중심으로 하는 인민당 계열의 온건세력은 좌우합작노선을 추구했다. 당시 대구의 사회운동세력들은 6월에 좌우합작단체인 대구공동위원회를 결성하여 미군정과 협조적인 분위기를 유지하고 있었다. 그러나 9월 들어 대구에서도 좌익 인사 검거가 시작되자 미군정과 좌익세력의 충돌 조짐이 나타났다. 이는 1946년 10월 항쟁의 계기가 되었다.

둘째, 당시 식량난이 심각한 상태에서 미군정이 식량 공출정책을 가혹하게 했던 것도 원인으로 지적되고 있다. 미군정청은 초기에는 자유곡가제를 시행하다가 쌀의 매점매석이 심해지자 1946년 1월부터 공정가격제를 시행했다. 그러나 사정이 호전되지 않자 2월에는 '미곡수집령'을 발표하고 쌀 강제 수집과 배급 제한정책을 시행했으며 춘궁기에 하곡까지 수집했다. 이로 인해 식량난이 가중되었다. 여기에 대구·경북 지역에서 5월에는 콜레라가 창궐하고 6월에는 수해까지 있었다. 당국이 방역을 위해 교통을 차단하자 식량 부족사태가 더욱 악화하여 청송 등 경북 산간 지역에서는 아사자가 속출했다.

셋째, 해방 직후부터 대구·경북에는 귀환동포 30만 명이 유입되어 인구가 급증했으나 미군정이 이에 대한 대책을 세우지 않는 바람에

1946년 봄부터 자살자가 늘어나고 실업·범죄 등 사회적 불안정성이 증대했는데, 이 점도 원인으로 들 수 있다. 농민들의 경우 토지개혁이 지연되면서 소작 관련 갈등이 심해졌다. 특히 영천처럼 논농사 비율이 높거나 소작률이 높은 지역은 농민들의 불만이 높아 나중에 봉기가 격렬하게 일어나기도 했다.

넷째, 친일 경찰을 향한 증오심도 주요 원인이 되었다. 미군정은 일제강점기에 일했던 한국인 관리 대부분을 다시 등용해, 경상북도와 대구부에는 국·과장급 대다수가 일제 관료 출신이었다. 경찰의 경우, 일제 말기 경상북도의 경찰관 2,100명 가운데 873명이 한국인이었는데 그 대부분이 미군정에 다시 임용되었다. 일제의 유산을 물려받은 경찰은 비민주적인 수사 관행과 인권 탄압 행위로 주민들의 반발을 샀으며 이것은 양곡 수집 과정에서 극명하게 드러났다. 그 결과 경찰은 대구에서 10월 항쟁이 발생했을 때 주요 공격 대상이 되기도 했다.

다섯째, 10월 항쟁은 해방 직후부터 있었던 시민들의 건국운동, 빈민들의 기아 시위와 농민들의 시위, 노동자 파업의 연장선에서 발생했다. 빈민들의 기아 시위는 1946년 1월 4일, 3월 11일, 4월 1일, 7월 1일, 8월 19일 등 여러 차례에 걸쳐 수백 명에서 수천 명에 이르는 시민들이 부청이나 도청에 몰려가 식량 배급을 요구한 사건이다. 경북에서도 토지개혁 문제로 1946년 한 해 동안 1,552건의 소작쟁의가 있었고, 몇몇 지역에서는 식량 공출을 둘러싸고 농민들의 시위와 봉기가 있었다. 한편, 미소공동위원회가 결렬된 뒤 남한 단독정부 수립 가능성이 현실로 다가오면서 미군정은 좌파를 포함한 건국운동 세력을 대대적으로 탄압했다. 이에 맞서 1946년 9월 23일 부산 철도노조의 파업을 출발점으로 조선노동조합전국평의회가 주도한 9월 총파업이 일어났다. 대구와 경북에서도 철도노조원 1,000여 명을 선두로 30여 개 업체의 노동자 5,000여 명이 대구시투를 결성하고 파업을 벌였다. 9월 30일, 서울의 파업은 미군정에 의해 폭력적으로 진압되었다. 그러나 대구에서는 파업과 시위 규모가 확대되었다.

이처럼 1946년 10월 항쟁은 민중의 반제反帝·반봉건 요구가 해결되지 않은 상태에서 해방 직후 자주적인 건국운동에 대한 미군정의 탄압과 실정에 대한 반발로 나타난 시민항쟁의 성격을 지니고 있었다.

항쟁 후유증, 한국전쟁까지 이어져

항쟁은 민간인과 군경 양측의 피해를 낳았다. 미군 측에서 발표한 보고서에 따르면, 1946년 12월 1일 기준으로 경북에서만도 경찰과 국방경비대 측 피해자는 사망 82명, 부상 129명, 실종 및 포로 151명으로 집계되었으며, 시위대 측 피해자는 사망 88명, 부상 55명, 체포 33명으로 집계되었다. 그러나 이 통계는 정확한 것이라고 보기 어렵다. 민간인 피해의 경우에는 가족들이 보복을 두려워하여 신고하지 않은 경우가 많았기 때문이다.

상황이 일단락된 뒤 조선공산당 대구시위원회 위원장 김일식 등 경북 도내의 주요 좌익 간부들이 9월 총파업과 10월 항쟁의 주모자로 잡혀 포고령 2호 위반 등의 혐의로 재판을 받았다. 이들 외에도 경북에서만 8,000여 명이 시위 가담 혐의로 검거되어 군정재판과 특별군정재판에 부쳐져 가담 정도에 따라 최고 사형까지 선고받았다. 그러나 사건 관련자뿐 아니라 사건과 무관한 민간인 상당수가 재판 없이 불법적으로 학살되었으며, 이러한 상황은 사건 발생 후 몇 년간 계속되었다. 당국은 대구·경북 각 지방 경찰서 소속 경찰 외에도 충남·충북·경기도 등 다른 도의 지원 경찰, 국방경비대(충남), 서북청년단, 각 지방의 우익 청년단·특별경찰대 등을 동원하여 토벌을 계속했다. 특히, 경찰은 자신들이 항쟁의 피해자라는 생각에 주민들에게 사적으로 보복하기도 했다. 진실화해위원회 조사에서 경찰 측 참고인들은, 당시 일선 경찰서의 경찰들이 재판이나 별다른 절차 없이 민간인을 사살하는 일이 흔했다고 증언했다.

1948년 단독정부 수립 이후에도 상당수 민간인이 항쟁 관련자라는 이유로 학살되었다. 1949년에는 영천 대창면 조곡리 채석장 뒷산, 대구 화원면 본리동 부채골, 월성군 안강읍 육통리 능골, 칠곡군 석적읍 벼랑골 등에서 항쟁 관련자에 대한 집단학살이 있었다. 항쟁 관련자들은 1949년 말부터 국민보도연맹에 가입한 뒤 한국전쟁 발발 직후 국민보도연맹사건으로 집단학살되기도 했다.

또한 한국전쟁 시기에 희생된 민간인 중에는 1946년 10월 항쟁에 가담하지 않았는데도 경찰서 자료에 '10·1폭동 관련 처형자'로 기록되어 있는 경우도 있다. 예를 들어 영천 화산면 당지동 정립분(1941년생)은 아홉 살 때인 1950년 9월에, 형인 정동택이 군에서 탈영했다는 이유로 일가친척과 함께 국군에게 학살되었다. 그런데 그는 경찰 자료에는 "10·1사건 당시 요인 암살 방화 등 행위를 하다가 처형된 자"로 기록되어 있다.

피해자 유족들은 경찰서에 남은 신상정보로 인해 연좌제 피해를 입기도 했다. 유족들은 각 경찰서에서 작성한 《대공인적위해자조사표》나 《신원기록편람》 등에 포함된 〈처형자명부〉에 신상정보가 기록되어 있었을 뿐만 아니라, 일부는 '요시찰' 대상으로 분류되어 〈요시찰인명부〉에 신상정보가 남아 있었다. 유가족 중에는 연좌제 피해를 봤다고 증언

하는 사람이 많은데, 적어도 《대공인적위해자조사표》나 《신원기록편
람》과 같은 경찰서 자료가 작성되었던 시점인 1981년까지는 이런 자료
를 근거로 유가족들이 당국의 감시·통제를 받거나 연좌제 등의 불이익
을 당했다고 추정할 수 있다.

친미반공 정권의 토대, 영남 보수화의 시발점

10월 항쟁에는 식민지 상황으로 환원되는 것을 저지하고자 하는 민중
의 반제 요구와 함께, 대대로 내려오는 봉건적 질서의 속박에서 벗어나
고자 하는 농민의 반봉건 요구가 담겨 있다. 이러한 반제 반봉건 요구
는 주로 친일 관리와 경찰, 악덕 지주에 대한 공격으로 나타났다.

또한 1946년 10월 항쟁은 대부분의 계층·계급이 참여한 항쟁이다.
노동자뿐 아니라 학생, 청년, 시민이 연대하고 공무원과 전문직 종사
자, 일부 경찰도 함께했다. 농촌에서는 일부 악덕 지주와 친일 인사를
제외한 지역민 대부분이 항쟁에 참여해 항쟁 주도세력이 며칠간 치안
과 행정권력을 장악하고 자치기구 역할을 수행하기도 했다.

그러나 1946년 10월 항쟁은 전국적 지도부가 없었다. 이로 인해 항
쟁은 미군정의 막강한 물리력에 의해 단기간에 진압되었다. 다른 지역
과 유대 없이 고립적으로 진행되었던 항쟁의 한계는 농촌 지역에서 더
확연하게 나타났다.

10월 항쟁 후 항쟁 참여자들은 군경의 탄압을 피해 팔공산, 지리산,
태백산 등으로 들어가 야산대野山隊를 형성했다. 야산대에서 발전한 유
격대는 군경과 대치하며 '작은 전쟁'이라 불리는 지역 내전을 벌였다.
지역민들은 '낮에는 군경, 밤에는 빨치산'이라는 이중권력 아래에서 생
활했다. 《한국전쟁의 기원》을 쓴 브루스 커밍스에 의하면, 군경은 야산

대·유격대를 "전후 아시아에서 가장 잔인하고 지속적이며 철저하게" 토벌했으며,[1] 이 과정에서 수많은 민간인이 함께 학살되었다. 지역 내전은 한국전쟁으로 이어졌는데, 이승만 정권은 자신의 반대세력을 제거하기 위한 민간인 학살을 종전 후인 1954년까지 계속했다. 이러한 학살은 건국운동의 주축이었던 지역 진보세력의 배제와 절멸, 특히 대중과의 접점에 있던 말단 청년활동가들의 말살로 귀결되었다.

1946년 10월 항쟁은 현대 한국사회의 틀이 형성되던 초기에 중요한 전환점이 되는 사건이자 전후 냉전 통치체제 구축의 출발점이 되는 사건이다. 1946년 10월 항쟁 이전의 지방 단위에는 애국세력과 친일세력의 구분만 있을 뿐, 좌익과 우익이 명확하게 나뉘어 있지 않았다. 그러나 항쟁 후 우익세력은 미군정의 지원을 받아 마을공동체 단위까지 하부조직을 형성하고 지방권력을 장악했다. 이후 이승만 정권은 이를 토대로 국가권력을 하향적으로 이식했다. 학살에서 생존한 지역민들은 패배와 학살의 공포로 인해 집단적 트라우마에 시달리게 되었다. 이 트라우마는 전쟁 후 한국사회 전반에 '반공=빨갱이 혐오'의 사회심리 구조를 만들어내 냉전 통치체제 구축의 토대가 되었다. 이 세대의 집단적 트라우마는 나중에 대구·경북 지역이 보수화되는 원인이 되기도 했다. 이러한 과정을 거치면서 한국사회에는 친미 반공정권이 안정적으로 들어서게 되었다.

폭동에서 항쟁까지, 끝나지 않은 진상 규명

1946년 10월 항쟁은 그동안 바라보는 쪽의 관점에 따라 '대구 10·1폭동', '10·1사건', '10·1소요', '10월 인민항쟁', '추수봉기' 등 여러 명칭으로 불렸다. 특히 '좌익 주도의 폭동'이라는 시각 때문에 오랫동안 정부 차원에서 진상 규명 시도조차 하지 않았다. 진실화해위원회에서는 이 사건을 '대구 10월사건'이라는 명칭을 사용하면서 국가의 공식 조사 대상으로 인정했다. 위원회는 이 사건을 "해방 직후 미군정이 친일 관리를 고용하고 토지개혁을 지연하며 식량 공출을 강압적으로 시행하는 것에 불만을 가진 민간인들과 일부 좌익세력이 경찰과 행정 당국에 맞서면서 발생한 사건"으로 정의하면서, 이와 관련해 일어난 민간인 학살사건을 조사했다.

조사 결과, 1946년 10월 항쟁 진압 과정에 비무장 민간인 상당수가 재판절차 없이 불법적으로 살해된 사실을 확인했고, 그중 1948년 8월 정부수립 전까지 희생된 민간인 60명의 신원과 정부수립 후에 희생된 민간인 40명의 신원을 확인했다. 희생자들은 ① 항쟁 참가자 중 교전지역이 아닌 곳에서 비무장 상태로 재판 등 적법절차를 거치지 않고 살해된 사람, ② 항쟁 참가자의 가족이라는 이유로 항쟁 참가 여부와 무관하게 살해된 사람, ③ 면장·구장·마을 대표 등 지역 유지 중 항쟁 참가 여부와 무관하게 살해된 사람, ④ 토벌작전 중이던 군경의 무차별 검문과 진압 때문에 살해된 사람으로 구분된다.

이 사건의 가해자는 경상북도 5관구 경찰청 특경대, 대구·경북 각 경찰서 경찰, 충남·충북·경기도에서 지원 온 경찰, 서북청년단, 지역청년단·특경대 등으로 확인되었다. 진실화해위원회는 민간인을 법적 절차 없이 임의로 살해한 군경에게 일차적 책임이 있으나, 사건 발생 당시에는 남한의 치안과 행정을 담당하던 미군정이 경찰을 관리·감독해야 했으므로 미군정도 책임이 있음을 지적했다.

진실화해위원회의 조사는 1946년 10월 항쟁과 관련 민간인 학살사건의 실재를 국가기관에서 공식적으로 인정했다는 점에서 의미가 있다. 그러나 항쟁 자체보다는 항쟁 이후 발생한 민간인 학살사건의 진상 규명에 중점을 두다 보니 항쟁 자체의 실상, 배경, 영향 등을 상세히 밝히지 못했다는 한계가 있다. 피해자 조사도 대구, 칠곡, 영천, 경주 지역 일부만 조사한 상태에서 2010년 12월 정부 방침에 의해 중단되어버렸다.

사건 관련 유족들은 2009년 12월 4일 대구에서 '10월 항쟁유족회'를 결성했다. 진실화해위원회에서 진실 규명 결정을 받은 유족회 회원 중 일부는 최근 국가를 상대로 한 배상청구소송에서 승소했다. 10월 항쟁 유족회는 2014년 12월 10일, 단체 명칭을 '10월 항쟁 및 한국전쟁 전후 민간인 희생자 유족회'로 변경한 뒤, 진실화해위원회 미신청 유족을 중심으로 활동하고 있다. 그들은 〈한국전쟁 전후 민간인 희생자 등의 명예 회복을 위한 특별법〉 제정운동을 벌이면서 정부가 과거청산 활동을 재개할 것을 요구했다. 아울러 위령제 행사를 개최하고, 위령 시설 건립과 유해 발굴을 위해 노력했다. 이러한 노력 덕분에 2016년 7월 대구 시의회에서 〈대구광역시 10월항쟁 등 한국전쟁 전후 민간인 희생자 위령사업 지원 등에 관한 조례안〉이 통과되었고, 2019년 9월 완공을 목표로 대구시 달성군 가창면 용계리에 위령탑 건립이 추진되고 있다. 현재 유족들은 〈과거사 기본법〉을 개정하여 제2의 진실화해위원회를 설립하고 명예 회복과 피해자 배·보상 문제를 해결하기 위해 총력을 기울이고 있다.

02

제주 4·3사건과
브레이크 없는 국가폭력

친일파, 민족반역자를
즉시 축출하라.

경찰, 3·1절 기념 시위대에 발포

1947년 3월 1일 제주 북국민학교에서 3만여 명의 도민이 모인 가운데 제28주년 3·1절 기념대회가 개최되었다. 그런데 대회를 마치고 관덕정 광장을 향해 행진하던 참가자 행렬에 경찰이 발포하여 6명이 사망하고 8명이 중상을 입는 사건이 발생했다. 희생자 대부분은 행렬을 관람하던 일반 주민이었다. 그러나 미군정과 경찰 당국은 군중이 경찰서를 습격하려 해서 발포했다면서 치안유지를 위한 정당방위라고 주장했다. 나아가 이를 기회 삼아 3·1절 시위 주동자에 대한 대대적인 체포와 탄압을 가하기까지 했다.

'3·1절 발포사건' 직후인 1947년 3월 5일 남조선노동당 제주도위원회는 '3·1사건 투쟁위원회'를 결성하여 대책위원회, 파업단 등을 구성했다. 위원회는 3월 10일 정오를 기하여 총파업에 들어갈 것을 지시하고 "발포 책임자 강동효 및 발포한 경관을 살인죄로 즉시 처형하라, 3·1사건에 관련되어 피검된 인사를 즉시 무조건 석방하라, 경찰에서 친일파·민족반역자를 즉시 축출하라"고 요구했다.

1947년 3월 10일 제주도청 직원들도 진상보고 요청이 거부되자 대회를 열고 '제주도청 3·1대책위원회'를 구성하고 "발포 책임자 및 발포 경관을 즉시 처벌할 것" 등을 내걸고 파업을 결의했다. 도청 파업에 이어 관공서, 은행, 회사, 교통·통신기관 등 도내 156개 단체 직원들이 파업에 들어가는 한편 상점은 철시, 학생들은 동맹휴학을 시작했다.

그러나 미군정과 경찰은 발포에 대해 한마디 유감 표명 없이 3·1사건을 폭동시하는 담화를 발표했다. 본토에서 지원 경찰 400여 명과 서청西靑(서북청년단) 단원들이 대거 들어왔다. 도지사를 비롯한 군정 수뇌부 전원이 외지 사람들로 교체됐고, 주모자에 대한 검거작전을 폈다. 검속 한 달 만에 500여 명이 체포됐고, 4·3사건 발발 직전까지 1년 동안 2,500명이 구금됐다. 이 과정에서 테러와 고문이 잇따랐다.

2003년 제주4·3사건진상조사보고서작성기획단에서 작성한 《제주4·3사건 진상조사보고서》에 따르면 '4·3' 발발 직후에는 500명이, 1948년 말에는 1,000명가량이 제주에서 경찰이나 군인 복장을 입고 진압활동을 벌였다. 서청이 제주도청 총무국장을 고문하다가 죽음에 이르게 한 일도 있었다. 또한 보고서는 서청의 제주 파견을 이승만 대통령과 미군이 후원했음을 입증하는 문헌과 증언이 있다고 언급하고 있다.

4·3사건 당시 진압군으로 부임하여 남로당무장대 대장 김달삼과 평화협상을 체결하기도 했던 국방경비대 제9연대장 김익렬도 사건의 원인에 대해 "제주도로 이주해온 서북청년단원들이 도민들에게 자행한 빈번한 불법행위가 도민을 격분시켰고, 그 후 경찰이 서북청년단에 합세함으로써 감정 대립이 점점 격화되어 급기야 극한의 도민 폭동으로 전개되었다"고 언급한 바 있다(《김익렬장군 유고록》, 1969).

평화협정 깨지자 초토화작전 강행

결국 1948년 4월 3일 새벽 2시 350명의 무장대가 제주도 내 24개 경찰 지서 가운데 12개 지서와 우익단체들을 공격하면서 무장봉기가 시작 됐다. 이들 무장대는 경찰과 서청의 탄압 중지와 단선單選·단정單政 반 대, 통일정부 수립 촉구 등을 슬로건으로 내걸었다. 미군정은 초기에 이를 '치안 상황'으로 간주하고 경찰력과 서청의 증파를 통해 막고자 했다. 그러나 사태가 수습되지 않자 주한미군사령관 하지 중장과 군정 장관 딘 소장은 국방경비대에 진압작전 명령을 내렸다.

국방경비대 제9연대장 김익렬 중령은 항쟁 초기부터 무력 진압에 나 서지는 않았다. 미군정으로부터 전권을 위임받은 김익렬은 무장대 측 김달삼과의 '4·28 협상'을 통해 평화적인 사태 해결에 합의했다.

김달삼: 당신은 미군정하의 군대인데 나와의 교섭결과에 대하여 얼마나 약 속이행의 권한이 있느냐?

〈사진 1-5〉 김달삼과 김익렬
1948년 4·28 평화협상을 벌였던 유격대장 김달삼(왼쪽)과 김익렬 제9연대장.

김익렬: 나는 미 군정장관의 지시에 따라 왔으며 내가 가진 권한은 미 군정장
　　　관인 딘 장군의 권한을 대표하며 오늘 나의 결정은 군정장관의 결정이다.
김달삼: 나도 제주도의 도민 의거자들로부터 전권을 위임받았다.
－《제주 4.3사건 진상조사보고서》, 2003, 198쪽.

그러나 4월 29일 미군정장관 딘 소장이 극비리에 제주도에 다녀가면
서 미군정의 태도가 바뀌고 '오라리 방화사건' 등으로 평화회담은 깨졌
다. 김익렬은 현장조사를 통해 '오라리 방화사건'이 서청, 대동청년단
원에 의해 자행되었음을 밝혔으나 이 일로 미군정의 딘 군정장관, 조병
옥 경무부장과 대립하면서 경질되고 말았다. 후임 박진경 연대장은 딘
소장으로부터 초토화작전을 명령받고 무차별한 강경 진압작전을 펴다
가 결국 문상길 중위 등 부하 4인에게 살해당했다.
　5월 10일 제헌 국회의원을 뽑는 총선거를 앞두고 남로당 제주도당은
남한만의 단독선거를 저지하고 통일독립을 쟁취하기 위한 투쟁을 강화
했다. 그 결과 전국 200개 선거구 중 제주도 2개 선거구만이 투표수 과

〈사진 1-6〉 로버츠 장군과 박진경 연대장
1948년 6월 제주를 방문한 로버츠 장군(가운데)과 부하에게 암살당한 박진경 연대장(맨 오른쪽).

반수 미달로 무효 처리되었다. 이에 미군정은 브라운 대령을 제주지구 최고사령관으로 임명, 강도 높은 진압작전을 전개하며 6월 23일 재선거를 실시하려 시도했으나 실패했다. 그 이후 제주사태는 소강국면을 맞았다. 김달삼 등 지도부가 1948년 8월 21~26일 해주에서 개최된 인민대표자대회에 참가하면서 유격대 조직을 재편했기 때문이다.

남한에 대한민국이 수립되고, 북쪽에 또 다른 정권이 세워짐에 따라 제주도 사태는 단순한 지역 문제를 뛰어넘어 정권의 정통성에 대한 도전으로 인식되었다. 이승만 정부는 10월 11일 제주도경비사령부를 설치하고 본토의 군 병력과 서청 단원을 증파했다. 그런데 제주에 파견하려던 여수의 14연대가 반기를 든 '여순사건'이 발생하며 사태는 더욱 악화되었다. 1948년 11월 17일 제주도에 계엄령이 선포되었다.[2]

이에 앞서 송요찬 제9연대장은 해안선으로부터 5킬로미터 이상 들어간 중산간 지대를 통행하는 자는 폭도로 간주해 총살하겠다는 포고문을 발표했다. 경비대는 해안을 봉쇄하고, 무장대와 주민을 분리시킨다는 명분으로 본격적인 초토화작전을 감행하여 중산간 마을 거의 모두

〈사진 1-7〉 무장대원
제주에서 체포된 무장대원의 모습(1948. 5).
ⓒ 미국 국립문서기록관리청.

를 불살라버리고 주민들을 해안마을로 분산, 이동시켰다.

이와 관련하여 주한미군사령부의 정보보고서는 1948년 7월 11연대가 철수한 후 "9연대는 중산간 지대에 위치한 마을의 모든 주민들이 명백히 게릴라부대에 도움과 편의를 제공하고 있다는 가정 아래 마을 주민에 대한 대량 학살계획a program of mass slaughter among civilians을 채택했다. 1948년 12월까지 9연대 점령 기간에 섬 주민에 대한 살상의 대부분이 자행됐다"(Hq. USAFIK, G-2 Periodic Report, No. 1097, April 1, 1949)고 밝히고 있다. 북촌리의 경우 집단학살로 300여 가호 500여 명에서 살아남은 남자는 4명뿐이었다.

계엄령 선포 이후 중산간 마을 주민들이 많은 피해를 입었다. 중산간 지대에서뿐만 아니라 해안 마을에 소개한 주민들까지도 무장대에 협조했다는 이유로 죽임을 당했다. 그 결과 목숨을 부지하기 위해 입산하는

북촌사건

1949년 1월 17일 해안마을인 조천면 북촌리에서 발생한 사건. 이날 아침 세화 주둔 제2연대 3대대의 중대 일부 병력이 무장대의 기습을 받아 2명의 군인이 숨겼다. 마을 원로들은 군인 시신을 들것에 담아 대대본부로 갔고, 흥분한 군인들은 본부에 찾아간 10명의 연로자 가운데 경찰 가족 한 명을 제외하고는 모두 사살했다. 그리고 장교의 인솔 아래 군인들이 북촌마을을 덮쳤다. 무장 군인들은 1,000명가량의 마을 주민들을 북촌 근교 운동장에 내몰고 몇십 명씩 끌고 나가 학교 인근 밭에서 사살했다. 마을 주민들은 이날 희생된 주민들이 대략 300명에 이른다고 증언했다. 한편 사살 중지를 명령한 대대장은 주민들에게 다음날 함덕으로 오도록 전하고 병력을 철수시켰다. 그러나 대대장의 말대로 함덕에 갔던 주민들 가운데 100명 가까이가 '빨갱이가족 색출작전'에 휘말려 다시 죽임을 당했다.

피란민이 더욱 늘었고, 이들은 추운 겨울을 한라산에서 숨어 다니다 잡히면 사살되거나 형무소 등지로 보내졌다. 진압 군경은 가족 중 한 사람이라도 없으면 '도피자 가족'으로 분류, 그 부모와 형제자매를 대신 죽이는 '대살代殺'까지 자행했다.

12월 말 진압부대가 9연대에서 2연대로 교체됐지만, 함병선 연대장의 2연대도 강경 진압을 계속했다. 재판절차도 없이 주민들이 집단으로 사살되었다. 인명피해가 가장 많았던 '북촌사건'도 2연대에 의해 자행되었다. 1949년 3월 제주도지구 전투사령부가 설치되면서 진압·선무작전이 병행되었다. 신임 유재흥 사령관은 한라산에 피신해 있던 사람들이 귀순하면 모두 용서하겠다는 사면정책을 발표했다. 이때 많은 주민들이 하산했고, 1949년 5월 10일 재선거가 성공리에 치러졌다. 그해 6월 무장대 총책 이덕구가 사살되며 무장대는 사실상 궤멸되었다.

한국전쟁이 발발하면서 또다시 비극이 찾아왔다. 보도연맹 가입자, 요시찰자 및 입산자 가족 등이 대거 예비검속되어 죽임을 당했다. 또 전국 각지 형무소에 수감되었던 4·3사건 관련자들도 즉결처분되었다. 예비검속으로 인한 희생자와 형무소 재소자 희생자는 3,000여 명에 이른 것으로 추정된다. 유족들은 아직도 시신을 대부분 찾지 못하고 있고 희생자 명단도 파악하기 어렵다. 잔여 무장대들의 공세도 있었으나 그 세력은 미미했다. 1954년 9월 21일 한라산 금족禁足 지역이 전면 개방되었다. 이로써 1947년 3·1절 발포사건과 1948년 4·3 무장봉기로 촉발되었던 제주 4·3사건은 실로 7년 7개월 만에 막을 내렸다.

마을 45곳서 100명 이상씩 희생

4·3사건으로 얼마나 많은 사람이 죽거나 다쳤는지 희생자 수를 확실히

산출하는 것은 매우 어렵다. 〈제주 4·3특별법〉에 따라 활동한 '4·3위원회'에 신고된 희생자 수는 1만 4,028명이다. 그러나 아직도 신고하지 않았거나 미확인 희생자가 많기 때문에 이를 4·3사건 전체 희생자로 보기 어렵다. 여러 자료와 인구변동 통계 등을 감안하여 '4·3진상규명위원회'는 4·3사건 인명피해를 2만 5,000~3만 명으로 추정했다. 이는 1950년 4월 김용하 제주도지사가 밝힌 2만 7,719명과 한국전쟁 이후 발생된 예비검속 및 형무소 재소자 희생 3,000여 명도 감안한 숫자로 추가 검증이 필요하다.

희생자를 가해자 기준으로 살펴보면, 토벌대에 의한 희생자가 78.1퍼센트(1만 955명), 무장대에 의한 희생자가 12.6퍼센트(1,764명), 공란

〈표 1-1〉 제주 4·3사건 희생자 결정 현황

구분	희생자 수(명)					유족수 (명)
	계	사망자	행방불명자	휴유장애자	수형자	
계	14,231	10,245	3,578	163	245	59,225
5차 ('02.11.20)	1,715	1,473	242	–	–	3,675
6차 ('03.3.21)	1,063	916	147	–	–	2,659
8차 ('03.10.15)	2,266	1,930	233	113	–	4,925
9차 ('04.3.9)	1,246	1,246	–	–	–	2,634
10차 ('05.3.17)	3,540	2,496	1,010	33	–	8,261
11차 ('06.3.29)	2,865	1,688	1,177	–	–	5,517
12차 ('07.3.14)	868	240	628	–	–	1,565
14차 ('11.1.26)	469	155	90	10	214	2,016
18차 ('14.5.23)	200	101	61	7	31	27,973

* 출처: 제주 4·3사건 진상규명 및 희생자명예 회복위원회(http://www.jeju43.go.kr.).

9퍼센트(1,266명) 등으로 나타났다. 공란을 제외한 토벌대와 무장대에 의한 희생자 비율은 각각 86.1퍼센트와 13.9퍼센트다. 이는 토벌대에 의해 80퍼센트 이상이 사망했다는 미군 보고서와 그 맥을 같이하고 있다. 특히 10세 이하 어린이(5.8퍼센트·814명)와 61세 이상 노인(6.1퍼센트·860명)이 전체 희생자의 11.9퍼센트를 차지하고 있고, 여성의 희생(21.3퍼센트·2,985명)이 컸다는 점에서 남녀노소 가리지 않은 과도한 진압작전이 전개됐음을 알 수 있다.

1948년 11월부터 9연대에 의해 이뤄진 중산간 마을의 초토화 진압작전은 가장 비극적인 사태를 초래했다. 4·3사건으로 가옥 3만 9,285동이 소각되었는데 대부분 이때 저질러졌다. 중산간 마을 95퍼센트 이상이 불타고 많은 인명이 희생된 이 작전은 생활 터전을 잃은 중산간 마을 주민 2만 명가량을 산으로 내모는 결과를 빚었다. 9연대에 이어 제주에 들어온 2연대도 즉결처분을 실시해 많은 희생을 낳았다. 위원회에 신고된 자료에 의하면, 100명 이상 희생된 마을이 45곳에 이른다.

연좌제에 의한 피해도 극심했다. 죄의 유무와 관계없이 4·3사건 때 군경 토벌대에 의해 죽임을 당했다는 이유만으로 희생자의 가족들은 감시당하고 사회활동에 제약을 받았다. 제주공동체에 엄청난 상처를 주었던 4·3사건의 상흔들이 유족들에게 대물림된 것이다. 1981년 연좌제가 폐지되면서 굴레에서 벗어났지만, 유족들의 정신적 고통은 아직도 계속되고 있다.

지휘체계를 볼 때, 중산간 마을 초토화 등의 강경작전을 폈던 9연대장과 2연대장에게 대대적인 인명피해의 1차 책임을 물을 수밖에 없다. 이 두 연대장의 작전 기간인 1948년 10월부터 1949년 3월까지 6개월 동안에 전체 희생의 80퍼센트 이상이 발생했기 때문이다.

그러나 최종 책임은 이승만 대통령에게 있다. 이승만 대통령은 계엄령을 선포하고, 1949년 1월 국무회의에서 "미국 측에서 한국의 중요성을 인식하고 많은 동정을 표하나 제주도, 전남사건의 여파를 완전히 발본색원하여야 그들의 원조는 적극화할 것이므로 지방 토색討索, 반도 및 절도 등 악당을 가혹한 방법으로 탄압하여 법의 존엄을 표시할 것이 요청된다"며 강경작전을 지시한 사실이 이번 조사에서 밝혀졌다.

미군정과 주한 미군사고문단도 책임을 피할 수 없다. 이 사건은 미군정하에서 시작됐으며, 제주지구 사령관인 미군 대령이 진압작전을 직접 지휘했다. 미군은 대한민국 수립 이후에도 한미군사협정에 의해 한국군 작전통제권을 계속 보유했고, 제주 진압작전에 무기와 정찰기 등

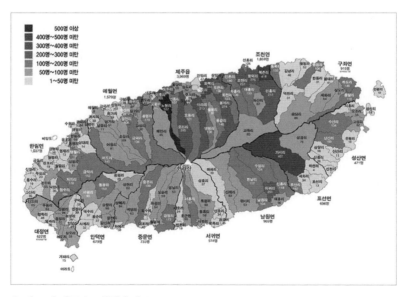

〈그림 1-2〉 제주 4·3 희생자 지도
* 출처: 《제주 4·3위원회 백서 2008》.

을 지원했다. 특히 중산간 마을을 초토화시켰던 9연대의 작전을 "성공한 작전"으로 높이 평가하는 한편, 군사고문단장 로버츠 준장이 대통령의 성명 등을 통해 송요찬 연대장의 활동상을 널리 알리도록 한국 정부에 요청한 기록도 있다.

정권 정통성에 대한 도전으로 인식

〈제주 4·3사건 진상규명 및 희생자 명예 회복에 관한 특별법〉(제정 2000. 1. 12. 법률 제6117호, 개정 2007. 1. 24. 법률 제8264호, 일부 개정 2007. 5. 17. 법률 제8435호, 이하 〈4·3특별법〉)에서는 제주 4·3사건을 "1947년 3월 1일 경찰의 발포사건을 기점으로 하여 1948년 4월 3일 발생한 소요 사태 및 1954년 9월 21일까지 제주도에서 발생한 무력충돌과 진압 과정에서 양민들이 희생당한 사건"으로 규정하고 있다.

〈4·3특별법〉에 따라 2000년 8월 제주 4·3사건 진상규명 및 명예 회복위원회가 만들어지고 2003년 10월 《제주 4·3사건 진상조사보고서》가 발간되었다. 앞서 살펴봤듯 '4·3위원회'에 신고된 희생자 수는 1만 4,028명이었다. 여기에는 진압작전에서 전사한 군인(180명 내외)과 경찰(140명) 등도 포함되어 있다. 4·3사건 당시 희생된 서북청년회, 대한청년단, 민보단 등 우익단체원들은 국가유공자로 정부의 보훈 대상이다. 보훈처에 등록된 4·3사건 관련 민간인 국가유공자는 모두 639명으로 파악되고 있다(제주도경찰국, 《제주경찰사》, 1990).

정부, 2003년에야 과오 인정 및 공식 사과

제주 4·3사건에 대한 국가적 차원의 공개적인 논의는 1960년 자유당 정권의 몰락을 계기로 시작되었다. 1960년 5월 고순화 등 제주대학생

7인이 '4·3사건 진상규명 동지회'를 조직하여 진상 조사 작업에 나섰고, 5월 27일에는 남제주군 모슬포에서 유가족 등 주민 60여 명이 집회를 열어 '특공대 참살사건'과 1950년 '예비검속사건' 등의 진상 규명을 촉구했다(《제주신보》 1960. 5. 25·26).

4·3사건 진상 규명을 촉구하는 주민들의 움직임이 커지자 1960년 5월 23일 제4대 국회는 제35회 19차 본회의에서 〈양민학살 진상조사에 관한 결의안〉을 채택하고 '양민학살사건 진상조사 특별위원회'를 구성했다. 진상규명특위가 거창·함양 등지의 양민 학살에 관한 조사를 벌이자 제주 출신 국회의원들의 발의로 제주 4·3사건의 진상 조사 문제도 제기되었다. 이에 국회는 조사 지역을 확대하여 1960년 6월 6일 6시간 정도 진상 조사와 피해자 접수를 받았다. 접수자가 많아 기간을 나흘 연장했는데 총 1,475명의 피해가 접수됐다. 1990년대 제주도의회와 '4·3 특위'의 결과에 비하면 10분의 1에 불과하지만 희생자의 억울함이 세상에 드러나기 시작한 순간이었다.

그러나 이듬해에 발생한 5·16군사쿠데타는 모든 것을 원점으로 돌려놓고 말았다. 쿠데타 세력은 1961년 6월 22일 법률 제633호로 〈특수범죄 처벌에 관한 특별법〉을 공포하고 3년 6개월을 소급 적용하여 혈육의 유골을 수습한 유족을 다시 빨갱이로 몰았다. '혁명재판'이라는 이름하에 목숨을 앗아가기까지 했다.

4·3사건은 소설가 현기영이 1978년 《순이 삼촌》이라는 소설을 통해 진상과 상처의 일부를 사실적으로 드러냄으로써 다시 불붙었다. 1987년 6월 항쟁 이후 《제주신문》 등에서 4·3사건에 대한 증언을 체계적으로 채록하는 등 활동이 재개되었다.

1990년대 들어 인권과 평화에 대한 인식이 높아지고 절차적 민주주의가 확장되면서 국가권력에 맞서 진상 규명과 명예 회복에 대한 요구가 커졌다. 제주도의회는 1993년 '4·3 특별위원회'를 설치하여 피해를 공식적으로 접수하고 읍면별 피해 실태 조사에 착수했고, 그 결과 《4·3 피해조사보고서》(1995. 4)가 간행되었다.

김대중 정부가 출범한 후 1999년 12월에는 〈제주 4·3사건 진상규명 및 희생자 명예 회복에 관한 특별법〉이 만들어졌다. 이 법에 따라 '제주 4·3사건 진상규명 및 희생자 명예 회복위원회'가 2000년 8월 28일 출범했다. 위원장은 초대 이한동 국무총리, 2대 김석수 국무총리, 3대 고건 국무총리가 각각 맡았다.

2001년 1월 '제주 4·3사건 진상조사보고서 작성기획단'이 구성되어 상근 진상조사팀으로 전문위원 5명과 조사요원 15명이 편성되었다. 조사팀은 국내외 문헌자료 조사, 관련자 증언 채록 등을 기반으로 2003년 12월 15일 《제주 4·3사건 진상조사보고서》를 발행했다.

4·3위원회 수석전문위원 양조훈은 보고서의 의의를 다음과 같이 밝혔다. 첫째, 제주 4·3사건 발생 55년 만에 정부 차원에서 조사된 최초의 종합보고서라는 점, 둘째, 사건의 배경·전개 과정·피해 상황 등을 종합적으로 다루면서 인권침해 규명에 역점을 둔 점, 셋째, 국가공권력의 인권유린 등 정부 과오를 인정한 점, 넷째, 대규모 인명 희생을 유발한 초토화의 책임이 당시 이승만 대통령과 미 군사고문단 등에 있다고 규정한 점, 그리고 다섯째, 한국현대사에서 특별법에 의해 과거 역사를 재조명한 최초의 보고서라는 점이었다.

한편 2003년 10월 31일 노무현 대통령은 4·3사건 유족과 제주도민에게 국가권력의 과오를 인정하고 공식 사과했다. 이는 제주 4·3사건에 대한 정부의 공식 입장 표명으로, 국가원수가 반세기 동안 고통의 굴레에서 살아온 4·3사건 유족과 제주도민들에게 국가권력의 과오를 인정했다는 점에서 큰 의미가 있다.

아직도 정확한 피해 규모 파악 못해

그러나 4·3사건 당시 행방불명된 사람들에 대한 조사는 아직도 미흡한 상태다. 2013년 2월 현재 4·3위원회에 신고된 행방불명자는 총 4,046명이지만, 이보다 훨씬 많을 것으로 보인다.

'4·3위원회'의 조사에 따르면 이들 가운데 상당수는 한국전쟁 발발 직후인 1950년 6월 말부터 8월 중순 사이에 예비검속되어 총살되거나 수장되어 사망했다. 이들은 1,000여 명으로 제주읍 비행장, 제주항 앞바다, 섯알오름 등지에서 집단적으로 학살당했다. 당시 예비검속된 사람은 경찰 자료에 따르면 820명이었다. 주한미군대사관 직원의 보고서에서는 1950년 8월 총 1,120명의 포로들이 제주에 억류되어 있었고 이들 중 국민보도연맹 관련자가 700명이었다고 추산하고 있다(Memorandum for the record, Subj. : Conditions on Cheju Island, John P. Seifert, Naval Attache, Donald S. MacDonald, Third Secretary of Embassy, Philip C. Rowe, Vice Consul, Aug 17, 1950).

진실화해위원회의 조사에 따르면 국민보도연맹사건 희생자(추정수치 포함) 총 5,129명 가운데 제주도 희생자는 총 429명이었다. 2009년 11월 17일 결정된 〈국민보도연맹사건 결정문〉에 따르면 제주도의 희생자는 확인된 수가 218명, 추정 16명 등 총 234명으로 언급되고 있다. 여기서 234명은 제주예비검속사건(섯알오름)의 수로 여겨진다. 보도연맹사건 희생자 수 총 429명은 '섯알오름사건' 희생자 234명에 제주시와 서귀포시 예비검속사건 희생자 195명을 더한 숫자로 보인다. 그런데 '섯알오름사건'의 결정문은 "본 사건의 희생자인 예비검속 대상자 중에는 제주 4·3사건 관련자가 일부 있었으나, 이들은 보도연맹원이 아니었다"고 밝히고 있다. 따라서 진실화해위원회의 국민보도연맹 희생자 통계 중 제주도 관련 부분은 '예비검속사건'을 모두 '국민보도연맹사건'으로 파악한 오류로 보인다. 추후 제주 지역의 보도연맹사건 관련 기록을 발굴하고 이를 통해 정확한 희생규모를 밝히는 작업이 요구된다.

한편 제주 4·3사건의 기점이 되었던 1947년 3월 1일부터 1948년 4월 3일을 거쳐 1954년까지 4·3사건과 관련하여 사법부의 재판을 받고 형을 언도받은 사람들은 수천 명에 달했다. 4·3사건 관련 재판으로는 제주지방법원·광주지방법원·대구고등법원·대법원 등에서 치러진 일반재판과 미군정 당시 행해진 군정재판, 군인·군속을 대상으로 한 군

예비검속

1941년 3월 시행된 〈조선사상범 예방구금령〉(조선총독부제령 제8호, 1941. 2. 12 제정)에서 유래한다. 이 구금령의 제1조는 "① 치안유지법의 죄를 범하여 형에 처하여진 자가 집행을 종료하여 석방되는 경우에 석방 후 다시 동법의 죄를 범할 우려가 현저한 때에는 재판소는 검사의 청구에 의하여 본인을 예방구금에 부친다는 취지를 명할 수 있다"고 되어 있었다. 해방 후 1945년 10월 9일 미군정 법령 제11호에 따라 "북위 38도 이남의 점령 지역에서 조선인민과 그 통치에 적용하는 법률로부터 조선인민에게 차별 및 압박을 가하는 모든 정책과 주의를 소멸하고 조선인민에게 정의의 정치와 법률상 균등을 회복케 하기 위하여 정치범처벌법·예비검속법·치안유지법·출판법·정치범보호관찰령·신사법·경찰의 사법권 등의 법률과 법률의 효력을 가지는 조령 및 명령을 폐지한다"고 했으나 1948년 10월 여순사건으로 제주 등지에서 대대적인 예비검속이 시행되었다.

법회의 등이 있다.

4·3사건 당시 군법회의는 군인·군속 대상으로는 여러 차례 열렸으나 민간인 대상으로는 1948년 12월과 1949년 7월 두 차례만 실시됐다. 군법회의에서 재판을 받은 민간인은 1948년 871명과 1949년 1,659명 등 총 2,530명으로 확인되었다. 이 숫자는 국가기록원에 소장된 제주지방검찰청의 〈수형인 명부〉에 의한 것으로, 제주도 계엄지구사령부와 수도경비사령부 보병 제2연대가 작성했다.

1948년 12월 3~27일에 12차례 열린 계엄고등군법회의에서 871명은 사형 39명, 무기징역 67명, 징역 20년 97명, 징역 15년 262명, 징역 5년 222명, 징역 3년 4명, 징역 1년 180명 등의 형량이 확정되었다. 사형은 1949년 2월 27일 오후 2시 30분 제주읍 화북리 부근에서 총살로 집행되었는데 시신은 암매장되었다. 무기 이하의 형을 받은 희생자들은 목포·마포·서대문·대구·인천·전주형무소에 분산 수감되었다가 한국전쟁 직후 '불순분자 처리방침'에 따라 거의 대부분 총살 처리되었다. 일부는 옥문이 열리면서 사방으로 흩어져 행방불명되어 지금까지 생사를 확인하지 못하고 있다.

1949년 6월 23일부터 7월 7일까지 10차례 개최된 고등군법회의는 1,659명에 대해 국방경비법 제32, 33조 '적에 대한 구원 통신 연락 및 간첩죄'를 위반했다며 유죄를 선고했다. 사형은 345명, 무기징역은 238명, 나머지는 징역 15년 308명, 징역 7년 706명, 징역 5년 13명, 징역 3년 25명, 징역 1년 22명, 미확인 2명 등이다. 345명의 사형 대상자 중 249명에 대한 총살은 1949년 10월 2일 제주비행장 해안에서 이루어졌다(KMAG, G-2 Periodic Report, No.192, October 6, 1949; 주한미대사관, Joint Weeka, No.17, September 30 - October 7, 1949). 유가족 중 시신을 수습한 이는 지금까지 아무도 없다. 2006년부터 4·3집단학살지(제주공항)에서 유해 발굴이 시작되어 2008년 2차 발굴 사업이 진행되었고 지금까지 170여 구의 유해가 확인되었다.

1949년 9월 14일 목포형무소에서 탈옥사건이 발생했는데 당시 목포형무소에는 일반재판을 거친 재소자 120여 명, 두 차례 군법회의를 거친 재소자 500여 명 등 총 600여 명의 제주 출신이 수감되어 있었다. 박찬식은 《목포형무소 종결신분장보존부》(국가기록원 소장)와 《목포형무소 출소 좌익수 명단》(목포교도소 소장) 등 행형 기록을 통해 이들 중 출소자가 89명, 탈옥사건으로 피살된 자가 52명, 한국전쟁 직후 행방불명자가 62명이라고 파악했다. 따라서 600여 명 중 500여 명은 아직 행방이 확인되지 않고 있다.

'제주 4·3사건'은 1947년 3월 미군정시기에 발발하여 대한민국 정부 수립 이후인 1949년 3월 소강상태로 접어들었다. 주한미군사령부의 《G-2보고서》는 "1948년 한 해 동안 1만 4,000~1만 5,000여 명의 제주도민이 희생된 것으로 추정하고, 이들 가운데 최소한 80퍼센트가 토벌대에 의해 희생되었으며, 주택의 3분의 1이 파괴되었고, 전체 도민의 4분의 1이 소개되어 해안 마을로 이주했다"고 보고했다(Hq. USAFIK, G-2 Periodic Report, No. 1097, April 1, 1949). 그 사이에 여순사건이 일어나고 국가보안법과 계엄법이 제정되었다.

이와 같이 4·3사건은 미국의 후견으로 등장한 국가가 자신의 존재를 구축해나가는 출발점이었다. 또 제도화된 폭력의 담지자인 국가가 폭력을 행사했을 뿐 아니라, 폭력이 국가 형성을 완성시키는 기제로 작동하면서 '공식 역사'로 대체되어가는 과정이었다.

03

여순사건,
빨치산 토벌 과정서
희생 확대

미군정기의 한국사회는
폭발 직전의 시한폭탄 같았다.

1946년 10월 항쟁에 이어 1947년에는 미소공동위원회 속개 요구 투쟁
이 전개되었다. 미소공동위원회가 결렬되자 한반도 문제는 유엔에 상정
되었으며, 유엔에서는 한반도에 인구비례로 총선거를 해 정부를 구성하
라는 안이 의결되었다. 북한 측에서 이 안을 반대했고, 유엔이 다시 선
거가 가능한 지역에만 총선거하라는 안을 의결하자 남한에서는 '남한
만의 단독선거·단독정부 반대운동'이 일어났다. 1948년에는 선거 준비
를 위해 유엔이 유엔조선임시위원단을 파견하자 이를 반대해 2·7투쟁
이 일어났고 뒤이어 5·10선거 반대투쟁이 전개되었다. 이에 대한 당국
의 탄압은 극심했고, 많은 청년이 산으로 들어가 야산대·유격대를 조직
했다. 일부는 국방경비대로 몰려들었다. 그러자 미군정은 국방경비대
안에 자리 잡은 진보적 성향의 군인들을 몰아내기 위해 '숙군肅軍'을 전
개했다. 제주도에서는 5·10선거가 저지되자 국방경비대를 동원하여 초
토화작전을 벌였다. 1948년 6월 18일에는 일부 국방경비대원들이 초토
화작전을 지휘했던 제9연대장 박진경을 암살하고 입산해 유격대에 합
류했다. 이 사건을 계기로 숙군은 군 전체로 퍼졌고 정부 수립 후 국군
이 창설된 뒤에는 육군본부 정보국이 숙군을 주도했다.

제주 파병과 숙군 위협이 기폭제

여순사건은 제주 파병과 숙군 위협이 도화선이 되어 일어났다. 1948년 10월 19일 오전 7시 육군본부는 여수 제14연대에 제주 4·3항쟁 진압을 위한 출병 명령을 내렸다. 그러자 이에 반대하는 제14연대 군인 약 2,000명이 반란을 일으켰다.

10월 20일, 지창수 상사의 지휘 아래 차량을 동원해 경찰의 저지선을 무너뜨린 반군이 여수 시내에 들어오자 주민 600여 명이 합세했다. 이날 오전 9시에 반군은 여수를 장악한 뒤, '제주도 파견 거부 병사위원회' 명의로 ① 제주도 출동 반대, ② 소련군을 본받아 미군 즉시 철퇴, ③ 인민공화국 수립 만세 등의 내용을 담은 성명서를 곳곳에 붙였다. 반군은 주요 기관과 건물을 접수하고 경찰관과 기관장, 우익 청년단원, 지역 유지 등을 체포한 뒤 여수경찰서 뒤뜰에서 사살했다. 이어 인민위원회가 조직되고 인민공화국 깃발이 주요 건물에 걸렸다.

여수를 장악한 반군 2개 대대는 10월 20일 오전 9시 30분경 김지회 중위의 지휘 아래 여수역에서 통근열차를 이용해 순천으로 북상했고, 순천역 앞에서 대기하던 홍순석 중위 휘하 순천 파견 2개 중대도 반군에 합류했다. 그리고 광주에서 급파되어 순천교와 순천역에 배치되었던 제4연대 1개 중대도 반란에 반대하는 일부 사병을 사살한 뒤 반군에 가담했다. 10월 20일 오후 3시경 순천 시내를 완전히 점령한 반군은 병력을 3개 부대로 재편성했다. 그중 주력 1,000여 명은 구례, 곡성, 남원 방면으로 진출하기 위해 학구 쪽으로 향했다. 그리고 다른 일부 병력은 광주 방면으로 진출하기 위해 벌교, 보성, 화순 방면으로, 나머지는 경상도로 진출하기 위해 광양, 하동 방향으로 진격했다. 각 지역에서는 그간 비합법 상태에서 지하활동을 하던 지방 좌익을 포함한 진보세력들이 반군의 진격에 적극적으로 호응했다. 남원, 구례, 보성에서는 반군이 도착하기 전에 지방 좌익들이 요지를 점령하여 반군이 무혈입성하기도 했다.

여순사건이 발생하자 정부는 이를 즉각 반란으로 규정하고 진압에 나섰다. 1948년 10월 20일 국무총리 겸 국방부장관 이범석, 육군 총사령관 송호성 준장, 임시군사고문단장 로버츠 준장, 국방부 고문 제임스 하우스만 대위를 비롯한 미군과 한국군 참모들이 미군 임시군사고문단장 사무실에서 비상회의를 열어 광주에 토벌군사령부를 설치하기로 했다. 10월 21일 육군 5개 연대와 비행대, 수색대로 진압부대가 편성되었고, 10월 22일에는 부산에 주둔하던 제5연대가 추가로 동원되었다. 정부는 10월 22일 여수·순천지구에 계엄령을 선포하고 이를 위반할 경우 군법에 의해 사형 및 기타 엄벌에 처한다고 밝히면서 강경한 진압작전을 천명했다.

반군토벌사령부는 10월 23일 오전 11시경 순천을 진압한 뒤 보성·고흥·광양 지역에서도 진압작전을 펼쳤다. 10월 24일 제4연대와 수도경찰부대가 보성을 점령했고, 제6연대·제3연대·수색대대가 벌교를 점령했다. 10월 25일에는 제6연대와 제3연대 병력이 고흥을 점령했다. 그리고 10월 24일에는 여수 탈환작전을 개시하여 10월 27일 여수를 완전히 탈환했다.[3]

한편, 대구에서는 여순사건의 영향을 받아 '대구 6연대사건'이 세 차례 일어났다. 제1차는 1948년 11월 2일, 당국이 제6연대에 숙군 작업을 시작하자 곽종진 특무상사 등 군인 200여 명이 봉기를 일으켰다. 이들은 대구 시내로 진출하여 경찰과 시가전을 벌이다가 김천의 군인들과 합류하기 위해 북진했으며, 일부는 북행 도중에 지역 민중들과 합세해 몇몇

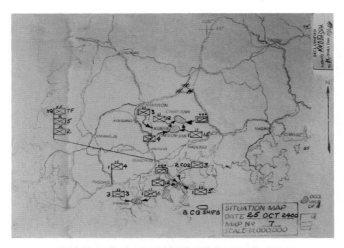

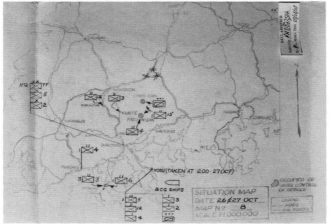

〈그림 1-3〉 미 군사고문단이 작성한 1948년 10월 25일~27일 작전상황 지도
1948년 10월 25일 24시 사령부가 순천시내에 설치되어 있고
백운산, 지리산 부근에서 3, 4, 12, 15연대가 교전을 벌이고 있다.
ⓒ 미국 국립문서기록관리청.

〈그림 1-4〉 미 군사고문단이 작성한 1948년 10월 25일~27일 작전상황 지도
1948년 10월 26일, 27일, 여수를 진압군이 장악했다.
보성은 4연대 1대대가 장악했다.
ⓒ 미국 국립문서기록관리청.

지서를 습격했다. 그러나 봉기를 일으킨 군인 대다수는 북행 전에 미군과 경찰에게 체포되었고 주모자 6명은 처형되었다.

제2차 봉기는 1948년 12월 6일에 일어났다. 당시 여순사건 진압 차 함양으로 파견되었던 제6연대 군인 중 일부 지휘관이 좌익 혐의로 구금되고 휘하 부대원들이 원대 복귀 명령을 받은 일이 있었다. 이 명령을 받고 귀대하던 군인 40여 명이 대구 성당못 근처에 이르러 무기와 탄환을 실은 차를 끌고 도주하다 이를 추격하는 다른 군인들과 교전을 벌였다. 제3차는 이듬해인 1949년 1월 30일 포항에 주둔하던 제6연대 제4중대의 좌익 사병 일부가 장교를 사살한 뒤 탈주하면서 일어났다. 세 차례 사건이 일어난 뒤 '반란연대'가 된 제6연대는 1949년 4월에 해체되어 제22연대로 흡수되었다.

'손가락 총'까지 동원된 피의 보복

진압군은 여수·순천과 인근 지역의 탈환작전을 어느 정도 마무리하자 지리산과 백운산 등지로 들어간 반군을 추격하는 작전에 돌입했다. 당시 김지회 등 반군 지휘관과 지방 좌익 간부들로 구성된 주력부대는 이미 백운산과 지리산 쪽으로 도피한 상태였다. 진압군은 민간인과 폭도를 구별하기 어렵다는 이유로 제14연대 반군뿐 아니라 전 시민을 반군으로 간주하여 무차별 공격을 가했다.

군경은 우선 여수·순천 등 반군 점령 지역에서 반군과 반군 협력자 색출 작업에 나섰다. 그들은 시민들을 국민학교 같은 넓은 공공장소로 소집한 뒤, 머리가 짧은 사람, 군용 팬티를 입은 사람, 손바닥에 총을 든 흔적이 있는 사람을 가려냈다. 경찰·우익인사·청년단원 등 반군 치하에서 피해를 당한 집단을 앞세워 반군과 협력자를 색출하기도 했다.

〈사진 1-8〉
여수 진압 직후 여수서국민학교에서 진행된 혐의자 선별 장면이다. 시민들이 양쪽으로 나뉘어 있다.
왼쪽 사람과 오른쪽 사람의 운명은 여기에서 갈렸다.
ⓒ 이경모(1948년 10월).

〈사진 1-9〉
여수, 순천에서 봉기를 일으킨 14연대를 진압하기 위해 작전을 펼치고 있는 정부 진압군의 모습.
반란군과 구별하기 위해 진압군은 철모에 흰색 띠를 둘렀다.
ⓒ 1948년 12월 6일자 《라이프》지.

〈사진 1-10〉
여순사건 진압군의 민간인 심사 과정.
ⓒ 1948년 12월 6일자 《라이프》지.

〈사진 1-11〉
여순사건 진압군의 민간인 학살 현장.
ⓒ 1948년 12월 6일자 《라이프》지.

그러나 살아남은 경찰·우익인사 등은 사건이 일어날 당시에는 숨어 있었거나 그 지역을 탈출했던 사람이 많았기 때문에 반군 협조자를 일일이 구별해낼 증거가 없었다.

결국 '반군 가담자 심사'는 외모, 개인적 감정에 의한 모략과 고발, 강요된 자백에 근거했다. 객관적 기준이 없어 무고한 사람이 처벌받는 경우가 많았다. 진압군에게 정보를 제공하러 온 사람들이 사살된 일도 있었다. 곡성에서는 반군의 강압 때문에 길을 안내해준 주민이 지서에 그 사실을 신고하러 갔다가 경찰에게 살해된 사건까지 있었다.

심사 과정에서 주민들이 서로를 지목하게 하는 '손가락 총'이라는 말도 유행했다. 진압군이 학교 운동장에 모여 있는 사람들을 심문하면서 반군 동조자가 누구인지 서로 손가락으로 가리키게 하고, 주저하는 사람은 가차 없이 폭행했다. 이런 강압적인 분위기하에서 무고한 민간인이 착각에 의해서나 개인 감정에 의해 손가락질을 당할 수도 있었다. 구례에서는 진압군이 주민들을 경찰서 마당으로 끌고 간 뒤 지능이 떨어지는 이웃 마을 주민에게 반군에 협조한 사람을 지목하도록 지시했고, 이에 항의하는 주민을 섬진강 양정지구에서 집단사살하기도 했다. 이처럼 지역공동체 성원 간에 자행된 '손가락 총'은 인간성 말살과 공동체 붕괴를 초래하기도 했다.

이런 방식의 심사를 거쳐 반군 또는 반군 협력자로 지목된 사람은 즉석에서 총, 곤봉, 개머리판, 체인 등으로 학살되었다. 그리고 즉결처분을 받지 않은 사람들은 군사재판에 넘겨졌다. 반군 협조자 색출과 빨치산 토벌이라는 이름 아래 진행된 이와 같은 '피의 보복'은 몇 달 동안 계속되었다. 국방부가 발간한 《한국전쟁사》에조차 "혼란과 무질서 속에서 군경부대에 의하여 양민들이 무고하게 희생당하기도 했다"고 기록될 정도로 당시 상황은 참혹했다.

　여순사건의 인명피해 상황은 여러 차례 조사되었다. 사건이 진압된 직후 전라남도 보건후생국이 조사한 피해상황 통계에 따르면, 1948년 11월 1일 기준으로 4,974명(여수 2,450명, 순천 2,055명, 보성 148명, 고흥 76명, 광양 57명, 구례 180명, 곡성 8명)이 사망한 것으로 집계되었다. 그러나 이는 여수가 진압군에 의해 탈환된 직후에 조사한 것으로 협력자 색출과정이나 반란군 토벌과정에서 발생한 피해가 반영되지 않은 것이며, 진압군의 탈환이 늦었던 지역에 대한 조사도 미흡한 것이다. 아 조사 후에도 인명피해 상황에 대한 조사가 몇 차례 있었다. 1949년 1월 10일에는 여수·순천·구례·곡성·광양·고흥·보성·화순 등을 현지 조사한 결과, 사망 3,392, 중상 2,056명, 행방불명 82명 등 총 5,530명의 피해가 있었던 것으로 밝혀졌다. 그리고 1949년 11월 11일 전라남도 당국이 여순사건 발생 지역 전체를 조사한 결과 인명피해는 1만 1,131명에 달했다.

계속된 빨치산 토벌로 민간인 피해 늘어

여순사건 발발 직후 제14연대의 반군 일부는 순천을 장악한 뒤 벌교·고흥·보성 방면으로 진격했다. 다른 부대는 구례, 곡성, 남원 등으로 북상하면서 지방 좌익과 합세해 2,000여 명 정도의 무장세력을 형성하여 백운산과 지리산 등에 거점을 확보했다. 점령 지역을 진압군에게 빼앗긴 뒤에는, 순천에서는 조계산과 용계산에서, 보성에서는 율어·겸백·복내·문덕 등의 산악 지역에서, 고흥에서는 보성의 벌교와 율어로 이어지는 영남·남양·대서 등의 지역에서 활동했다.

　구례와 광양의 백운산을 거쳐 지리산으로 입산한 다른 무리는 덕유산·백운산·회문산·입암산 일대로 흩어져 유격 근거지를 구축했다. 무장투쟁 근거지를 구축한 지리산 중심의 빨치산 부대는 점차 활동 영역을 확대하여 함양·하동·순천·구례·남원 등지에서 14개 경찰서를 점령했다. 이어서 여수·나주·광양 등지도 점령하여 세력이 확대되었다.

경상북도도 산악지대가 많아 빨치산 근거지가 되기에 적합한 곳이 많았다. '대구 6연대사건'이 진압된 뒤 제6연대 군인 280여 명은 무기를 들고 입산했다. 그들은 1946년 10월 항쟁 후부터 야산대로 활동하다가 1948년 2·7투쟁 직후 조직되었던 경주·영천·청도·달성·경산·봉화·밀양 등지의 유격대에 합세하여 빨치산 활동을 주도했다. 1949년 여름에는 대구사단을 구성하여 태백산·문수산·일월산 일대에서 활동했으며, 경북 각 군 유격대에도 핵심으로 참여했다.

육군본부는 1948년 10월 30일부터 한 달간 여수에 있던 반란군 토벌사령부 예하의 작전부대를 주축으로 호남 방면 전투사령부를 설치하여 작전을 펼쳤다. 1949년 3월 1일에는 지리산지구 전투사령부와 호남지구 전투사령부를 설치해 호남 지역과 경남 산청·함양·하동 일대에서 토벌작전을 펼쳤다. 1949년 12월 29일에는 지리산지구 전투사령관 김백일이 경남 산청·함양·하동 일대에 계엄령을 선포하고 1950년 3월 15일까지 토벌했다. 한편, 경북 지역 빨치산 토벌은 1949년 9월 28일부터 1950년 5월 4일까지 충북 단양에 태백산지구 전투사령부를 설치하여 국군 호림부대와 함께 진행했다.

이 시기 산간지대에는 낮에는 군경이, 밤에는 빨치산이 지배하는 이중권력이 형성되었다. 주민들은 군경과 빨치산 양쪽에 동원되면서 생활했다. 토벌작전에 나선 군경은 빨치산과 직접 전투를 벌이는 한편 빨치산과 민간인과의 연계를 차단하는 데 주력했다. 실제 좌익 활동가뿐 아니라 생존을 위해 빨치산에게 식량과 생필품을 탈취당한 사람들까지 좌익과 내통했다는 혐의를 적용해 토벌 대상으로 삼은 것이다. 작전 지역인 산간마을을 소개하거나 빨치산을 색출한다는 명분으로, 또는 빨치산에게 식량을 제공하거나 협조했다는 이유 등으로 마을 주민들을 연행한 뒤 구금하여 조사했고, 조사 후 빨치산과 협력한 혐의가 있다고 판단되면 재판 없이 사살했다.

진실화해위원회에서 여순사건으로 신청된 사건 중 조사 개시를 결정한 사건은 여수, 순천, 구례, 고흥, 보성 지역의 832건이다. 위원회는 이것이 일부 지역 피해자만 신청한 것이라 보고 사건을 전체적으로 파악하기 위해 '직권조사 결정'을 했으나, 조사 기간이 짧아 결국 신청 사건을 중심으로 조사하여 총 846명에 관해 진실 규명을 결정했다. 이와 별도로 정부 수립 이후부터 한국전쟁 발발 직전까지의 기간에 호남과 영남 지역에서 일어난 군경에 의한 민간인 학살 사건을 조사하여, 2,043명을 희생자로 확인하거나 추정했다. 이를 지역별로 나눠 보면, 전남 1,340명(65퍼센트), 경남 376명(18퍼센트), 경북 304명(15퍼센트), 전북 23명(1퍼센트)이다.

그러나 이는 실제 피해자의 극히 일부에 불과하다. 1960년 4·19 직후 제4대 국회에서는 '양민학살사건 진상조사 특별위원회'를 구성해 한국전쟁 전후 민간인 학살사건을 조사한 적이 있다. 이때 신고를 받은 자료 중 현재 신고서가 남아 있는 대구·경북 지역 19개 시·군(문경, 선산, 청송, 봉화 제외)의 민간인 피살자 수는 총 5,082명이다. 이 가운데 한국전쟁 전 피살자로 신고가 된 사람은 1,664명으로, 이는 진실화해위원회가 조사한 경북 지역 피해자 수 304명의 5.5배에 달한다. 그런데 제4대 국회 신고서에도 빠진 피해자가 많다. 필자는 여러 자료를 종합하여 실제 피해자 수는 최소로 잡아도 제4대 국회에 신고된 피해자의 세 배 이상은 될 것으로 추산한 적이 있다.[4] 진실화해위원회가 대구·경북 지역에서 신원을 확인한 피해자는 제4대 국회에 신고된 대구·경북 지역 피해자의 20퍼센트도 되지 않으므로, 실제 피해자 수에는 한참 미치지 못하는 것으로 보인다.

진실화해위원회 조사 결과, 여순사건 발발 후 빨치산 토벌작전이 전개된 지리산 인근 지역에서 발생한 민간인 학살사건의 가해 세력은 반군토벌사령부와 지리산지구 전투사령부 예하 각 부대, 전남 경찰국과 산하 각 지역 경찰, 우익청년단으로 밝혀졌다. 경상남북도에서 발생한 민간인 학살사건의 가해 세력은 태백산지구 전투사령부 예하 각 부대, 호림부대, 경남경찰국·경북경찰국과 산하 각 지역 경찰, 우익청년단으로 확인되었다.

주민들끼리 처형 가세, 지역 공동체성 파괴

여순사건은 광범위한 지역에서 군·경 양측에 의해 다수 민간인이 희생된 사건이다. 희생자들은 군인과 경찰 외에도 좌우익 구성원과 관련자 가족, 산간마을 주민 등 민간인이 포함되어 있다. 특히 제14연대와 제4연대 군인 중 반군에 가담하지 않고 귀향하거나 숨어 있다가 반군으로 지목되어 비무장 상태에서 체포된 뒤 즉결처형되거나 재판 없이 총살된 사람도 있다.

대한민국 정부가 수립되고 2개월 뒤에 일어난 여순사건을 진압하는 과정은 한국사회에 분단체제가 고착화되는 데 큰 영향을 미쳤다. 여순사건을 계기로 이승만 정권은 반이승만 세력에 대한 공세를 급속하게 강화했다. 미국의 철군정책도 바뀌었다. 여순사건을 일으킨 반군은 미군 철수를 주장했다. 미군은 사건이 일어난 바로 다음날인 1948년 10월 20일, 국방부장관·군 수뇌부와 함께 긴급회의를 가진 뒤 반군 진압을 위한 군사 장비를 지원했고, 작전·정보 분야에서 군사고문단원이 국군을 지휘하여 반군을 진압하는 데 적극 개입했다. 정부는 국방경비법을 기초로 국가보안법을 제정했고, 국민보도연맹 조직과 학도호국단을 창설하는 등 전 국민을 대상으로 하는 주민 통제체제도 구축했다.

여순사건은 지역사회에도 큰 영향을 미쳤다. 제14연대 반군이 지역에 들어왔을 때는 우익 인사와 경찰을 처형했다. 군경의 진압 시에는 지역 주민들끼리 서로 지목하여 반군 협력자를 처형했다. 결국 지역 공동체는 급격하게 파괴되고 분열되었다.

차포 뗀 진실화해위원회 조사와 유족들의 활동

여순사건은 그동안 '여수 14연대 반란사건', '여수·순천 주둔군 반란사건', '여순반란사건', '여순봉기' 등 여러 이름으로 불렸다. 진실화해위원회에서는 이 사건을 '여순사건'으로 지칭하면서, '1948년 10월 19일 여수 주둔 제14연대 소속 군인들이 반란을 일으킨 뒤, 1950년 9월 28일 수복 이전까지 약 2년 동안 전남·전북·경남 일부 지역에서 군경의 토벌작전 과정에 비무장 민간인이 집단학살되고 일부 군경이 피해를 본 사건'으로 정의했다.

여순사건의 진상은 분단 반공체제의 이념 장벽 때문에 오랫동안 침묵 속에 묻혀 있다가, 1997년 여수지역사회연구소 등 시민단체의 조사 활동을 통해 수십 년 만에 세상에 드러나게 되었다. 지역 시민단체의 진상 규명 활동은 2001년 6월 12일 여순사건유족회의 결성으로 이어졌다. 여수지역사회연구소와 여순사건유족회는 '한국전쟁 전후 민간인 학살 진상규명운동'의 선도세력으로 활동했고, 2005년 〈과거사 기본법〉 통과와 진실화해위원회 결성에 크게 이바지했다.

진실화해위원회는 1948년 10월 19일~1950년 9월 28일 기간 동안 여수, 순천, 구례, 고흥, 보성 지역에서 일어난 사건을 중심으로 진상을 조사했다. 진실화해위원회에서 조사한 여순사건에는 ① 1948년 10월 19일 제14연대 소속 군인들이 '제주 4·3사건 진압 파병 반대'를 이유로 반란을 일으킨 뒤, 반군과 지방 좌익이 경찰과 우익인사를 학살한 사건, ② 진압군이 진압작전을 전개하는 과정에 민간인을 학살한 사건, ③ 반군과 지방 좌익이 진압군에게 밀려 지리산 등지로 입산하여 빨치산 활동을 하자, 토벌대가 빨치산을 토벌하는 과정에서 산간 지역 민간인을 학살한 사건, ④ 제14연대가 해산되자 다수의 군인이 반군에서 이탈하여 은거 또는 귀향했는데, 군경이 이들을 반군으로 오인하고 학살한 사건, ⑤ 이 사건 관련자로 국민보도연맹에 가입한 이들과 형무소 등에 갇혀 있던 이들을 한국전쟁 발발 직후 군경이 학살한 사건이 포함된다.

그러나 여순사건으로 피해가 일어난 곳은 이 다섯 지역뿐 아니라 호남과 영남 일대 여러 지역에 걸쳐 있다. 진실화해위원회는 여순사건과 별도로 정부 수립기(1948년 8월 15일 정부 수립 후부터 한국전쟁 발발 전까지의 기간)에 호남과 영남 지역에서 군경 토벌작전 중 있었던 민간인 학살사건을 조사했는데, 이 가운데에는 여순사건과 경계를 나누기 힘든 사건이 많이 포함되어 있다.

진실화해위원회의 여순사건 조사는 민간인 학살의 진상을 국가기관에서 공식적으로 밝혀냈다는 의미가 있지만 다음과 같은 한계도 지적되고 있다.

첫째, 진실화해위원회는 〈과거사 기본법〉의 규정 때문에 제한된 신청 기간에 접수한 사건 위주로 조사를 진행했고, 조사 기간의 제약 때문에 이를 보완하는 직권조사도 제대로 진행하지 못했다. 따라서 조사하지 못한 사건이 많고, 전체 피해 규모도 확인하지 못했다.

둘째, 진실 규명 범위를 학살 현장 사망자로 국한했다. 위원회 활동 초기에는 부상자, 고문 후유 사망자를 조사 대상에 포함했기에, 관련 피해자나 유족들이 진실 규명을 신청했다. 그러나 이후 한국전쟁 전후 군경에 의한 상해사건은 진실 규명 대상에서 제외하고 신청사건을 '각하' 처리했다. 반면 같은 시기에 일어난 인민군 등 적대세력에 의한 사건이나 전후 권위주의 시기 인권침해에 의한 사건에서는 부상자나 고문 후유 사망자를 피해자로 인정했다. 이런 점에서 한국전쟁 전후 군경에 의한 상해 피해자를 진실 규명 대상에서 제외한 것은 다른 국가폭력 피해자들과의 형평성에도 어긋난 것이었다.

셋째, 진실화해위원회는 진실 규명 대상자의 기준을 ① 비무장 민간인이, ② 교전 지역이 아닌 곳에서, ③ 재판 등 적법 절차 없이 학살된 경우로 한정했다. 한국전쟁 전후에 군법회의에서 판결을 받고 사형을 당한 희생자는 재판 등 적법 절차를 거쳤다고 보고 기각 결정했다. 그런데 당시의 군법회의 자체가 불법적이므로 이에 근거해 사형된 사람도 학살 희생자에 포함해야 한다는 의견이 있다. 구체적으로 ① 계엄령의 불법성 문제(계엄령 위반으로 군법회의에서 사형 판결을 받은 경우), ② 군법회의 재판 전 수사과정의 불법성 문제, ③ 군법회의 절차의 불법성 문제 등이 쟁점이 된다.

또한 여순사건에서는 군인 중에 불법적으로 학살당한 희생자가 있다. 즉 제14연대, 제4연대 소속 군인 중 일부는 반군에 가담하지 않았음에도 반군으로 지목되어 전투와는 무관한 현장에서, 즉 고향에 은거 중에 또는 귀향 도중에 저항 의지가 없는 비무장 상태에서 즉결처형되거나 불법적으로 총살되었다. 토벌과정에서 살아남은 제14연대 군인 중에는 국민보도연맹에 가입하여 한국전쟁 발발 후 집단적으로 학살당한 사람도 있다. 진실화해위원회는 위원회 활동 초기에는 이를 조사 대상에 포함했으나, 나중에는 희생자의 신분이 '민간인'이 아니었다는 이유로 진실 규명 대상에서 제외했는데 이 역시 문제가 있다.

진실화해위원회가 결성되어 진실 규명 결정을 받은 뒤에는 유족회 회원 중 일부가 국가를 상대로 배상청구소송을 했다. 지역별로는 전라남도와 광양시, 구례군, 순천시, 여수시, 화순군에서 〈한국전쟁 전후 민간인 희생자 위령사업 지원에 관한 조례〉가 제정되었다. 그리고 순천시 팔마경기장과 구례군 봉성산에는 위령탑이 건립되었으며, 여수시에는 위령탑이 아직 건립되지 않은 상태다. 2018년에는 유족과 시민사회단체가 '여순항쟁 70주년 기념사업회'와 '여순사건 70주년 기념사업 추진위원회'를 구성해 위령제를 하고 다양한 행사를 벌이기도 했다.

현재 유족과 시민사회단체에서는 진실화해위원회의 조사가 미비하고, 피해자 배·보상도 형평성이 부족하며, 사건에 대한 역사적 평가도 제대로 되지 않았다는 인식하에 〈여순사건의 진상규명과 희생자 명예회복을 위한 특별법〉 제정을 촉구하고 있다.

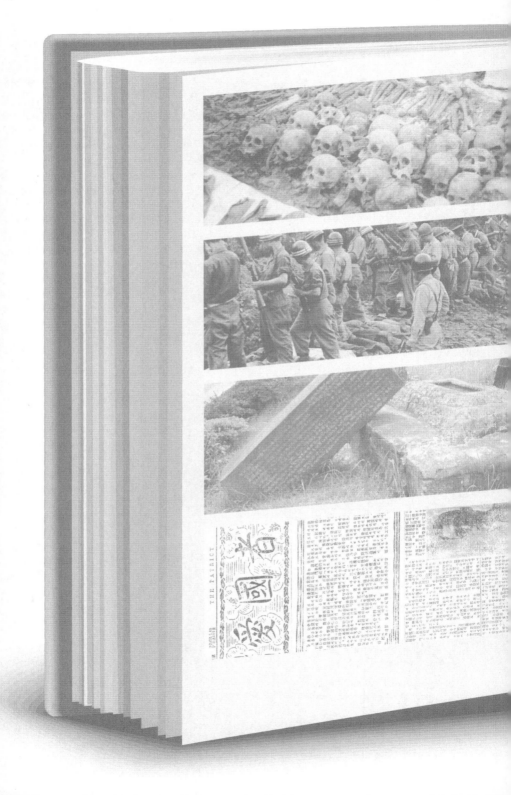

2

전쟁과 국가폭력

한국전쟁으로 인해 남과 북 모두 인적·물적으로 상상할 수 없는 큰 피해를 입었다. 산업시설의 파괴로 인한 경제적 손실도 유례없이 컸지만, 인명피해 역시 남북한에 크나큰 상처를 남겼다. 전쟁으로 인한 사망자 수가 남북 모두 합쳐 백수십만 내지 수백만 명에 이르지만, 아직도 정확한 사상자 통계를 알 수 없다. 이들 사망자 중에는 군인보다 더 많은 민간인이 포함되어 있다. 이들 민간인 사망자들은 이념 갈등 속에서 무고하게 희생된 경우가 많다.

민간인 집단학살사건을 가해 주체를 중심으로 분류해보면, 인민군과 지방좌익에 의한 희생사건, 군경에 의한 희생사건, 미군에 의한 희생사건 등으로 나눌 수 있다. 이 가운데 특히 군경에 의한 희생사건은 국민보도연맹사건, 형무소 재소자 희생사건, 부역사건, 토벌사건으로 나눌 수 있다. 여기서 국민보도연맹사건은 한국전쟁 발발 직후 아군의 후퇴과정에서 예비검속 등을 통해 국민보도연맹원 및 관련 혐의자들을 처형한 사건이다. 형무소 재소자 희생사건 역시 군경이 후퇴하는 과정에서 형무소 재소자들을 처형한 사건이다. 반면 부역사건과 토벌사건은 군경의 수복과정에서 또는 수복 이후 부역 혐의자를 색출하거나 처벌하면서 발생한 사건으로, 특히 후자는 산악지대를 근거지로 활동하던 빨치산을 토벌하는 과정에서 일어났다.

이렇게 한국전쟁 중 남한에서 희생된 민간인에 관한 정확한 수치는 알기 어렵지만, 1960년 4월 혁명 직후 전국피학살자유족회는 자체 조사를 통해 전체 희생자 수를 약 114만 명이라고 추정한 적이 있다. 물론 많은 자료가 유실된 지금 상황에서 이것이 정확한 집계라고 단정하기는 어렵지만, 연구자들은 대체로 100만 명에 가까운 민간인들이 전쟁과정에서 희생되었을 것으로 본다. 또 유형별 희생자 수도 정확한 집계가 없다. 다만 2007년 10월 말 현재 진실화해위원회에 접수된 민간인 집단희생 관련 사건은 한국전쟁 이전을 포함하여 총 9,056건으로 그중 국민보도연맹사건이 2,417건으로 가장 많고, 다음이 적대세력사건(1,517), 군경토벌사건(1,297) 등의 순이다.

　물론 각각의 사건들이 서로 인과의 고리로 얽힌 사례도 얼마든지 발견되기 때문에 한국전쟁 중 민간인 집단학살의 유형을 한마디로 간단히 정리하기는 어렵다. 한국전쟁기 민간인 학살사건의 복잡성을 이해하기 위해서는 각 지역의 구체적 사례를 알아보는 것이 필요하다.

01

인민군과
좌익세력에 의한
민간인 학살

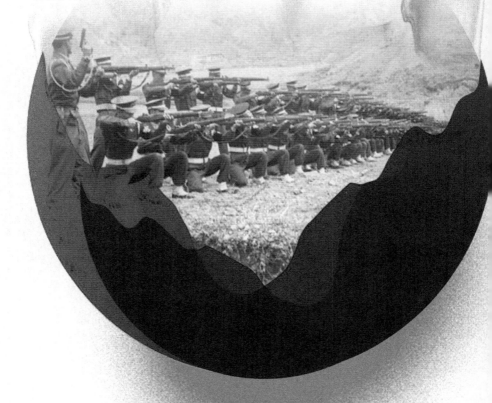

인민군과 좌익세력에 의한 민간인 학살은 한국전쟁 이전에도 있었지만, 특히 많은 희생자가 발생한 것은 한국전쟁 중이었다. 진실화해위원회에서는 "〈과거사 기본법〉에 의거하여"[5] 인민군과 좌익세력에 의한 민간인 학살사건을 총칭하여 '적대세력사건'으로 분류했다. 이른바 '적대세력사건'은 한국전쟁 발발 이후 인민군 점령 시기, 군경에 의한 수복 시기, 1·4후퇴 시기 등 세 시기에 발생했다. 또 '적대세력사건'은 가해 주체에 따라 지방 좌익에 의한 희생과 인민군에 의한 희생사건, 빨치산에 의한 희생사건 등으로 구분되기도 한다.

지방 좌익에 의한 희생사건은 인민군 점령하에서 국민보도연맹원의 보복에 의해 벌어진 경우가 많았다. 한국전쟁 발발 직후 국군과 경찰은 인민군에게 밀려 후퇴하면서 이른바 국민보도연맹원에 대한 예비검속을 통해 이들 중 다수를 집단학살했는데, 인민군 점령 기간에 이에 대한 보복학살이 전개되었던 것이다. 이러한 점에서 '적대세력사건'은 '국민보도연맹사건'과 상호 인과관계에 있으며, 보복적 악순환의 고리를 이루고 있다.

인민군 점령 기간 중 일어난 민간인 학살은 수시로 개최된 인민재판을 통해 이루어졌다. 전쟁 발발 이후 인민군 점령 지역에서는 반동분자에 대한 인민재판이 이루어졌는데, 결정 방식이 매우 선동적이어서 무죄 아니면 사형이었다. 이때 처형이 결정된 자는 국민보도연맹원 유가족이 직접 처단했다. 이러한 보복은 한국 군경이 해당 지역을 수복하자 보복을 가하는 악순환을 가져왔다.

인민군이나 지방 좌익과 빨치산 등에 의한 희생자가 가장 많이 발생한 곳은 전라남도였다. 그다음으로 전라북도와 충청남북도, 경기도, 강원도 순으로 많은 희생자가 발생했다. 경상남도와 경상북도에서도 희생자가 발생하기는 했으나 상대적으로 적었다. 이는 전자의 경우 인민군의 점령 기간이 상대적으로 길었던 데 반해 후자는 점령 기간도 짧고, 점령 지역도 제한되어 있었기 때문이다. 불갑산, 지리산 등 전라남도 지역에서 빨치산 활동이 다른 어느 지역보다 활발했던 것도 원인 중 하나였다.

1-1. 장기간의 치안 부재로 빚어진 비극의 현장, 고창 지역

인민군 후퇴 후에도 6개월간 치안 공백

고창군이 인민군에게 점령된 것은 전쟁 발발 후 약 한 달이 지난 1950년 7월 하순이었다. 당시 인민군 제4사단은 호남 방면으로 진출하여 1950년 7월 20일 전주에 입성한 뒤 김제를 거쳐 정읍·순창 방면으로 진격해 7월 23일 광주를 함락했다. 상황이 급박해지자 고창경찰서원들은 7월 20일 고창경찰서장의 해산 명령에 따라 동호항을 떠나 목포로 후퇴했다. 이러한 상황에서 인민군 제4사단과 협력하여 호남 방면으로 진출한 인민군 제6사단은 아군의 저항을 받지 않고 장항, 군산, 부안을 거쳐 고창을 점령했다.

고창에 들어온 인민군은 다른 지역과 마찬가지로 당 건설 및 인민위원회 설립을 추진했다. 각 면사무소 자리에는 7월 26일을 전후로 인민위원회가 설립되었으며, 지서는 분주소로 바뀌었다. 또한 마을마다 소년단이 조직되어 낮에는 죽창을 들고 보초 서는 일도 있었다. 인민위원회 간부들은 당과 사회주의 선전활동에 주력했는데, 저녁에는 좌담회를 열어 주민들에게 강의를 했다. 이러한 일들은 인민군 점령 기간인 약 2개월 동안 지속되었다. 이 기간에 분주소원과 지방 좌익들은 반동 숙청이라는 명분으로 지역 내 우익인사들을 처형하거나 그들의 토지를 몰수했다.

1950년 9월 15일 미군의 인천상륙작전이 성공하자 전세가 역전되었다. 유엔군이 9월 20일 전북 군산 앞바다 오식도에 상륙했다. 이어 전북경찰국 선발대가 미 제25사단의 선발 정찰대와 협동하여 9월 28일 오후 3시 전주를 수복했다. 이처럼 전황이 불리해지자 고창 주둔의 인민군도 후퇴하고, 인민군 치하의 고창인민위원회도 해산되었다. 인민군이 후퇴하자 고창의 좌익세력은 주변 산악지대인 선운산, 방장산 등에 입산하여 근거지를 만들고 잔여세력을 빨치산으로 개편한 후 유격전에 돌입했다. 경찰이 들어와 치안을 확보하기 전이었다.

치안 공백 장기화와 학살 만연

공식 기록인《전북경찰 60년사》등에 의하면 고창 경찰부대와 제18전투대대가 고창 수복작전을 개시한 것이 1950년 11월 11일이었다. 홍덕

면과 부안면을 먼저 수복한 경찰이 고창읍을 장악한 것은 11월 20일이었다. 이 사이 도로 사정이 취약하고 산간 지형이 많은 고창군 각지에서는 군·경과 빨치산들의 전투가 계속되었다. 고창군은 1951년 3~4월이 되어서야 완전히 수복되었다. 이처럼 고창군은 인민군 후퇴 이후에도 6개월 가까이 치안이 제대로 확보되지 않았다. 다른 지역에 비해 고창군에서 빨치산과 좌익세력의 학살로 인한 민간인 희생자가 많이 발생했던 것은 바로 이러한 치안 공백의 장기화와 깊은 연관이 있다.

인민군이 후퇴한 이후, 치안이 부재한 시기에 피해자들은 대부분 지방의 좌익세력에 의해 죽창으로 살해되었다. 인민군 점령 전, 인민군 점령 기간, 군·경 수복 이후에는 개별적이고 선별적인 학살사건이 주로 발행했던 반면에, 인민군 후퇴 시기와 그 이후 치안이 부재했던 때는 가족 단위의 대규모 학살사건이 많이 발생했다.

인민군이 후퇴하기 시작한 후 치안 부재 상태에서 발생한 학살사건의 가해 주체는 주로 지방 좌익들로 고창 지역 (구)빨치산, 내무서원, 분주소원 및 기타 지방 좌익, (신)빨치산 등이며, 희생자는 좌익인사들과 관계가 좋지 않았거나 대한청년단 활동을 한 자, 면장·마을 이장·경찰·군인 등 공직에 있거나 역임한 자들과 그들의 가족이었다.

그러나 학살 주체나 희생자들을 이념적 잣대로 명확히 구분하기 어려운 경우도 많았다. 학살 대상자 명단은 그 대상자와 가까이 있었던 사람들의 손에 의해 작성되었고, 그들이 학살의 집행에 일정 정도 참여했다. 이러한 점에서 볼 때 학살 결정과정에서 가해자의 피해자에 대한 평상시 감정이 작용한 경우도 적지 않았을 것으로 추측된다. 좌익세력에 의한 이 같은 민간인 집단학살은 군·경의 수복 이후 이른바 '부역자'를 색출하여 학살하는 빌미가 되어 비극적 악순환을 초래했다.

공음면 정씨 일가의 희생

진주 정씨 집성촌인 군유리 군유마을의 정씨 일가는 1950년 10월부터 1950년 11월 사이에 공음면 분주소 근처 삿갓봉과 군유마을 인근 산에서 지방 좌익에 의해 희생되었다. 정씨 일가는 25명이나 희생되어 '고창군 희생사건'의 대표적 사례가 되었다.

군유마을 정씨 일가 중 가장 먼저 학살된 사람은 집안의 가장 격인 정고봉, 정재화, 정판묵이었다. 이들 세 사람은 모임을 조직한다는 오해를 받아 분주소로 끌려갔다가 1950년 10월 7일 공음면 용수리 달터 근처 삿갓봉에서 살해되었다. 이어서 이들의 가족이 마을에서 희생되었다. 정판묵의 가옥은 마을에서 가장 부유하고 큰 가옥이었는데, 좌익 세력이 주도권을 잡고 있던 동안 '빨치산 본부'로 활용되었다. 피해자들은 "새끼줄로 서로 엮여서" 정판묵의 집 창고에 감금되었다가 1950년 11월 2일 오후 3시경 인근 산으로 끌려가 살해되었다. 정씨 일가의 희생은 11월 중순과 29일에도 이어졌다. 군유마을 정씨 일가 중 정균일의 가족은 그의 부인과 동생 1명을 비롯하여 자녀 8명, 손자 1명 등 12명이 희생당했다. 이 밖에 정씨 가족 희생자는 정고봉 가족 3명과 정재화 가족 5명이 있다.

기타 가족 집단학살 사례

군유마을에서 발생한 희생사건과 유사한 사건은 고창군 여러 곳에서 발생했다. 주요 사례로 제주 양씨 집성촌인 공음면 선동리 해정마을에서 양씨 일가 29명이 1950년 10월부터 11월 사이에 해정마을 후등(선동리 894번지 인근)과 공음면 소재지 분주소(칠암리 617-4번지) 인근에서 지방 좌익에 의해 집단으로 학살되었다. 이밖에 공음면 선동리 김수현

가족 희생사건(11명 희생), 대산면 덕천리 김해원 가족 희생사건(11명 희생), 대산면 중산리 박재문 가족 희생사건(12명 희생), 무장면 송계리 김사홍 가족 희생사건(5명 희생), 성내면 황태익 일가 희생사건(7명 희생), 해리면 하련리 최종웅 일가 희생사건(8명 희생) 등이 진실화해위원회의 조사를 통해 확인되었다(〈고창 지역 적대세력에 의한 희생사건〉, 《2009년 상반기 조사보고서》 2권, 75~105쪽).

상호 보복전으로 양측 피해 확대

고창 지역에서의 이른바 '적대세력사건'은 2006년 11월 30일 이윤호 외 40인이 진실화해위원회에 진실 규명을 신청하여, 이듬해 2월 20일 조사가 시작되었다. 이후 약 2년 동안의 조사 결과를 토대로, 진실화해위원회는 진실 규명 대상자 135명과 미신청 피해자 18명 등 총 153명이 1950년 5월부터 1953년 2월 사이에 고창 지역에서 이른바 '적대세력'에 의해 희생되었다고 밝혔다. 진실화해위원회의 진실 규명 결정문에 따르면, 고창군 내 각 면별 희생자 수는 공음면이 가장 많은 63명, 그 외에 대산면 23명, 무장면 18명, 해리면 9명, 성내면 8명, 부안면 7명, 아산면 3명이며, 고창읍·성송면·심원면에서도 각각 2명이 희생되었다. 진실화해위원회는 이 사건을 '고창지역사건'으로 명명했다.

  희생자의 성별 구성을 살펴보면, 남성이 109명(71.2퍼센트), 여성이 42명(27.5퍼센트), 성별 미상 갓난아이 2명(1.3퍼센트)이다. 연령별로는 30대가 48명(31.4퍼센트)으로 가장 많았고, 다음으로 20대가 41명(26.8퍼센트)이었다. 시기별로는 전쟁 이전 희생자 8명, 인민군 점령 기간 희생자 2명, 군·경의 완전 수복 이후의 희생자 4명이며, 나머지 139명은 모두 인민군 후퇴 이후 군·경 수복 사이 치안 부재 시기에 희생되었다.

한편 진실화해위원회에서는 이와는 별도로 설동표 등 129명이 신청한 '고창 지역 민간인 희생사건'을 조사한 바 있다(《2010년 상반기 조사보고서》 8권에 수록). 진실화해위원회의 조사 결과에 따르면, 고창 지역에 거주하던 주민 333명이 1950년 11월부터 1951년 5월까지 군경에 의해 '좌익', '빨치산', '부역자' 등으로 몰려 현장에서 살해되거나 연행된 후 행방불명되었고, 부상을 입기도 했다. 이 사건의 가해 주체는 고창 지역 수복작전을 담당한 국군 제11사단 20연대 2대대 6중대와 8중대 군인, 전북경찰, 고창경찰 등으로 확인되었다.

고창 지역에서의 실제 민간인 희생자는 좌우를 막론하고 진실화해위원회에 신청된 사건보다 훨씬 많았을 것으로 추정된다. 진실화해위원회가 발주한 《피해자 현황조사 용역사업 결과보고서》(동아대학교 석당학술원, 2007)에 의하면 고창 지역 한국전쟁 희생자 총 1,880명 중 '적대세력'에 의한 희생자가 50.9퍼센트, 군경 및 우익에 의한 희생자가 42.5퍼센트로 상호 보복으로 양측 모두 희생이 컸던 것으로 나타난다. 결국 고창 지역에서의 민간인 집단학살은 치안 부재 속에서 좌우세력 간 상호 보복전 양상으로 전개되었고, 군경의 빨치산 토벌작전으로 인해 피해가 더욱 확대되었다.

1-2. 단기간에 최다 희생자를 낳은 영광 지역

한국전쟁 발발 후 전라남도 영광은 인민군이 주변 지역인 광주, 함평, 나주, 목포로 진출하는 경로가 되었다. 인민군 후퇴 시기에는 구수산 갓봉, 불갑산 등 험준한 산악으로 둘러싸인 지리적 특성으로 인해 퇴로가 막힌 인민군과 주변 지역의 좌익세력이 몰려들어 빨치산을 결성하고 활발한 유격활동을 벌였다. 인민군 후퇴 이후 영광 지역에서 민간인 집단학살 희생자가 많이 발생한 데에는 이러한 지정학적 요인이 크게 작용했다.

전쟁 이전부터 지역 내 이념 갈등 고조

영광 지역에는 한국전쟁 발발 이전부터 이미 좌우 대립으로 지역 내 갈등이 고조되어 있었다. 전쟁이 일어나자 영광 지역에서는 대한청년단 배속 장교를 중심으로 한 청년방위대로 추정되는 약 300명의 민간인 병력이 조직되었다. 전쟁 발발 직후인 7월 12일 염산면 야월리 내남마을 후산에서 소위 '인민유격대'로 불리는 무장세력과 군경 사이에 전투가 벌어졌다. 인민군이 영광을 점령하기 열흘 전이었다. 이즈음 영광면 입석리 기봉재를 비롯하여 백수면·염산면·군남면 등지에서 보도연맹 관계자들이 경찰에 의해 살해당했다. 이처럼 전쟁 발발 이전부터 존재했던 지역 내 이념 갈등도 집단학살 희생자를 증폭시킨 한 원인이 되었다.

북한 인민군이 영광을 점령한 것은 1950년 7월 23일이었다. 이후 영광 지역은 약 2개월 동안 인민군 점령 치하였다. 1950년 9월 중순 이후 내무성–내무부–내무서–분주소로 이어지는 북한의 공식 치안행정체계와는 별도로 당이 주도하는 특별자위대가 조직되었다. 전라남도 특별자위대는 도 단위의 총사령부 산하에 시–군–면–리–마을 등 각 행정단위별로 노동당 책임자가 사령관 혹은 대장을 맡고 내무서 혹은 분주소의 책임자가 부대장에 취임하는 방식으로 조직되었다.

1950년 9월 말 유엔군 및 국군과 경찰이 반격을 개시함에 따라 영광 지역 주둔 인민군도 후퇴했다. 이때 지방 좌익세력도 일시 후퇴했으나 군경에 의한 수복이 즉각 이루어지지는 못했다. 이 사이 각 면 단위에서 조선노동당이 주도하는 면유격대(빨치산)가 조직되고 이들을 중심으로 '반동 숙청'이라는 명분 아래 조직적인 학살이 자행되었다. 이러한 일은 대체로 1950년 10월 이후 약 1개월 사이에 발생했다.

약 1개월 사이 전국 최다 희생자 발생

영광군에서 인민군 또는 지방 좌익에 의한 학살은 약 1개월 사이의 짧은 기간에 일어났지만, 희생자 규모는 전국에서 가장 컸다. 《6·25사변 피살자 명부》(공보처 통계국, 1952. 3)에는 영광군에서만 2만 549명이 희생된 것으로 기록되어 있다. 이는 전국에서 가장 큰 피해 규모로 전국 피살자 5만 9,994명의 34퍼센트를 상회한다. 하지만 희생자 2만 549명은 1949년 현재 영광군 총인구의 6분의 1을 웃도는 수치로 다소 과장되었을 가능성이 있다. 한편, 2008년 진실화해위원회에서 발주한 용역 사업의 결과보고서인 《피해자 현황 조사 용역사업 최종결과 보고서》(전남대학교 사회과학연구소, 2009)에 의하면, 영광 지역 전체 민간인 피해 규모는 4,402명이며, 이 가운데 가해자가 인민군, 빨치산, 지방 좌익 등으로 분류된 건이 3,047명이다.

영광 지역에서 희생자가 집중적으로 발생했던 1950년 10월 집단학살을 주도한 세력은 유격대와 지방 자위대였던 것으로 확인된다. 사건 초기의 희생자들은 모두 경찰, 군인, 공무원, 우익단체 간부들로 인민군 점령 이전 발생한 보도연맹사건이 이들의 희생에 상당한 영향을 미쳤던 것으로 파악된다. 그런데 10월에 이르러서는 그들의 가족까지 '반동'으로 취급되어 숙청 대상이 되었다. 9월 말 인민군이 후퇴하고 유엔군에 의해 퇴로가 차단되자, 지방 좌익들은 위기감에서 '반동'에 대한 대대적인 학살을 감행한 것이다. 게다가 인민군 점령 기간과는 달리 심사 혹은 재판 등의 법적 절차 없이 자의적 판단에 의해 학살을 자행해 피해가 급증했다.

성씨 간의 원한이 참극 원인이 되기도

영광군에서 적대세력에 의한 희생자가 가장 많이 발생한 곳은 백수면이었다. 당시 백수면 당위원장이었던 최○○에 대한 판결문에 의하면, 이 시기 백수면 희생자가 최소 176명에 이를 것으로 추정된다. 최는 1950년 9월 28일 인민군 후퇴와 함께 일단 도피했다가 10월 3일경 돌아와 백수면 유격대를 조직하고는 각 소대장 및 소대원들과 지하당원, 분주소원들에게 '반동분자'의 살해를 지시했다고 한다. 그런데 백수면 희생사건 가운데는 이념적 갈등 외에 성씨 간의 갈등도 작용했다는 진술이 있다. 그러한 예로 홍곡리 이유복 가족 희생사건을 들 수 있다. 이 사건은 이유복 일가와 김씨의 씨족 간 대립이 주된 이유였다. 당시 약 150호가 거주하던 홍곡리는 김해 김씨가 다수를 차지하고 있었다. 이때 타성으로서 구장을 지내던 이유복은 김씨와 갈등이 있었는데 누군가 우익의 핵심이라고 밀고하여 일가족 6명이 희생당했다고 한다.

양성리 문기봉 가족은 1950년 10월 1일경 가족 가운데 면사무소 계장을 역임한 문기봉의 차남 문중권이 먼저 희생당했다. 이후 문기봉 본인과 3남 문이권, 영광군청 계장이었던 장남 문영채, 4남 문사권이 거의 같은 시기에 희생되었다. 이들이 학살된 곳은 현 백수우체국 뒤 산골짜기 혹은 갓봉으로 추정된다. 나머지 가족들도 10월 말 현 백수우체국 뒤 산골짜기에서 한꺼번에 살해되었다. 당시 양성리 거주 문씨 일가에 대한 심사가 진행되었고, 그 결과 문기봉 가족 중 17명이 여섯 차례에 걸쳐 양성리 인근의 여러 장소에서 희생된 것이다.

유사한 사례로 영광면 남천리 허옥 가족의 경우 1950년 8월 6·7일 영광면장 허옥과 그의 아들 허광이 희생된 이후 1950년 10월 초순 허옥의 처 정옥서, 며느리 은정우, 손자 허림, 손녀 허술희 등 4명과 허옥의 소실이 연행되었다. 이들은 모두 남천리 우산공원에서 시신으로 발견되었다. 허옥의 딸 허경순은 금융조합 창고로 연행되어 구금되었다가 앞서 희생되었다.

백수면에서 군내 최다 희생자 발생

2005년 12월 6일~2006년 11월 30일 조기주 등 28인은 영광 지역에서 일어난 인민군·좌익세력에 의한 민간인 학살사건에 대한 진실 규명을 신청했다(진실화해위원회, 《2009년 상반기 조사보고서》 2권). 이에 따라 진실화해위원회는 2007년 2월 20일 조사를 시작하여, 2009년 5월 18일 진실 규명을 결정했다. 진실화해위원회는 조사 결과 한국전쟁 전후로 전라남도 영광군 영광면, 백수면, 홍농면, 염산면, 묘량면, 불갑면, 군남면, 군서면, 대마면 등 9개 면에서 진실 규명 대상자 198명과 미신청 희생자 152명 등 최소 350명의 희생 사실을 확인 또는 추정했다. 면 단위로 구분해보면, 백수면에서 총 144명이 학살되어 영광군에서 가장 많은 희생자가 발생했다. 그다음 염산면 92명, 홍농면 51명의 순으로 희생자가 많았다. 연령과 성별이 확인된 328명의 피해자를 분석한 결과 10대가 78명(23.7퍼센트)으로 가장 많고, 그다음이 20대 59명(18.0퍼센트)의 순이었으며, 10세 미만 어린이도 47명(14.3퍼센트)이나 되었다. 성별로는 남자가 182명(55.5퍼센트), 여자가 146명(44.5퍼센트)으로 나타났다. 영유아를 포함한 아동, 부녀자, 노인까지 무차별적으로 학살되었던 것이다.

인민군 점령 직후인 1950년 7월 말부터 8월 초순에는 법성면 치안대에 감금되어 있던 우익인사 48~51명이 유격대원들에 의해 희생되었다. 인민군 점령 기간 중에는 청년방위대원 등의 예비역 군인, 경찰, 전현직 면장, 면서기, 구장, 국민회 또는 대한청년단에서 활동한 우익단체 간부들이 주로 희생되었다. 1950년 9월 말부터 10월 말 사이 가장 많은 희생자가 발생했으며, 이는 전 시기 총 희생자의 약 87.6퍼센트에 해당된다. 학살사건이 집중적으로 일어났던 이 시기에는 가족 단위의 학살사건이 빈발하여 이른바 '우익반동'의 가족들이 많이 죽임을 당하였다. 인민군 점령 초기 영광 지역에서 집단학살을 저지른 주체는 유격대원 혹은 치안대원이었다. 반면에, 인민군 후퇴 이후에는 당이 중심이 된 면 단위 유격대 혹은 특별자위대가 학살을 주도하는 가운데 면-리-마을 단위의 자위대가 이에 가담했다.

한편, 군경에 의한 영광 지역 민간인 집단학살에 대해서도 진실화해위원회는 두 차례에 걸쳐 조사를 진행했다. 그중 하나는 2008년 12월 23일 진실이 규명된 '불갑산 지역 민간인 희생사건'(희생자 23명)이고(진실화해위원회, 《2008년 하반기 조사보고서》 수록), 다른 하나는 2010년 4월 13일 진실 규명된 '영광 지역 민간인 희생사건'(희생자 128명)이다(진실화해위원회, 《2010년 상반기 조사보고서》 수록). '불갑산 지역' 및 '영광 지역'의 민간인 희생자들은 주로 '좌익', '빨치산', '부역자'로 몰리거나 '입산자 가족'이라는 이유로 법적 절차 없이 현장에서 살해되거나 연행된 후 행방불명되었다.

1-3. 최대 규모 단일 집단학살사건의 현장, 당진읍 지역

하룻밤 사이 200명 넘게 공동묘지에 묻혀

9월 27일 당진내무서 유치장과 창고에는 당진군 각 읍·면에서 연행되어 온 사람들로 발 디딜 틈이 없었다. 1950년 9월 인천상륙작전으로 전세가 역전되자, 인민군 전선사령부는 후퇴 명령과 함께 적 진영에 적극적으로 가담해 활동할 자를 사살하라는 지령을 내렸는데 9월 28일 전후 당진읍, 합덕읍, 우강면, 면천면, 석문면 등지에서 발생한 집단적인 희생사건도 이 명령에 따른 것으로 보인다.

당시 당진내무서 유치장은 4.5평 크기로 3개의 방이 있었고, 각 방에는 지주·경찰·공무원·우익단체 회원과 그 가족 등 70~80명이 빽빽이 감금되었다. 증언에 의하면 유치장이 모자라 10평 규모 창고 2곳에도 300여 명이 감금되어 있었다고 한다. 이들은 27일 밤부터 28일 새벽 사이 한 번에 60~70명씩 내무서 마당으로 끌려나와 두 명씩 전깃줄에 두 손과 다리가 묶인 채 약 1킬로미터 떨어진 공동묘지 서쪽 계곡(현 목화아파트)으로 끌려갔다. 공동묘지는 낮은 언덕 형태로 일명 밤절고개라고 불렸다. 공동묘지의 계곡은 원래는 폭이 약 3미터 정도로 물이 흐르던 곳으로 사건 발생 당시에는 콩밭이었다.

학살은 세 차례에 걸쳐 총살로 진행되었다. 당시 사건 목격자들은 총살 이후 죽창에 의한 확인 살해도 있었다고 증언했다. 결과적으로 당진읍 읍내리 공동묘지에서는 8월 3일 최소 7명이 희생된 데 이어 9월 27일 밤부터 9월 28일 새벽까지 최대 210명이 희생된 최대 학살 현장이 되었다. 이밖에 당진읍 시곡리 야산, 석문면 노학산, 합덕읍, 신평면 등지에서도 희생자가 발생했다.

농민동맹 등도 '반동분자' 색출 가담

당진군에서는 1945년 해방 이후부터 좌우익단체의 조직활동이 활발했다. 좌익단체로는 1945년 9월 인민공화국 당진군협력회가 만들어졌는데 이후 당진군 인민위원회로 이름을 바꾸어 활동하다가 미군정과 경찰의 개입으로 해체되었다. 우익단체로는 대동청년단이 있었다. 1947년 9월 서울에서 조직된 대동청년단은 이후 각 지방에 조직되었는데, 당진군에서도 조직되어 반공활동을 전개해나갔다. 1948년 12월 대동청년단은 다른 우익청년단체들과 통합되어 대한청년단이 되었고, 대한청년단은 군·읍·면 단위로 활동했다.

1950년 7월 12일 충청남도 당진군은 제6보병사단으로 추정되는 인민군에 의해 점령되었다. 인민군 점령하에서 정치보위국 산하 치안조직을 중심으로 반혁명세력의 숙청이 이루어졌다. 이른바 '반동분자' 색출에는 인민위원회, 농민동맹, 여성동맹 등 사회단체들도 가담했다. 숙청의 주요 대상자는 지주, 경찰, 공무원 등이었고, 주로 면단위 '인민재판'에 의해 이루어졌으나 '즉결처분'된 경우도 많았다고 한다.

참고인들 "인민군 관여 안 해" 증언

당진군에서의 민간인 학살은 1950년 7월부터 9월까지 인민군이 점령했던 기간에도 있었으나, 희생규모가 큰 사건이 집중적으로 발생한 시기는 인민군이 퇴각하던 1950년 9월 28일 전후였다.

2006년 10월 18일 구본용 외 24인은 1950년 8~9월에 당진군 당진읍 읍내리 공동묘지와 읍내리 시곡리 야산, 석문면 통정리 노학산, 합덕읍 성동리 성동산과 구양교, 신평면 거산리 야산 등에서 '적대세력'에 의해 구자화 등 25인이 희생당했다고 주장하며 진실화해위원회에 진실 규명을 요청했다(진실화해위원회, 《2008년 상반기 조사보고서》 수록).

진실 규명 대상자는 모두 남자였고, 나이는 20~50대로 20대가 7명, 30대가 10명, 40대 7명, 50대가 1명이었다. 진실 규명 대상자 총 25명 중 9명이 면장 및 이장을 역임했고, 15명은 대한청년단원으로 활동했다. 이들은 경제적으로 부유한 편에 속하는 지역 유지급 인사였다.

진실화해위원회는 조사 결과를 토대로 2008년 6월 23일 신청자 25명 전원에 대해 진실 규명을 결정했다. 진실화해위원회는 조사과정에서 강위영 등 진실 규명을 신청하지 않은 사건 희생자 84명의 신원을 추가 확인했다. 이 가운데 총 98명이 진화위의 조사 결과 진실 규명이 결정되었다.

진실화해위원회의 조사에서 신청인 및 참고인들은 희생사건에 인민군은 관여하지 않았다고 공통된 진술을 했다. 조사 결과 대부분의 피해자들은 지방 좌익에 의해서 희생되었으며, 일부 정치보위부원도 가담했음이 확인되었다.

02

예비검속의
희생자들

이승만 정부는 국민보도연맹원 등
요시찰인들에 대한 단속과
검거를 단행한 후 살해했다.

2-1. 국민보도연맹사건[6]

한국전쟁이 발발한 직후 이승만 정부는 국민보도연맹원 등 요시찰인들
에 대한 단속과 검거를 단행했다.[7] 내무부 치안국은 1950년 6월 25일
'전국 요시찰인 단속 및 전국 형무소 경비의 건'이라는 통첩을 일선 경
찰서에 하달했다. 이후 6월 말부터 9월 중순경까지 육군본부 정보국
CIC와 경찰, 헌병, 해군정보참모실, 공군정보처 소속 군인과 우익청년
들이 이들을 연행, 구금한 후 살해했다.[8] 이른바 국민보도연맹사건이다.

이 사건은 군경의 토벌작전이나 미군 폭격 등으로 사망한 다른 민간
인 학살사건과는 달리 남한 전역에서 일정한 기간 동안 거의 동시에 학
살이 진행됐다는 점에서 특별한 관심이 필요하다. 이 같은 사실은 주한
미국대사관 소속으로 1950년 7월 초순에 발생한 대전 지역 정치범 처
형 장면을 보고한 밥 에드워드Bob E. Edward 중령이 밝히고 있다. 그는
'처형 명령'이 최상층부로부터from top level 내려왔기 때문에 이와 같은
처형은 전선에만 국한된 것이 아니었다고 보고서에 기록했다.

국민보도연맹원과 요시찰인 등에 대한 대규모 학살은 국가기관이 계속해서 범한 민간인 집단학살의 출발점이 되었으며, 여러 지역에서 인민군과 좌익세력이 보복학살을 벌이는 이유가 되기도 했다.

사상전향자 관리를 위해 정부가 만든 국민보도연맹

1949년 6월 5일 이승만 정부는 시공관市公館에서 '국민보도연맹 중앙본부 선포대회'를 열어 대외적으로 조직 결성을 공개했다. 국민보도연맹 중앙본부 기관지 《애국자》(창간호, 1949. 10. 1)에 따르면 이보다 앞선 4월 15일 정부는 '국민보도연맹 창립 준비위원회'를 구성하고 4월 20일 서울시경찰국 회의실에서 '국민보도연맹 창립식'을 거행했다.

　당시 서로 다른 정치체제가 들어선 된 남북한에서 사상 문제가 중요해졌다. 1949년 4월 보도연맹을 창설하기 한 해 전 남한사회에는 국가보안법 제정(1948. 12)과 여순사건(1948. 10), 대한민국 정부 수립(1948. 8), 제주 4·3사건 등 정치적 격변이 일어났다. 이런 과정 중에 남조선노동당(남로당)이 와해되면서 이들 조직과 외곽 단체에서 활동한 사람들을 관리할 필요가 생겨났다. 그 결과 정부는 남로당을 탈당하거나 전향하는 사람들을 '지도'하고 '포섭'할 기관으로서 이 조직을 창설했다. 국민을 보호하고 이끈다는 의미를 가진 국민보도연맹國民保導聯盟에 이 조직이 추구한 바가 담겨 있다.

　국가가 나서서 사람들의 사상을 전향시키거나 다루겠다는 발상은 일제강점기 때 조선총독부가 만든 조직에서 그 연원을 찾을 수 있다. 일제강점기의 사상보국연맹이나 대화숙大和塾과 같은 단체는 내선일체를 강화하면서 조선인 전향자들을 전선에 동원하고 비전향자를 포섭하는 게 주목적이었다. 따라서 정부가 애초에 국민보도연맹을 창설할 때 주로 과거 좌익활동을 한 사람들이 회원 가입 대상이었다. 그러나 실제 현장에서는 좌익 관련자보다는 각 경찰서별로 할당된 인원을 채우기 위해 무리한 회원 가입이 이루어졌다.

김경하는 충북 영동군 보도연맹 조직에서 선전부장으로 일했다. 영동 경찰서 자료(사찰비문서철)에 의하면, 그는 해방 후 대거면에서 건국준비위원회 면위원장과 전국농민조합총연맹 위원장을 맡은 남로당원이었다. 1949년 11월 29일 경찰에 자수함과 동시에 보도연맹 간부로 임명되었다. 이처럼 과거의 활동과 직접 관련된 사례도 있지만, 보도연맹 가입 규정은 매우 광범위하고 자의적이어서 좌익 관련자, 정부에 비판적인 인사뿐만 아니라 무고한 시민들도 상당수 가입하게 되었다.

이 조직은 정부가 결성하고 운영하는 관변단체였기 때문에 대상자들은 자발적이기보다는 일선 경찰의 강제적인 행정 집행절차에 따라 회원이 된 경우가 대부분이었다. 이런 현상은 도시보다는 농촌으로 갈수록 심했다. 1950년 충북경찰국 경무과에 근무한 오석재는 "보도연맹 가입자들이 대부분 (정부에서) 비료를 준다는 말에 가입했고, 좌우가 뭔지 분별도 못하는 무식자들"이었으며, "누가 좋다고 도장을 찍으라고 하면 무조건 찍던 사람들"이라고 증언했다.[9] 포항경찰서 경찰이었던 정삼학은 보도연맹의 책임자 정도를 제외하면 다른 연맹원들은 특별히 사상 문제가 있다기보다는 정부가 나서서 배급을 주니까 도장을 찍고 이름을 써주어서 명단에 들어간 사람들이 대부분이라고 말했다.

이런 증언은 생존한 보도연맹원들의 진술과도 일치한다. 전남 보성군 회천면의 김재욱은 천포출장소에서 보도연맹에 무조건 가입하라는 강요에 따라 가입원서(자수서)에 도장을 찍은 경우였다. 충북 청원군 북이면의 모영전은 과거 좌익단체에 가입한 것 때문에 북이지서에 두 차례 불려가 비료를 준다고 해서 도장을 찍었는데, 나중에 알고 보니 보도연맹원이 되어 있었다고 했다.

국민보도연맹 조직은 1949년 4월 20일 창립식을 가진 이후 1950년 한국전쟁이 발발하기 직전까지 각 지역에 결성된 전국 규모의 단체였다. 사상검사 오제도와 선우종원, 정희택 등의 자서전에 따르면, 회원 수는 조직 결성 참여자들의 증언마다 조금씩 차이가 있기는 하지만 최대 30만여 명에 이르렀다.

이 단체는 서울지방검찰청 오제도 검사의 제안으로 내무부와 국방부, 법무부 등 정부기관이 주도해서 만들었기에 주요 간부들은 거의가 검찰과 경찰, 군인이었다. 그러나 어떤 법률이나 훈령에 근거한 것은 아니었다. 법률적으로는 임의단체이면서 관변단체의 성격을 띤 보도연

〈사진 2-1〉
국민보도연맹 중앙본부 기관지
《週刊 愛國者》 창간호
국민보도연맹 중앙본부가 발행한 기관지.
편집 겸 발행인은 간사장 박우천朴友千,
발행일은 단기 4282년(서기 1949)
10월 1일(토), 타블로이드판
(가로 25cm × 세로 36cm)으로 제작되었다.
주간지는 제7호까지 간행되었는데
현재까지 확인된 것은 (재)한국연구원에서
소장중인 창간호와 연세대학교
국학자료실에 보관 중인 2호이다.
* 출처: 진실화해위원회.

맹은 아무 근거도 없는 상태에서 만들어졌다.

반공산주의 교육·선전에 앞장

국민보도연맹원은 반공산주의 문화를 전파하고 선전하는 역할을 도맡았다. 사상검사들은 지역별로 보도연맹원의 활동을 통제하고 관리하면서 반공교육과 문화선전사업을 주도했다. 반공에 초점을 둔 활동들은 여러 증언에서 확인할 수 있다.

충북 영동군 학산면의 보도연맹원이었던 박희윤은 영동경찰서나 관공서에서 실시하는 반공교육을 여러 차례 받았다. 그가 받은 교육 내용은 김일성과 공산주의 사상에 대한 비판이 대부분이었고 이승만 정부에 충성을 맹세하는 내용도 제법 있었다. 사상 전향에서 주요한 것은 국민보도연맹원 자신의 자아비판이었는데, 대부분 과거 자신의 좌익활동을 공개하고 스스로 반성하는 것이었다.

국민보도연맹을 조직하는 데 가장 중요한 역할을 한 오제도가 관심을 기울인 것은 문화예술인들에 의한 반공 선전교육이었다. 연극인 고설봉은 국민보도연맹원이 되어 연극을 시작했는데, 그에 따르면 이런 종류의 활동은 반공을 계몽하는 '정신극'이었다. 문화예술 활동을 통해 사람들의 사상을 바꾸려고 하는 시도는 예술제 형식으로 이어졌다.

이뿐만 아니라 국민보도연맹은 읍·면 단위별로 반공궐기대회를 가졌으며 강연회와 영화 상영으로 남한체제의 우월성과 공산사회의 모순 등에 대해 철저한 이념교육을 실시했다. 관변조직이라는 보도연맹의 특성상 대규모 인원 동원과 교육, 선전활동은 전쟁 발발 직전까지 이루어졌다.

법적 근거 없이 구금, 살해

정부는 보도연맹원의 신분을 보장하고 사상적인 측면에서 전향을 했다고 판단하면 '국민'으로 받아들이겠다고 선전했다. 그렇지만 실제로 검찰과 경찰이 중심이 되어 이들을 요시찰 대상으로 취급하면서 감시와 통제를 계속했다. 보도연맹원 등 요시찰인은 전쟁 이전부터 이승만 정부의 반대자로 낙인찍혔을 뿐만 아니라 점차 제거해야 할 대상으로 변해갔다.

이런 분위기에서 북한이 전면적인 남침을 감행하자 개전 초기 공황 상태에 빠진 이승만 정부는 보도연맹원들이 장차 정부를 위협하는 북한의 동조세력이 될 것으로 예단하고 이들을 곧바로 연행, 구금했다. 그러다가 전황이 계속 불리해지고 서울이 북한의 수중에 함락당하자 정부는 후퇴를 시작하면서 이들을 학살했다. 여기서 중요한 것은 학살이 남한 지역에서 전면적으로 시작될 때 전선 이외의 지역에서 보도연맹원들이 인민군을 도와줄 수 없었다는 사실, 심지어 북한을 이롭게 한 경우는 거의 없었다는 사실이다.

국민보도연맹원 등 요시찰인에 대한 군과 경찰의 구금 조치는 인민군이 전면 남침한 6월 25일부터 한강 이남 전 지역에서 이루어졌다. 38도선에 인접한 한강 이북 서울과 경기 북부 지역에선 보도연맹원이 별다른 피해를 입지 않았다. 북한이 서울을 빠르게 점령하고 전선이 계속 남하해서 군인과 경찰이 이들 지역의 보도연맹원을 검속하고 살해할 시간적 여유가 아주 적었기 때문이다.

현재까지 밝혀진 바에 따르면, 전쟁 발발 초기 서울 지역 보도연맹원은 사상검사들의 통제와 관리하에 있었다. 국방부 전사편찬위원회에서 오제도가 증언한 내용을 보면, 6월 28일 정부가 서울을 포기하고 피란을 떠나기까지 보도연맹원은 비상구호반으로 편성되었다.[10] 그들은 검사들의 지시에 따라 서울로 밀려들어오는 피란민을 안내하고 포스터를 부착하는 등 구호활동을 전개했다. 정희택은 《중앙일보》와의 인터뷰에서 보도연맹원들이 "일사불란하게 상부 명령에 따라 자리를 지키고 있었다"고 증언했다.[11]

경기 이남 지역에서 연행된 사람들의 경우 경찰서 유치장이나 창고, 공회당, 연무장, 그리고 인근 지역 형무소 등에 짧게는 2~3일 길게는 3개월 이상 구금되었다. CIC와 사찰계 경찰, 헌병들은 구금된 사람들이 과거에 무슨 활동을 했는지 심사한 후, 그 정도에 따라 'A·B·C(D)'나 '갑·을·병'으로 분류했다. 보도연맹원 등 요시찰인 중에서 'A(갑)'로 분류된 주요 간부들은 7월 초순경에 살해되었고, 나머지 검속자들은 인민군이 해당 지역을 점령할 때 군·경이 후퇴하기 직전 학살당했다.

심사과정에서 폭력이 빈발했고 고문이 자행되기도 했는데, 장기간 구금이 이뤄진 영남 남동부 지역에서는 더욱 심한 가혹행위가 있었다. 군과 경찰이 급하게 후퇴한 충청도와 전남북 일대, 경북 북부 지역에서는 구금자들이 별다른 심사 절차 없이 살해되기도 했다. 인민군이 점령하기까지 얼마간 여유가 있었던 충청남도 청원 지역에서는 형식적인 심사와 분류가 진행된 것으로 알려졌다. 전남북 지역에서도 양상은 비슷했다. 특별한 심사기준은 없었다. 그저 좌익활동이나 경력 등이 심사의 내용이자 분류하는 기준이었지만 이런 구분 자체도 별 의미가 없었다. 검속된 보도연맹원은 대부분 살해되었기 때문이다.

전남 고흥경찰서 풍양지서 경찰이었던 손공현은 보도연맹원을 검속해 후퇴하면서 없애라는 지시를 경찰서로부터 받았다. 그는 지서마다 각 마을을 담당하는 경찰이 있어서 이들을 연행했고, 지서 유치시설에 구금한 후 상부의 지시에 따라 죽였다고 밝혔다.

살해당한 양상은 비슷했지만 사망자가 적게 발생한 지역도 있었다. 인민군이 점령하지 못했던 경상남북도 일부와 다른 지역의 차이 역시 두드러졌다. 낙동강 방어선 내의 울산 중남지서장이었던 김동을은 보도연맹원 검속은 CIC가 주도해서 이루어졌으며, 그들이 각 지서의 경찰관들을 데리고 다니면서 명부를 가지고 소집하거나 대상자를 확인했다고 증언했다.

보도연맹원 자신들의 증언을 들어보자. 울산군 농소면의 보도연맹원 박재갑은 1950년 7월 15일 경찰의 소집 통보를 받고 농소초등학교로 갔는데, 모여 있던 다른 사람들과 함께 트럭에 실려 울산경찰서 운동장으로 옮겨져 상무관 강당에 구금되었다. 보도연맹원 등 요시찰인들은 대부분 소집 요구에 순순히 응했다. 그전부터 지속해오던 정기적인 교육 정도로 사태를 파악했기 때문이었다. 일부 보도연맹원들은 연행되면 곧바로 살해될 것이라고 짐작해 숨거나 탈출하기도 했는데, 이런 경우 경찰과 CIC는 가족을 데려갔다.

정부가 내린 '불순분자 구속' 명령과 '계엄령', 〈체포·구금특별조치령〉 등 일련의 조치는 전세가 남한에 유리하게 변한 뒤에도 쉽게 바뀌지 않았다. 전쟁 초기에 살아남은 보도연맹원 중에는 9·28수복 이후에 부역자라는 혐의를 뒤집어쓰고 사살되기도 했다. 고령경찰서가 1981년에 작성한 《신원기록편람》과 청양경찰서의 《신원기록 존안대상자 연명부》(1981), 춘천경찰서의 《부역월북행불명부》(1961)에 기록된 내용을 보면, 경찰은 보도연맹원을 부역자로 몰아 처형했다. 설사 이들이 인민군 점령 시기에 그들을 도와주었다 해도 적법한 사법 절차에 따라 처리했어야 했는데 경찰은 임의로 집단살해했다.

국민보도연맹사건에 대한 현장 군인의 증언으로 단락을 마무리하자. 2007년 7월 4일 충북도청 기자실에서 김만식은 이전까지 밝혀지지 않았던 매우 중요한 내용을 증언했다. 전쟁 때 6사단 헌병대 일등상사였던 김만식은 기자회견에서, "보도연맹 학살은 이승만의 특명에 의한 것"이라고 증언했다. 그는 자신의 소속 부대가 6월 28일 강원도 춘천에서 끌고 온 보도연맹원을 횡성에서 살해했다고 증언했다. 후퇴를 거듭하면서 그는 원주 등지에서 보도연맹원을 살해한 후 충북 충주로 이동해서 7월 5일―진천(5일, 조리방죽)―음성(8일, 백마령고개)―청원(9일, 옥녀봉)―청원 오창창고(10일) 등에서 보도연맹 관련자를 '처형'하고 경북 영주(7월 중순)와 문경(7월 15~16일), 상주(7월 중순) 등지에서 학살한 사실을 밝혔다. 이에 대해 그는 1950년 6월 27일경 헌병사령부가 '대통령 특명'으로 "분대장급 이상 지휘관은 명령에 불복하는 부대원을 사형시키고, 남로당 계열 및 보도연맹 관계자들을 처형하라"는 무전지시를 직접 내렸다고 증언했다.

공식 확인된 희생자만 114개 시·군서 4,900여 명

한국전쟁 중에 보도연맹원은 얼마나 죽었을까? 일반적으로 시민사회 단체에서는 전쟁 중에 100만여 명의 민간인이 학살당한 것으로 보고 있다. 이 규모는 군과 경찰이 국민보도연맹원뿐만 아니라 형무소의 재소자와 부역 혐의자, 11사단의 토벌작전, 그리고 미군 폭격에 따른 피해자 수를 모두 포함한 것이다.

이는 1960년 4·19혁명 이후 조직된 전국피학살자유족회가 정부에 제출한 회원 현황을 근거로 한다. 이 문서에 따르면 당시 유족 회원이 114만여 명으로 집계되어 있는데, 이를 근거로 피해 규모를 약 100만

경산 코발트광산사건

1950년 7월 중순 무렵부터 8월 중순경까지 군과 경찰은 보도연맹원과 대구형무소 재소자들을 경상북도 경산시 평산동에 위치한 폐코발트광산에서 집단사살했다. 경산·청도 지역 경찰과 경북지구 CIC 경산·청도파견대, 국군 제22헌병대가 학살을 주도했는데 이들 기관은 육군본부와 경남북지구 계엄사령부, 내무부 치안국-경북지방경찰국-각 경찰서로 이어지는 지휘 체계 속에 있었다. 피해자들은 개전 초기부터 경찰에 검속되어 유치장과 창고 등지에 구금된 상태에서 심사와 분류를 받은 경산시와 청도군, 대구시의 보도연맹원들과 요시찰인들이었다.

이곳에서 희생된 사람들은 1,800명 이상일 것으로 추정하지만 정확한 수는 확인할 수 없다. 진실화해위원회는 경산 코발트광산사건으로 진실이 규명된 개별 신청 건 중 127명의 신원을 확인했다. 개별 피해자의 출신 지역이 밝혀진 경우는 경산 78명, 청도 43명, 영동 6명이며 4명은 밝혀지지 않았다. 이런 공식적인 결과에 비해 유족회와 관련 시민단체는 이곳에서 사망한 사람이 3,500여 명에 이른다고 주장하고 있다. 이런 추정은 그동안 진행된 유해 발굴과 폐광산의 규모, 관련자들의 증언을 토대로 한 것이다. 이 사건은 희생자들이 국민보도연맹원과 대구형무소 재소자, 요시찰인 등이라는 점에서 전쟁 초기의 다양한 희생자들을 보여준다.

경산 현장과 관련해 2000년경부터 시민단체를 중심으로 유해 발굴 논의가 시작됐다. 2005년 경산코발트광산유족회와 영남대학교 주도로 광산 인근 대원골에서 약 50구의 유해와 다수의 유품을 발굴했다. 진실화해위원회는 2007년부터 2009년까지 세 차례에 걸쳐 유해를 발굴했다. 유해 발굴은 제1, 2수평굴과 수직굴, 대원골에서 진행되었으며 약 370구의 유해와 희생자들의 옷에서 나온 단추, 도장, 고무신을 비롯해 군인들이 사용하는 군용품(군화, 판초우의) 탄피 등 수백 점이 발굴되었다. 각 기관의 참고인 진술과 경찰이 소장한 자료는 이때의 학살 사실을 명료하게 보여준다. 청도경찰서에서 작성한 《대공 바인다》(1972), 《대공인적위해자조사표》(1979), 《신원기록편람》(1982), 경산경찰서에서 작성한 《대공 바인다》(1975), 《대공인적위해자조사표》(1977), 《신원기록편람》(1981) 등은 사건과 직접 관련이 있는 자료들이다.

여 명으로 추정한 것이다. 시민단체의 피해 규모 추정 방식이 정확하다고는 할 수 없지만, 피해자 가족들 스스로 정부가 주장했던 '북한'이나 '공산주의'와 관련된 학살이라고 해야 할 이유가 없는 점에서 이 수치는 큰 의미를 가진다.

보도연맹원에 초점을 두고 피해 규모를 추산해보자. 진실화해위원회는 신청인과 직권조사를 통해 전국 114개 시군에서 희생 사실이 있었음을 밝혔다. 희생자는 총 4,931명, 이 중에서 희생자로 확인된 사람은 4,722명이고 나머지 209명은 추정이었다. 지역별로 보면 경남 1,548명, 경북 1,438명, 충북 895명, 전남 483명, 충남 273명, 제주 234명, 전북 54명, 강원 3명, 서울·경기 3명이었다. 연령별로 살펴보면 20~30대 청장년이 대부분이었다. 전체 4,931명 중 20대 2,305명이었고 30대 1,432명, 40대 436명, 10대 150명, 50대 이상이 97명, 10대 미만이 6명이었다. 나이를 정확히 알 수 없는 피해자도 508명이나 되었다.

경기 북부에서는 서울 수복 이후에 보도연맹원 학살이 있었고, 강원도 춘천·삼척 등지는 진술과 경찰자료를 토대로 보도연맹원이 사망한 것으로 확인되었지만 신청인이 없어서 구체적인 사건 내용은 파악할 수 없었다. 한국전쟁 발발 당시 전국 149개 시·군 중 114개 시·군에서 사건이 있었지만, 나머지 지역에서도 피해자가 발생했음을 알 수 있다.

또한 조직으로 보면, 국민보도연맹은 지역 조직뿐만 아니라 여러 형태의 직능별 조직을 따로 두고 있었다. 대표적으로 철도, 보건, 문화예술 등의 분야와 직장 내 조직이었다. 그렇기 때문에 이들을 희생자로 포함해야 하지만, 그 규모는 전혀 밝힐 수 없었다. 결국 진실화해위원회에서는 몇 개 군의 사례를 참조해서 개별 군에서 적게는 100여 명 많게는 1,000여 명 정도씩 살해된 것으로 최종보고서에 기록했다. 전체

보도연맹원 중 약 30~70퍼센트가 학살된 것으로 본 것이다. 진실화해위원회는 결론적으로 학계와 시민단체, 그리고 개별 지역의 피해를 참고로 최소 약 2만여 명이 희생당한 것으로 발표했다. 이 규모는 앞서 보았던 국민보도연맹원 규모가 30만 명이라는 것과 대조된다. 학계에서는 보도연맹원 희생자를 대략 20만여 명으로 추정하는데, 이런 차이는 그만큼 진실화해위원회 조사가 부분적이었음을 반증하는 것이다.

사건의 대규모 피해는 희생자에게만 영향을 끼친 것이 아니었다. 이승만 정부 이후 2000년대까지 역대 정부는 보도연맹원으로 사망한 사람의 가족과 친척들까지 요시찰 대상으로 분류해 감시했다. 경찰은 요시찰인 명부 등을 바탕으로 관련자들의 신원조회에서 취업, 해외 출국, 보안업무 등에 각종 불이익을 주면서 사실상의 연좌제를 적용했다.

이승만 대통령, 예비검속 은폐 지시

진실화해위원회의 조사 결과 발표 이전에 경찰청이 자체적으로 조사한 국민보도연맹원 등 요시찰인 검거와 관련한 성과를 살펴보자. 1950년 7월 12일 계엄하에서 헌병사령관이 발표한 〈체포·구금 특별조치령〉 이전에 치안국장이 내린 〈전국 요시찰인 단속 및 전국형무소 경비의 건〉에 따라 국민보도연맹원 등을 검거한 것은 법적 근거가 없는 것으로 드러났다.

검속은 전쟁이 발생한 초기에는 경찰이 전담했으며 〈체포·구금특별조치령〉이 공포된 이후에는 CIC를 중심으로 군과 헌병이 관여한 사실이 밝혀졌다. 경찰의 전산자료와 문건, 형무소 자료인 헌병예입인 명부, 경찰관 진술, 유족 증언을 종합한 결과 경찰청은 경찰과 군, CIC, 미군, 우익단체가 민간인 학살에 개입한 사실을 밝혀냈다. 가장 중요한

성과는 신원조회 업무와 관련해서 국민보도연맹원 명부와 처형자 명부가 생존한 보도연맹원과 사망한 자들의 가족 등을 관리하기 위해 작성된 것을 규명한 데 있다. 경산 코발트광산사건에서 보듯이 경찰은 사건 이후 이들에 대한 광범위한 자료를 작성·관리하면서 연고자들의 신원조회 업무에 활용했다.

적법한 절차나 재판 과정 없이 보도연맹원을 데려다가 죽인 데는 정부 각 기관이 조직적으로 개입해 있다. 국민보도연맹원 등을 소집한 후 살해를 주도한 기관은 육군본부 정보국 CIC(지구, 파견대)로 밝혀졌으며, 정보수사기관으로서 일선에서 가장 깊숙이 이를 실행한 조직은 경찰(사찰과, 정보수사과)이었다. 이외에도 일부 지역에서 검찰과 헌병·공군정보처·해군정보참모실·우익청년단체 등이 가담했다. 그렇지만 국민보도연맹원 등 요시찰인을 사전검속하고 사살하라는 명령을 구체적으로 언제, 누가 최종 결정했는지 확인할 수 없었다.

당시가 전쟁이라는 국가의 위기 상황이라고 하더라도, 정부가 국민의 인신을 구속하거나 '처벌'하는 행위는 적법한 근거와 절차에 따라 이루어져야 한다. 경찰과 CIC, 헌병, 우익단체 등은 임의로 연행하거나 검속한 구금자들을 집단살해했다. 이런 행위는 전시 민간인을 보호하는 국제인도주의 원칙에 어긋나는 것이며, 헌법에서 보장하는 국민의 기본권인 생명권을 침해하고 적법한 절차와 공정한 재판을 받을 권리를 빼앗은 것이었다.

이승만 대통령이 이와 같은 일을 직접 지시했는지 여부는 밝혀지지 않았다. 그렇지만 대량학살이 진행되는 것을 몰랐다고 할 수는 없을 것 같다. 1952년 11월 26일 있었던 제104회 국무회의에서 이승만은 "경찰의 예비검속은 공표하지 말라"고 지시했다. 대통령 '유시사항'으로 기록된 이 문건에 따르면 전시 중 실행된 경찰의 검속을 비밀로 하도록 한 것이었다. 국무회의에 참석한 사람들이 전부 경찰의 '예비검속'을 알고 있었고 이승만이 이런 사실을 비밀에 부칠 것을 명령한 정황은 이 승만이 대통령으로서 국민보도연맹원 학살의 전 과정에 책임이 있음을 보여주는 것이라고 하겠다.

집단학살 가해자 처리와 용기 있는 사람들

널리 알려져 있지는 않지만, 전시 중에도 집단학살의 가해자를 사법처리한 의미 있는 사례가 있다.

1950년 7월과 8월 경남 김해군 진영읍에서 비상시국대책위원회와 경찰, CIC가 주도한 민간인 집단살인이 발생했다. 이 사건의 피해자 중에는 강성갑 목사와 최갑시 등 지역의 주요 인사들이 포함되어 있었다. 가장 큰 주목을 받은 것은 기독교를 바탕으로 한 학교를 설립해서 교육과 농촌계몽, 사회운동을 주도했던 강성갑 목사의 죽음이었다.[12] 강성갑 목사가 학살당하자 경남계엄사령부 군사법원은 사건을 조사한 헌병대의 기소를 토대로 학살에 적극적으로 가담한 진영지서장 김병희에게 사형을 선고했다. 김병희에게 해당하는 범죄행위는 강성갑 목사와 김영명 교사에 대한 살인죄였다. 재판은 비록 이 지역의 보도연맹원 학살을 전부 다루지 못하고 한정된 피해자를 대상으로 했지만, 전쟁 초기에 있었던 학살에 대한 최초의 법적 처리라는 점에서 높이 평가할 수 있다.

거제 지역에서도 보도연맹원 등 검속된 사람들의 학살에 가담한 기관원에 대한 처벌이 있었다. CIC 통영파견대 거제분견대장 황창록과 거제경찰서 사찰주임 강화봉, CIC 통영파견대 거제분견대 문관 유기봉, 거제 비상시국대책위원장 배삼식 그리고 민보단장 이채환은 부산

중앙고등군법회의에서 재판을 받았다. 이들 중에서 강화봉은 자신의 신분장에 따르면, 무기징역형을 선고받은 후 형이 확정되었지만 1년 뒤 형집행정지로 출소했다. 통영에서는 통영경찰서 도산지서 소속 이을수 순경이 부산지방법원 마산지원에서 사형을 선고받아 형이 확정되었다.

토벌작전 중에도 민간인 학살사건이 발생했는데, 여기에 책임이 있는 지휘관이 재판을 받아 실형을 살았다. 1951년 5월 10일 전북경찰국 제18전투대대 중대장 김용식 경위는 8사단과 합동으로 토벌작전에 참가했다. 그는 자신의 본적지인 전북 고창군 무장면 월림리에서 일가친척들이 천씨 측 사람들에게 살해당한 소식을 들은 후 부대원을 시켜 마을주민 중 천씨를 포함해 89명을 무장면 도곡리 삼이산과 해리면 고습재에서 총살했다. 1951년 7월 3일 김용식은 전주지방법원에서 유죄판

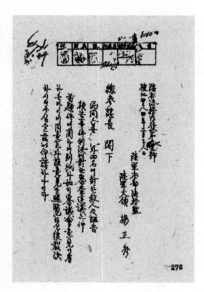

〈사진 2–2〉 거제·통영사건 재판 자료
지심도 앞바다 수장사건 관련 판결 자료 표지.
* 출처: 진실화해위원회.

결을 받았는데, 1955년 12월 26일 대구고등법원 형사 제1부는 무기징역을 선고했다.

이 같은 사례는 체계적으로 발생한 집단학살의 범죄를 다루지 않고 개별 가해자의 살인행위에 초점을 맞추긴 했지만 나름대로 의미를 가진다. 가해자는 자신이 무엇이든지 할 수 있다는 권력 행사의 체험과 법 집행에 대한 오만에 빠질 경우 살해행위를 더욱 가속화한다. 전시는 이런 가해자의 심리가 실제 행동으로 나타나는 데 좋은 배경을 제공한다. 현장에서 지휘관은 자신의 부하에게 무슨 일이든 하게끔 명령하는데, 이것은 마치 법처럼 집행되는 것을 의미한다. '명령'이라는 '말'이 곧 '법'처럼 실행되는 것이다. 가해자에 대한 사법처리는 관료체제에서 이루어진 부당한 명령과 불법한 지시를 사후에라도 바로잡는 데 그 의미가 있다.

또 한 가지 기억해야 할 사실은 전시 중에도 보도연맹원을 살려준 경찰과 사람들이 있었다는 사실이다. 충북 영동군 용화지서의 이섭진 주임은 영동경찰서와 특무대 영동파견대의 보도연맹원 소집과 이송 지시를 거부한 채 40여 명을 살려주었다. 이런 선행을 계기로 1952년 1월 11일 마을 사람들은 다음과 같은 문구가 새겨진 '이섭진 지서주임 영세불망비'를 세웠다.

剛明莅事 濟之慈仁(강명이사 제지자인)

鎭慈一區 傍及外鄰(진자일구 방급외린)

家家懷德 人人迎春(가가회덕 인인영춘)

路上片石 永年不泯(노상편석 영년불민)

강직하고 현명하게 일에 임하여 어질고 착한 마음으로 사람을 구했네.

한 고을을 잘 다스리니 그 덕이 이웃에까지 미쳤도다.

모든 사람들이 봄을 맞이하듯 집집마다 그의 덕을 기억하여

비록 길가에 세운 조각돌일지라도 영원히 잊지 말자.

인민군이 점령하지 못했던 경남 김해시 한림면(당시 이북면)의 최대성 면장은 지서 경찰과 대한청년단원들이 금융조합창고에 구금된 보도연맹원을 죽이려 하자, 대한청년단장이었던 동생(최대홍)을 시켜 경찰을 설득했고 결국 소집된 보도연맹원을 모두 풀어주었다. 합천군에서도 비슷한 경우가 있었다. 가회지서 조정주 주임과 가회면 허임상 면장은 평소 좋은 사이였다. 그들은 군경이 후퇴하기 직전에 보도연맹원을 처형할 것이라는 것을 알고 있었다. 1950년 7월 29일 서울에서 후퇴한 영등포경찰서 소속 경찰들이 관내 보도연맹원들에게 집결 지시를 내려 늦은 시각 그들은 가회초등학교 운동장에 모였다. 이를 이상하게 여긴 송진규 구장이 허임상 면장에게 이 사실을 알렸고, 그는 조정주 주임을 찾아가 "마을 사람들이 죽게 될 것 같으니 살려야 하지 않겠냐"고 설득했다. 이렇게 해서 운동장에 모여 있던 보도연맹원 366명은 풀려나게 되었다.

1960년 진상 규명운동과 좌절

1960년 4·19혁명이 발생하자 보도연맹사건 등 민간인 학살 유족들은 전국에서 진상 규명운동을 벌였다. 피해자들은 전국피학살자유족회를 조직해 진상 규명 활동을 벌였는데 대구, 울산, 밀양, 김해, 진영, 동래, 거창, 제주 등지에서 유해를 발굴하고 합동장례를 치른 후 위령비를 세

웠다. 그리고 정부 측에 학살 책임자를 처벌하고 억울한 희생자와 자신들의 명예를 회복시켜줄 것을 요구했다.

영남 지역의 대규모 위령제와 집회, 유해 발굴이 언론을 통해 대대적으로 보도되었고, 전국에 산재해 있던 피해자들이 속속 드러나기에 이르렀다. 상황이 이렇게 되자 제4대 국회에서도 피해 지역의 국회의원을 중심으로 이 사건을 다루기 시작했다.

국회는 특별위원회와 조사단을 구성해 경남반과 경북반, 전남반을 중심으로 현지에서 피해자들의 증언을 청취하고 피해신청서를 받았다. 비록 한시적이고 미흡하긴 했지만 이런 조사활동의 결과를 토대로 국회는 정부 측에 특별법을 제정해서 문제를 해결하도록 건의서를 제출했다. 그러나 1960년의 전국유족회와 국회의 활동은 1961년 군사쿠데타가 발생하자마자 좌절되고 말았다.

5·16군사쿠데타로 정권을 장악한 군부는 이틀 뒤인 5월 18일 피학살자 유족 등을 검거하기 시작했고 1961년 6월 22일 〈특수범죄 처벌에 관한 특별법〉을 제정한 후 이들에게 소급 적용했다. 보안사령부를 중심으로 한 정보수사기관은 보도연맹 유족을 포함한 전국의 민간인 피학살자 유족과 쿠데타에 비협조적인 야당 정치인 등을 검거했다. 유족들은 하루아침에 범법자가 되어 수감되었다. 대구 인근 가창골과 동래, 울산, 진영, 거창, 제주 등지에 세워졌던 위령비는 부서졌고, 합동으로 모신 유해들은 파헤쳐져서 철길이나 도로변에 뿌려졌다. 부관참시를 당한 것이다.

군사정권은 피학살자 유족들을 재판에 세웠다. 사건 판결문 일부를 보면 재판부는 군경이 한국전쟁 때 저지른 학살을 불법으로 판단하고 있었다. 하지만 국민보도연맹원을 처음부터 북한에 협조한 사람들로 설정하고 재판을 진행한 것으로 드러났다. 재판부는 반공이 국시인 군사정권하에서 국민보도연맹원이 살해된 것이 불법이라 하더라도 이들은 북한 편을 든 사람들이기 때문에 죽여도 된다는 식의 억지 논리를 펼쳤다. 군사정권이 1962년에 편찬한 〈한국혁명재판사 편찬위원회〉의 판결문에서 몇 구절을 인용하면 다음과 같다.[13]

보련원 및 국가보안법 기미결수의 피살은 불법에 의한 것이라 할지라도 반공을 국시로 하는 대한민국의 충실한 국민이라고 할 수 없을진대 애국적이고 조국과 민족의 자주독립을 염원한 존재였다고 할 수 없다. …… 유족회 성격과 그 활동 결과에 대하여 북한 괴뢰가 간접 침략의 한 방안으로서 기대하는 그들의 동조자의 확대 및 조직 강화 그 사상 선전에 동조하는 행위라는 것을 인식할 수 있음.

전쟁 초기에 학살당한 보도연맹원 중에서 인민군을 도운 사람은 거의 없었다. 인민군이 점령하기도 전에 군과 경찰이 그들을 소집한 후 끌고 가 죽였기 때문이었다. 군사법정에서 유족들이 한 진술을 보면 그들의 요구는 단순한 것이었다. 1960년 전국피학살자유족회 회장이었던 노현섭과 사정위원 이원식 등은 죽은 사람을 제대로 장례라도 치르게 해달라고 했다. 사람들이 언제 죽었는지 날짜라도 알아서 제사를 지내주고, 어디서 죽었는지 장소라도 알아서 분묘를 만들어 추모하려는 것이었다.

민주화 이후의 사법 구제
2010년에 들어서자 진실화해위원회에서 진실이 규명된 사건 관계자들이 국가를 상대로 손해배상을 청구한 소송들이 전향적인 판결을 받기 시작했다. 가장 중요한 것은 국민보도연맹사건 등 한국전쟁 전후의 민간인 학살이 대법원의 소멸시효 배척 결정으로 손해배상에 새로운 전기를 맞이한 점이다. 국가배상은 피해자의 개인 수준에서 이뤄지고 있기는 하지만 중대한 인권침해에 대한 소멸시효 배제는 또 다른 논의와 진전을 가져왔다. 이것은 국제인권 규약의 국내 적용이라는 점에서 중요한 시사점을 제공하는 것이기도 했다.

구체적인 사례를 통해 알아보자. 울산 국민보도연맹사건이 법원에서 국가배상 판결을 받은 과정은 이렇다. 2009년 2월 10일 서울중앙지법 재판부는 울산 유족들의 청구를 받아들여 국가배상을 판결했다. 하지만 그해 8월 18일 항소심 재판부는 원고들의 청구를 기각했다. 항소심 재판부는 원고들이 제기한 소송에서 소멸시효가 1950년 사건 발생 이후부터 5년 내에 완성되었다는 취지로 판결했다. 반전은 대법원에서 이루어졌다. 2011년 6월 30일 대법원은 소멸시효가 완성되었다는 정부의 주장을 배척하고, 국민을 보호할 국가 의무의 부담과 신의 원칙에 따라 국가의 배상책임을 인정하는 취지의 판결을 내렸다.

대법원은 유가족이 국가 등을 상대로 손해배상을 청구하는 것은 좀처럼 기대하기 힘들고, 전쟁이나 내란 등에 의해 조성된 긴급한 시기에 국가기관이 개인에 대해 조직적이고 집단적으로 자행하거나 국가권력의 비호나 묵인하에 조직적으로 자행된 기본권 침해에 대한 구제는 통상의 법절차에 의해서는 달성하기 어려운 점을 명시했다. 또한 이런 이유 때문에 피해자들이 2007년 11월 27일 진실화해위원회가 울산 국민보도연맹사건에 대한 진실 규명을 결정하기까지 객관적으로 권리를 행사할 수 없었던 것이라고 보았다.

대법원은 여기에 덧붙여, 본질적으로 국가는 그 성립요소인 국민을 보호할 의무를 부담하고 어떤 경우에도 적법한 절차 없이 국민의 생명을 박탈할 수 없다는 점을 강조했다. 이 판결로 인해 국민보도연맹사건뿐만 아니라 다른 유형의 민간인 학살사건도 법원에서 승소할 수 있었고 유족들은 피해배상을 받을 수 있었다. 또한 법원은 1961년 쿠데타 정권에 의해 유족회사건으로 형을 선고받은 피해자 유족들이 제기한 재심을 받아들여 무죄를 선고했다. 이런 조치들은 많은 희생자와 그 가족이 자신들의 불명예를 씻고 마음의 상처를 회복할 수 있는 기회가 되었다.

하지만 최근 민간인 학살과 같은 과거의 중대한 인권침해에 대한 국가배상 소송에서 법원은 앞서 결정한 여러 가지 전향적인 판결을 뒤집고 유족들에게 피해 사실에 대한 입증 책임을 요구하기에 이르렀다. 피해자가 직접 국가의 과실, 책임을 입증하라는 논리는 앞서 울산 국민보도연맹사건에서 대법원이 내린 결정 내용과도 상충되는 것이다. 국가배상에 대한 소멸시효 문제 역시 3년으로 엄격히 제한함으로써 진실화해위원회에 사건을 신청하지 않았거나 이 기간을 넘긴 사건은 국가배상이 불가능하게 되어가고 있다. 법원의 이런 태도 변화는 법을 규범적으로 적용하는 것으로서, 사회적 사실로서 현실을 반영하고 사회변화를 가져올 것이라는 법의 사회적 실천과 기대를 저버리는 것이다.

국가책임을 명확히 하다

2004년 8월 15일, 노무현 대통령은 광복 제59주년 '8·15경축사'에서 "우리시대가 겪고 있는 분열과 반목은 굴절된 역사에서 비롯된 것으로 밝힐 것은 밝히고 반성할 것은 반성하며, 이런 토대 위에서 용서와 화해를 거쳐 국민의 힘을 하나로 모아 미래로 나아가자"라고 국정운영의 큰 틀을 제시했다. 이 같은 국정 방향에 따라 국가정보원과 국방부, 경찰청은 국가에 의한 인권침해사건을 자체적으로 해결하기 위해 기관 내부에 진상 규명과 역사 발전을 위한 기구를 독자적으로 설치·운영했다.

이어 2005년 5월 제정된 특별법에 따라 그해 12월 1일 진실화해위원회가 활동을 시작했다. 2006년 10월 10일 진실화해위원회는 국민보도연맹사건에 대해 직권조사 개시를 결정했고, 2009년 11월 17일 전원위원회는 이 사건의 진실을 규명했다.[14] 직권조사 결정은 그만큼 이 사건이 중요했기 때문인데, 사건이 벌어진 양상으로 볼 때 가해에 대한 지휘·명령계통이 동일하기 때문에 종합적인 조사가 필요했다.

이후 사건의 전모가 밝혀진 과정과 그 내용을 살펴보자. 2007년 진실화해위원회는 개별 지역 사건으로서 울산 국민보도연맹원 희생 사실을 규명했다. 진실화해위원회는 이 사건을 이승만 정부가 요시찰인으로 감시하던 보도연맹원 등을 곧바로 소집·연행·구금했고, 전황이 불리해지자 후퇴하면서 이들을 집단학살한 사건으로 규정했다. 이는 정부가 평소에 보도연맹원을 반정부 인사들과 마찬가지로 위험한 인물로 분류해오다 비상시에 이들을 사전구금preventive detention해 적법 절차 없이 살해한 점에서 '즉결처형summary execution' 형식의 정치적 집단학살politicide이라고 명명한 데서 알 수 있다.

진실화해위원회는 최고위층의 명령에 의해 CIC와 경찰, 검찰, 계엄사령부, 헌병 등 정보수사기관이 동원된 사실을 밝힘으로써 국가의 책임을 명확하게 규명했다. 요시찰인 검속과 살해의 근거는 1950년 6월 25일 치안국이 전국 각 경찰서에 내린 통첩과 28일부터 7월 중순까지 지속적으로 내린 '불순분자 구속' 명령, 계엄령 선포 등의 조치였다. 초기에는 소집·연행하는 형식을 취했으나 실제로는 철저한 수색을 통해 보도연맹원을 구금했다.

각 정부기관의 개입에 따른 구체적인 잘못을 살펴보자. 진실화해위원회는 군이 한국전쟁 직후 국민보도연맹원의 불법살해를 주도하거나 관여한 사실을 문서와 증언으로 밝혔다. 육군본부 정보국의 CIC와 헌병을 비롯한 군 정보수사기관 요원, 그리고 일선 군인들까지 보도연맹원을 검속하여 집단살해했다. 비록 최고위층이나 지휘관의 명령에 따를 수밖에 없었다고 하더라도, 군이 본연의 임무인 국민의 생명과 재산을 보호하기보다는 민간인을 불법으로 살해하는 공권력을 행사했다. 진실화해위원회는 이에 대해 군이 이러한 사실에 주목하여 앞으로 전쟁이나 국가위기 상황이 닥치더라도 민간인을 보호할 것을 국민들에게 약속해야 한다고 권고했다.

경찰은 국민보도연맹사건과 관련해 현행범이 아닌 민간인을 좌익 혐의자라는 이유로 법적 근거 없이 불법 연행하거나 구금했다. 집단살해는 검속과 동시에 일어나거나 심문 후 벌어졌고 학살 또한 처형 형식으로 이루어졌다. 지역 주민과 가장 밀접한 관계에 있었던 경찰은 사건 이후에도 사망한 피해자의 가족을 요시찰인으로 분류해 감시하거나 사찰해왔다.

일선 경찰에서 작성한 《신원조사처리부》, 《신원기록편람》, 《요시찰인명부》 등의 자료를 보면, 유가족들은 연좌제가 적용되던 1980년대까지, 그리고 이것이 폐지되었다고 알려졌지만 실제로는 암암리에 적용되던 1990년대 후반까지 정부기관에 취직하거나 교사로 임용될 때, 공기업에 자리를 얻으려고 할 때 불이익을 받았다.

군과 경찰이 일선에서 집단살해를 실행하는 데 체계적이었다면 앞서 살펴본 대로 검찰은 전쟁 이전부터 국민보도연맹원을 관리하면서 이들의 반공교육을 도맡았다. 전쟁 발발 이후에는 보도연맹원이 불법 살해되는 것을 알고 있었음에도 이를 저지하거나 예방하지 않았고 오히려 배후에서 방관했다. 뿐만 아니라 군대와 경찰에서 벌어진 가해자를 처벌하는 데에도 충실하지 못했다.

진실화해위원회가 경찰청 과거사진상규명위원회의 국민보도연맹 조사 내용에서 주목한 것은 중앙정보부(현 국가정보원)가 생산한 명단이었다.[15] 중앙정보부는 보도연맹원 희생자와 유가족 명단을 다른 정보기관과 공유하면서 관리해왔다. 경찰청 과거사진상규명위원회는 중앙정보부가 발간한 《6·25 당시 처형자명부》(1978)에서 처형자 2만 6,330명과 그 연고자 3만 8,135명을 밝힌 기록을 찾았다. 명단에서 밝혀진 것은 보도연맹원 희생자 1만 7,716명, 전산자료의 보도연맹원은 3,593명이었다. 경찰청 과거사진상규명위원회는 경찰서와 형무소, 중앙정보부 등 관계기관의 자료를 발굴했으며 국민보도연맹원 '예비검속' 및 처형의 주체가 대한민국의 군·경임을 적시했고, 1950년 7월 12일 이전의 '예비검속'에 대해서는 국가의 잘못을 인정했다.

2-2. 형무소 재소자 집단희생사건

대전형무소 재소자들의 재앙

한국전쟁이 발발하자 충남경찰국에 보도연맹원 예비검속과 구금명령이 하달되었다. 당시 충남경찰국 사찰과 형사 서○○은 "6월 25일부터 30일 사이에 치안국에서 무선으로 보도연맹원들을 전부 검거해 처단하라는 지시가 충남경찰국에 하달되었다"고 증언했고, 당시 서대전지서 경찰은 "체포된 보도연맹원은 많은데 대전경찰서 유치장이 적어, 이들을 형무소로 데려갔다"고 증언했다.

대전형무소의 재소자와 일시 구금된 보도연맹원은 세 차례에 걸쳐 학살되었다. 1차 학살은 1950년 6월 28일부터 6월 30일까지 진행되었다. 1992년 2월《월간 말》에 실린 노가원의 〈대전형무소 4,300명 학살 사건〉 기사에 따르면 충남경찰국 경찰 변○○은 "헌병대가 이들의 눈을 가리고 뒤에서 나무기둥에 손을 묶었다. 헌병 지휘자의 구령에 따라 헌병대가 총살을 하고, 헌병 지휘자가 확인 사살했다. 뒤이어 소방대원이 손을 풀고 시신을 미리 준비한 장작더미에 던졌고, 시신이 50~60구씩 모이면 화장을 했다. 그리고 가져온 나무기둥을 다 소진하자 미루나무에 묶어서 사형을 했다"고 증언했다.

2차 학살은 1950년 7월 3일경부터 5일경까지 진행되었다. 1950년 7월 1일 새벽 대전지방검찰청 검사장 정○○은 "미명을 기해 대규모 공습이 있으니 공산당 우두머리와 좌익 극렬분자를 처단하라"는 전문을 당시 대전형무소 당직주임에게 하달했고, 대전형무소 소장과 특별경비대 분대장에게 사상범 처단명령을 확인해주었다. 그리고 이우익 법무부장관은 "군이 재소자를 인도하라고 하면 줄 수밖에 없다. 만약에 재소자를 인도한 게 후일 문제가 생기거든, 그건 정치적인 문제일 거다. 그러면 사전에 장관인 나를 만났다는 소리는 말아 달라"면서 정치·사상범 학살명령을 재차 확인해주었다.

1950년 7월 2일 제2사단 헌병대가 재소자와 예비검속된 보도연맹원들을 인도하라고 요구하면서 처형 작업이 시작되었다. 당시 재소자 분류업무를 담당한 대전형무소 특별경비대 대원 김○○은 "재소자 신분

〈사진 2-3〉, 〈사진 2-4〉 좌익사범 총살

한국전쟁 전 1950년 4월 서울 근교에서 있었던 좌익사범 총살 장면.
남한에서 전형적인 처형방식이었다.

* 출처: 미국 국립문서기록관리청.

장[16]을 전부 소장실로 가지고 올라오라고 해요. 국가보안법이나 포고령 위반, 국방경비법 등 정치·사상범과 10년 이상의 형을 선고받은 일반사범의 신분장은 전부 빼라는 거예요. 그런데, 여기서 잘못된 게, 시간이 없어요. 그래서 재소자 신분장 첫 장의 죄명과 형기만 보고 분류했어요. 10년형 이상의 일반사범의 경우 10년형을 선고받았어도, 가령 5년 이상의 형을 산 사람과 감형받은 사람은 구분했어야 하는데 하지 못했어요. 그래서 10년형을 받고 8년을 산 사람도 죽었어요. 이런 점이 매우 애석해요"라고 증언했다.

이렇게 분류된 대전형무소 재소자와 예비검속된 보도연맹원 등은 형무관들에게 묶여 학살 장소인 산내 골령골까지 트럭에 실려 갔다. 당시 대전형무소 특별경비대원 김○○은 "뒤로 다가가 두 사람을, 한 사람 왼손하고 옆 사람 오른손 하고 어긋매끼로 묶었어요. …… 끌고 와서 재소자들을, 헌병이 징발한 트럭에 가득 실었어요. 헌병들이 총부리를 겨누면서 재소자를 트럭에 꽉꽉 채웠어요. 재소자들은 그때까지 트럭에 선 채로 있었어요. 그리고 헌병들은 재소자들을 총 개머리판으로 때리면서 앉으라고 했어요. 못 앉을 것 같죠. 재소자들은 어떻게 하든지 앉아서 아주 납작해져요. …… 형무관들은 신분장을 가지고 운전석 옆에 앉고, 헌병들이 트럭 네 귀퉁이에서 보초를 섰어요. 나중에는 형무관들이 트럭 네 귀퉁이에 서서 호송임무를 맡았어요"라고 증언했다.

산내 골령골에는 경찰들이 외곽을 경비하고 있었고, 청년방위대와 산내 주민이 판 구덩이가 여러 개 준비되어 있었다. 구덩이의 깊이는 150미터 정도, 너비는 3미터 정도, 길이는 30~50미터 정도 되었다. 대전형무소 특별경비대가 산내 현장 입구에 트럭을 세워 놓으면 청년방위대들이 재소자들을 구덩이 앞까지 끌고 갔다. 청년방위대들은 재소

〈사진 2–5〉
학살 현장
(공주 왕촌 살구쟁이)
※ 출처: *Picture Post*, 1950. 7.

〈사진 2–6〉
정치범 처형(대전 산내 골령골)
※ 출처: 미국 국립문서기록관리청.

〈사진 2-7〉
정치범 처형(대전 산내 골령골)
* 출처: 미국 국립문서기록관리청.

〈사진 2-8〉
정치범 처형(대전 산내 골령골)
* 출처: 미국 국립문서기록관리청.

자들을 구덩이 쪽으로 무릎을 꿇렸다.

당시 대전형무소 특별경비대장 이○○은 "동원된 청년방위대들이 재소자를 하나씩 끌어다가 구덩이 둑에 머리를 드러눕게 하고, 경찰 등 사수들이 10명씩 열을 지었다가, 헌병대와 경찰관 지휘관이 '준비' 하면, 사수들이 하나씩 등을 발로 밟고서, 머리 뒤통수에다가 사격을 했다. …… 헌병대 중위의 명령에 의해 어쩔 수 없이 단 한 차례 확인사살을 했는데, 살인강도로 10년형을 받았지만 잔형이 1년 남은, 직원식당에서 일했던 일반사범이 '나 안 죽었어요. 제발 나 좀 한 방 쏴주세요'라고 애걸했다"고 증언했다. 대전형무소 특별경비대원 김○○은 "재소자들을 앉혀서 구덩이 쪽을 바라보게 하고, 재소자 뒤통수에 대고 쏘는 거야. 뒤에서 쏘면, 피와 골 허연 것이 튀어서 바지가 엉망진창이 돼. 나중에는 군복을 새로 갈아입히고, 바짝 들이대라고 해. 총구를 머리에 바짝 들이대면 안 튀어. 그렇게 한 번 쏘고 나서, 꾸무럭거리고 있으면 권총으로 또 쐈어요. …… 얼마 안 돼서 구덩이에 시신들이 거꾸로 쑤셔 박혀서 다리가 위로 서고, 별거 다 있었어요. 헌병 지휘관이 청년방위대에게 산 위에서 돌을 굴려 와서 시신들을 눌러 버리게 했어요"라고 증언했다.

3차 학살은 1950년 7월 6일경부터 7월 17일 새벽까지로, 육군형무소 병력이 대전형무소에 임시 주둔하던 시기다. 이때 한국전쟁 발발 후 서울을 비롯한 경인지구 형무소에서 풀려났다가 다시 검거된 재소자, 청주형무소에서 이감된 재소자, 그리고 대전형무소에 수감된 충남 지역의 보도연맹원이 학살되었다.

헌병사령부가 1952년 발행한 《한국헌병사》에 "육군형무소(소장 백원교 소령)는 7월 7일 대전형무소에 육군형무소 및 포로수용소를 설치, 전원 야전임무로부터 이동하여 업무를 개시한다. …… 이후 중범자, 보련 관련 적색분자들을 처벌하고 …… 7월 17일에 이르러 드디어 대전 출발, 대구 포로수용소로 집결해 즉시 업무를 개시했다"고 기록되어 있다. 당시 서대전지서 경찰은 "일주일에서 열흘 사이 동원되었다. 아침에 대전경찰서에 집합해서 준비된 트럭에 타고, 대전형무소에 가서 재소자와 보도연맹원들을 싣고, 산내에 가서 하루 종일 총살했다"고 증언했다.

한국전쟁 당시 후퇴과정에서 일어난 형무소 재소자 희생사건 중 대표적인 대전형무소 사례를 〈한국의 정치범 처형〉 사진과 진실화해위원회의 가해 관련 참고인의 진술을 토대로 재구성해보았다. 대전형무소는 전쟁 발발 당시 재소자 수가 약 4,000명이었는데 이 중 2,000명 정도는 정치·사상범이었다. 여기에 전쟁 발발 후 대대적인 예비검속으로 보도연맹원 등이 대거 수감되었다. 이들 중 최소 1,800여 명, 최대 7,000여 명이 1950년 6월 28일부터 7월 17일까지 총 3차례에 걸쳐 충남지구 CIC, 제2사단 헌병대, 대전 지역 경찰 등에 의해 법적 절차 없이 대전 산내 골령골에서 집단학살되었다.

재소자 80퍼센트가 국가보안법 위반자

1946년 7월 남한의 형무소 재소자는 1만 7,000여 명이었다. 그러나 1946년 대구 10월 항쟁 이후 재소자가 급증한데다 1948년 제주 4·3사건과 여순사건, 그리고 여순사건 이후 군과 전 부문에 걸친 이승만 정부의 소위 '좌익 색출'로 형무소는 발 디딜 틈도 없었다. 특히 1948년 12월 1일 제정·공포된 국가보안법이 반국가단체를 구성한 자뿐만 아니라 가입한 자까지 처벌할 수 있도록 하면서 정치·사상범이 양산됐다.

그 결과, 1950년 1월 전국 형무소의 재소자는 4만 8,000여 명에 이르렀다. 이는 적정 수용인원의 두 배를 훨씬 넘는 규모였다. 재소자의 약 80퍼센트는 바로 국가보안법 위반자였다. 국가보안법 위반자 폭증 때문에 정부는 1949년 10월 27일 부천형무소와 영등포형무소를 신설했지만, 늘어나는 수감자를 수용하기에는 역부족이었다.

재소자들의 생활은 극도로 열악할 수밖에 없었다. 당시 7개(대전·부산·대구·광주·목포·전주·군산) 형무소의 재소자 수용 상황에 대해 1949년 8월 7일자《서울신문》은 "7개 형무소는 모두 정원의 약 4, 5할을 초과하여 한 평당 수용자는 최저 6명, 최고 8명으로 되어 있는데, 죄수들의 말에 의하면 저녁에 잘 때가 되면 서로 머리를 반대편에 놓고 다리는 서로 사이에 넣고 자는데 깔리고 덮이고 하여 아침에 일어나면 몸 전체가 쑤시고 아파 더 비좁은 곳은 교대로 자기도 한다. 특히 질식 상태에 빠진 곳은 대구형무소였는데 1,500여 명 정원에 현재 수용은 3,068명으로 강당, 창고, 작업장 할 것 없이 모두 감방으로 사용하고 있었다"고 보도했다.

전쟁 직후 정치·사상범 처리명령

1950년 6월 28일경부터 군과 경찰에 형무소 재소자들과 보도연맹을 처리하라는 명령과 지침이 내려졌다. 한국전쟁이 발발한 1950년 6월 25일 이승만 대통령은 긴급명령 제1호 〈비상사태하의 범죄처벌에 대한 특별조치령〉(이하 〈특별조치령〉)을 하달하고 6월 28일 공포했다. 그리고 내무부 치안국은 6월 25일 전국 도 경찰국에 치안국장 명의로 〈전국 요시찰인 단속 및 전국 형무소 경비의 건〉이라는 비상통첩을 보냈다. 통첩의 주요 내용은 "요시찰인 전원을 경찰에서 구금하라"는 것이었다. 이어서 치안국은 6월 29일 〈불순분자 구속의 건〉, 6월 30일 "보도연맹 및 기타 불순분자를 구속, 본관(내무부 치안국장)의 지시가 있을 때까지 석방을 금한다"는 〈불순분자 구속 처리의 건〉을 각 지방 경찰국에 하달했다. 각 지방 경찰국에서는 관할 각 경찰서에 치안국 통첩을 하달했는데 충남경찰국은 산하 경찰서의 보도연맹원 검거와 처리를 독려하기 위해 독찰반을 편성했다.

〈특별조치령〉이 공포된 1950년 6월 28일은 육군본부가 수원으로 이동한 날이다. 《수원 근·현대사 증언자료집 I》에 의하면 당시 육군본부 정보국 방첩대CIC 수사계장이던 오상근은 "6월 28일 수원에서, 정보국 3과(방첩과)와 5과 요원은 김창룡 중령이 지휘하면서 '내려가면서 잔비소탕을 하고, 숨어 있는 보도연맹원이나 후방을 교란시키는 적색분자를 색출하라'는 (정보국의) 특명이 떨어졌다"고 증언했다.

후퇴하면서 불법학살

서대문형무소로 알려진 서울형무소와 마포형무소, 인천 소년형무소의 경우 1950년 6월 28일 이후부터 30일 사이 형무소 직원들은 후퇴했으며, 이후 재소자들은 출옥했다. 춘천형무소의 경우 6월 28일 중범 재소자 184명을 제외한 모든 재소자들을 일시 석방하고, 중범 재소자 184명을 인솔해 수원으로 후퇴했다.

그러다가 정부의 형무소의 정치·사상범에 대한 처리지침에 따라 군과 경찰은 6월 28일경부터 형무소 재소자와 보도연맹원을 체계적으로 학살하기 시작했다. 처음은 수원이었다. 서울형무소 수원농장의 재소자, 서울(서대문)·마포·부천·영등포·인천 소년형무소 등 서울·경기 지역 형무소에서 출옥하여 내려오다가 수원에서 검거된 재소자와 춘천형무소에서 수원농장으로 이감된 재소자들은 CIC와 육군형무소 헌병들에 의해 집단희생되었다.

미 공군 정보장교 도널드 니콜스Donald Nichols는 회고록《사선을 수없이 넘나들며How Many Times Can I Die?》에서 재소자들의 집단학살을 다음과 같이 기록했다. "약 1,800명의 대학살이 수원에서 있었다. 나는 전 과정을 속수무책으로 지켜보았다. 두 대의 대형 불도저가 끊임없이 움직였다. 한 대는 참호 모양의 무덤을 팠다. 그때 재소자들을 가득 실은 트럭들이 도착했다. 손이 모두 등 뒤로 묶여 있었다. 그들은 서둘러 판 무덤 언저리에 길게 줄지어 세워졌다. 그리고 순식간에 머리에 총탄을 맞은 채 무덤 속으로 굴러 떨어졌다."

형무소 재소자 학살은 충청 지역에서 본격화되었다. 인민군에 점령당했던 충청 지역(대전·공주·청주) 형무소, 전라 지역(전주·군산·광주·목포) 형무소, 경북 지역의 김천·안동형무소, 경남 진주형무소에서는 군(CIC와 헌병 등)과 경찰이 후퇴하는 과정에서 형무소 정치·사상범과 10년형 이상의 일반사범, 예비검속에 의해 수감된 보도연맹원들이 형무소 인근 산골짜기와 바다에 끌려가 법적 절차 없이 학살됐다.

이들 형무소에서는 전쟁이 발발한 직후 정치·사상범을 제외한 일반 단기 사범들을 석방했다. 이는 보도연맹원 등 예비검속자들을 구금할 공간을 확보하기 위해서였다. 대부분의 형무소에서는 무기징역 등 중형 이상의 정치·사상범과 주요 보도연맹원을 가장 먼저 학살했고, 마지막으로 후퇴가 임박한 시기까지 몇 차례에 걸쳐 정치·사상 관련 미결수와 일반 보도연맹원을 학살했다.

후방에서도 자행: 군법회의는 요식행위 불과

대구·마산·부산형무소의 경우 전선과 떨어진 후방임에도 불구하고 계엄사령부에 의해 장기간의 구금과 학살이 체계적으로 반복되었다. 정부는 1950년 7월 8일 헌법 및 계엄법에 근거하여 전라도를 제외한 남한 전역에 '비상계엄'을 선포했다. 계엄령에 따라 각 지역에는 계엄사령부가 설치되었다. 계엄사령부는 각 지역 검·경의 사법 및 경찰업무를 통제하고 형무소 재소자 학살을 지휘했다. 인민군 미점령 지역인 위 형무소들의 경우 〈재소자인명부〉, 〈수용자신분장〉 등 정부 공식문서가 일부 남아 있는데 〈재소자인명부〉의 비고란에 '헌병대 인도', 'CIC 인도'으로 기록되어 있는 재소자들은 헌병대와 CIC에 의해 살해되었다.

낙동강 전선에 인접해 있던 대구형무소에서는 1,400여 명의 재소자와 보도연맹원들이 1950년 7월 7~9일과 7월 27~31일 두 차례에 걸쳐 CIC와 헌병대, 경찰 등에 의해 경북 경산시 코발트광산, 대구시 달성군 가창 골짜기, 칠곡군 신동재, 대구시 달서구 본리동과 송현동에서 법적 절차 없이 집단학살되었다.

마산형무소에서는 최소 1,500명의 재소자와 구금된 보도연맹원들이 1950년 7월 5일, 7월 21~24일, 8월 24일, 9월 21일 네 차례에 걸쳐

〈사진 2-9〉 군 헌병대 인도 기록
1950년 대구형무소 재소자명부의
'군 헌병대 인도' 기록.
* 출처: 진실화해위원회.

〈사진 2-10〉, 〈사진 2-11〉 경산 코발트광산 유해와 안내판

＊출처: 경산코발트광산유족회.

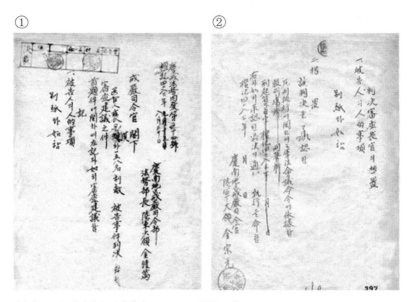

〈사진 2-11〉 마산지구 군법회의(1950. 8. 20) 공문 조작

① 경계법무내발 제54호심사건의 날짜를 9월 13일에서 8월 20일로 조작.

② 8월 20일 마산지구 군법 회의 판결 심사건의에 대해 '경남지구계엄사령관 김종원'이 승인.

＊출처: 진실화해위원회.

CIC와 헌병대, 경찰들에 의해 마산 구산면 앞바다 등에서 적법 절차 없이 집단 수장되었고, 부산형무소에서도 최소 1,500명의 재소자와 보도연맹원들이 1950년 7월 26~30일, 8월 2~3일, 9월 25일 세 차례에 걸쳐 CIC, 헌병대, 경찰 등에 의해 부산 사하구 구평동 동매산과 해운대구 장산 골짜기에서 집단 총살당하거나 부산 오륙도 인근 해상에서 적법 절차 없이 집단 수장당했다.

마산형무소와 부산형무소에 구금된 미결수와 보도연맹원들의 일부, 심지어 기결수 일부도 1950년 8월부터 9월 사이 계엄군법회의에 회부되어 사형을 언도받고 총살되었다. 하지만 당시 군법회의는 지극히 형식적인 단심제로 이루어져 억울하게 희생된 사람이 많았다. 마산지구 계엄고등군법회의의 경우 규정은 심판관 5명 이상이었음에도 불구하고 실제로 참석한 심판관은 1명이었으며, 검찰관 1명이 하루에 159명을 사실심리하는 등 지극히 형식적인 재판을 거쳐 대부분 집단 처형했다. 그리고 계엄당국은 군법회의 개최에 관한 계엄사령관의 승인과 집행명령이 없는 상태에서 재소자와 보도연맹원을 집단 처형하고, 사후에 문서를 조작하여 승인받기도 했다. 적법한 절차조차 지키지 않았으니 군법회의는 사실상 집단학살을 위한 요식행위에 불과한 것이었다.

9·28수복 이후 부역자 처벌

1950년 9월 28일 서울 수복 이후 많은 이들이 부역 혐의로 검거되었다. 검거된 부역자들은 군법회의에서 〈특별조치령〉 위반으로 엄중처벌을 받고 형무소에 수감되었다. 당시 군법회의를 참관한 대전형무소 형무관은 "재소자들이 천 명이 넘었다. 그리고 당시 재판에서 〈특별조치령〉으로 뭔한 사람은 전부 사형 선고를 받았다"고 증언했다. 당시 재판관이었던 유병진은《재판관의 고민》에 "사형과 초중형, 이러한 형이 즉석에서 나오다니. …… 나는 미리 그 결론을 맺었을 것과도 같이 심리가 끝나자마자 판결을 언도하지 않았던가. 더구나 그 어마어마한 판결(주문)을. 나는 여기에서 약 6개월 전(사변 전)으로 돌아간다. 그 당시에 만약 이에 비류되는 사건이었더라면 우리는 아마 징역 2년 내지 5년밖에는 언도하지 않았을 것이다. 그 4년이나 5년이 사형으로, 그 2년이나 3년이 무기 혹은 15년으로, 엄청난 변동을 일으켰던 것이다"라고 기록했다.

9·28수복 당시 형무소들은 폭격 때문에 건물 대부분이 파괴되었다. 하지만 '부역자 처리'가 본격화되면서 부역 혐의자들이 대거 형무소에 수감되었다. 형무소에는 수용시설뿐 아니라, 식량과 의약품 등이 부족해 아사자와 병사자가 속출했다. 특히 많은 부역 혐의자들은 건강이 악화된 상태에서 형무소에 수감된 이후 고문 후유증으로 사망했다.

9·28수복 후에도 재소자들에 대한 집단 처형이 있었다. 1950년 12월 15일 서대문(서울)·마포형무소 경비병들이 홍제리의 영국군 제29여단 캠프 근처에서 커다란 구덩이 4개에 39명의 재소자들을 몰아넣어 집단 처형하고, 다음날 다시 35명의 재소자 집단 처형을 시도하다 영국군의 제지를 받고 중지했다. 1950년 12월 17일 유엔한국통일부흥위원회 UNCURK가 집단 처형 장소에서 시신 수백 구를 발굴했다. 그러나 군은 12월 20일 다시 재소자 58명을 처형하려다가 영국군의 제지로 중지했다. 이미 20명이 처형된 뒤였다. 이후 영국군 주둔지에서 사형 집행이 금지되었고, 군도 더이상 영국군 주둔지에서 사형 집행을 하지 않겠다고 약속했다.

당시 영국을 중심으로 각국 언론들이 한국 정부의 잔학성을 비판하는 기사를 실었다. 특히 AP, UP 등은 한국 정부가 재판도 없이 재소자들을 공개 처형하고 가족이라는 이유로 여성과 어린이까지 처형하고 있다고 비난하면서 이승만이 "어린이가 학살됐다거나 재판 없이 처형한 적은 없다. 우리는 전쟁을 하고 있으며 적을 죽여야 한다. 이에 대해 의문을 갖는다면 왜냐고 묻고 싶다. 학살에 대해선 책임질 게 없다. 우리는 조치를 취해야 한다"고 주장했다고 보도했다.

그리고 1·4후퇴 전후 서울·경기 지역과 대전형무소의 재소자들은 대전형무소, 부산형무소로 이동하는 화차, 그리고 부산형무소의 열악한 환경에 방치되어 병사, 아사, 동사했다.

1만여 명 희생의 최종 책임은 국가와 이승만 대통령

진실화해위원회의 조사 결과 형무소 재소자 희생사건의 희생 규모는 최소 1만 1,267명이고, 희생자로 신원이 확인된 사람은 1,255명이었다. 그들의 죄목은 국가보안법·내란포고 2호·국방경비법·육군형법 위반 등이었다. 이들은 정치·사상범, 제주 4·3사건과 여순사건 관련 혐의자, 그리고 군에서 좌익 척결을 빌미로 숙군 당한 군인들이다. 특히 내란포고 2호 및 소요의 죄에 해당되는 희생자들은 대부분 1948년 여순사건과 관련되어 수감된 사람들이었다. 그 외 살인·강도·방화로 10년 이상의 형을 받은 일반사범들도 석방되지 못하고 희생되었다. 그러나 진실화해위원회에서 희생된 재소자들 중 형기가 확인된 경우를 살펴보면 징역 10년 이하 단기수가 대부분이었다.

가해 관련 기관은 형무관, 경찰, 군이지만 1950년 7월 8일 계엄령 선포 이후 이들 기관들은 계엄사령부의 지휘를 받았다. 계엄령에 따라 각 지역 검·경의 사법 및 경찰 업무는 계엄사령부의 통제를 받게 되었으므로 1950년 7~8월 형무소 재소자 처형에 관한 지휘, 명령은 각 지역

계엄사령부가 내린 것으로 판단된다.

또한 당시 이승만 대통령이나 미국도 사전 또는 사후에 보도연맹원들과 재소자 학살을 인지했거나 보고받았던 것으로 보인다. 대전형무소의 경우 재소자들에 대해 법무부장관이 직접 사살명령을 내렸고, 국방부장관과 내무부장관의 명령에 따라 국군 제17연대가 대전형무소에 파견되었으며 헌병사령관의 명령에 따라 제2사단 헌병대와 제5연대 헌병대가 파견되어 재소자 사살을 직접 실행한 사실이 확인되었다. 이는 정부 최상층부의 명령에 의해 조직적으로 시행되었음을 보여준다.

주한미국대사관 소속 육군무관 에드워드Bob E. Edwards 중령은 1950년 9월 23일 워싱턴의 육군정보부Army intelligence in Washington에 "한국에서의 정치범 처형은 의심의 여지없이 최고위층top level에서 내려온 것이다"라고 보고했다. 또 미군 제25사단 CIC파견대는 1950년 10월 7일자 〈전투일지·활동보고서〉에 "한국 정부의 지시에 의해 대전과 그 인근에서 공산주의 단체 가입 및 활동으로 체포됐던 민간인 1,400여 명이 경찰에 의해 살해되었다"라고 기록했다. 그리고 미8군 사령관 워커가 1950년 8월 18일 미 극동사령부에 보낸 전문에는 "제한적이고 서두른 조사이지만, 처형은 분명히 한국군의 명령에 의해 이루어졌다. 한국에서 작전 중인 유엔군은 맥아더 장군의 지휘하에 있기 때문에, 이러한 처형의 합법성과 타당성은 사령부의 책임인 것으로 보인다"라고 기록되어 있다.

이러한 사실은 적어도 이승만 대통령이나 미국이 각 지역 형무소에서의 대규모 집단살해를 인지하고 있었거나 사후에 보고받았을 가능성을 시사한다. 이승만 대통령이 설사 직접 명령을 내리지 않았다고 하더라도 당시 정부의 최고책임자로서 집단학살이 발생한 것을 막지 못한 책임이 있다. 한편 전시작전권을 가지고 있던 미군은 당시 남한의 이와 같은 민간인 학살에 대해 명확하게 인지하고 있었으며, 내부적으로 군·경의 무단처형에 대한 조치를 논의하기도 했다. 하지만 미국이 이같은 학살을 중지시키거나 막기 위해 별도의 조치를 취했는지는 알 수 없다.

법적 근거도 없고 적법 절차도 없이 살해

정부와 군경은 형무소 재소자 학살과정에서 관련 법령이나 절차를 준수하지 않았다. 당시 군 정보기관과 수사기관인 CIC와 헌병대가 민간인 재소자를 이감하거나 처형 또는 살해할 수 있는 관련 법령이나 규정이 존재하지 않았다. 오히려 1949년 12월 19일부로 공포 실시된 법률 제80호 〈헌병과 국군정보기관의 수사 한계에 관한 건〉에는 헌병과 방첩대원 등은 군인·군속의 수사만 담당하며 이들과 관련 있는 일반인 범죄에 대해 형사소송법의 규정에 따라 수사는 할 수 있으나 긴급구속은 할 수 없도록 규정하고 있다.

그리고 형이 확정된 기결수를 총살한 것은 헌법이 규정한 '일사부재리 원칙'을 위반한 것이었다. 또한 1950년 3월 2일 법률 제105호로 제정 공포된 행형법 조항에도 천재지변이 있다 하더라도 법원의 판결이나 선고를 벗어나 재소자를 처형 또는 살해할 수 있는 관련 규정은 전혀 존재하지 않았다. 정부와 군경의 형무소 기결수 학살은 아무런 법적 근거가 없었던 것이다.

미결수와 전쟁 직후 형무소에 구금된 보도연맹원의 경우 군법회의 이송 절차도 없이 곧바로 헌병대에 인도되어 살해되었다. 제헌헌법 제22조는 '모든 국민은 법률이 정한 법관에 의하여 법률에 의한 재판을 받을 권리가 있음'을 규정하고 있다. 전시 상황이라는 특수성을 고려하더라도 현행범이 아닌 민간인들을 어떠한 재판 절차도 없이 즉결사살한 행위는 명백한 불법행위다. 요컨대 정부와 군경당국의 형무소 재소자와 보도연맹원 학살은 아무런 법적 근거와 절차도 없는 불법행위이며, 이에 대한 최종적 책임은 지휘·명령계통상 최고결정권자인 대통령과 국가에 귀속된다.

국가기구의 불법 집단학살 확인

진실화해위원회는 진실 규명 신청 기간(2005. 12. 1~2006. 11. 30) 동안 접수된 사건 중 757건을 '전국 형무소 재소자 희생사건'으로 분류하여 이 중 45건은 각하했고, 712건을 조사 대상에 포함했다.

진실화해위원회는 비록 전시라는 비상한 상황이었다고는 하나 국민의 생명과 재산을 보호해야 하는 국가가 좌익 전력이 있거나 의심된다는 이유만으로 형무소에 수감된 재소자와 보도연맹원들을 법적 절차 없이 집단살해한 것은 명백한 불법행위라고 결정했다.

형무소 재소자 희생사건에 대한 진실화해위원회의 진실 규명의 가장 큰 의미는 국가기구가 국가권력에 의한 불법적인 민간인 집단학살을 최초로 확인하고 재발 방지를 권고했다는 데 있다. 두 번째 의미로는 군과 경찰 등 국가의 공식 지휘명령체계를 통해 민간인 집단학살이 체계적으로 이루어졌다는 것을 밝혀내고 국가의 공식 사과를 이끌어냈다는 데 있다.

진실화해위원회의 형무소 재소자 집단희생사건 조사의 한계

첫째, 진실화해위원회가 밝혀낸 희생자 수는 전체 희생자 중 극히 일부에 불과하다. 우선 홍보 부족으로 대다수 유족들이 진실화해위원회의 존재를 몰라 신청하지 못한 경우가 많았고, 유족회 등을 통해 알고 있을지라도 진실을 밝히는 것이 소용없다고 생각하거나 또 다른 피해가 있을까봐 신청을 기피한 경우도 많은 것으로 추정된다. 이런 이유로 진실화해위원회는 역사적 중요성을 감안하여 형무소 재소자 희생사건의 경우 유족의 신청 여부와 상관없이 직권조사하기로 결정했으나 실제로는 조사 기간과 조사 인원의 제한으로 인해 신청인 위주로만 조사를 진행했다. 따라서 진실 규명이 되지 못한 희생자가 다수였고, 전체 희생 규모도 정확히 밝히지 못했다.

둘째, 진실화해위원회는 가해 주체와 지휘명령체계를 명확히 밝혀내지 못했다. 진실화해위원회는 〈진실·화해를 위한 과거사정리 기본법(이하 기본법)〉상 수사권을 가지지 못했다. 그리고 〈기본법〉에 정보기구 등 가해기관에 대한 실지 조사와 주요 가해자에 대한 동행명령권은 명시되어 있었지만 이를 거부하는 기관과 가해자에 대한 강제력이 미약하여 일선 군, 경찰 등 가해동원세력에 의한 가해사실 확인과 상부의 명령을 확인하는 선에서 그쳤다. 이런 한계는 진실화해위원회가 2차 세계대전 이후 전범재판과 같이 가해자를 처벌하기 위한 '응보적 정의' 대신 남아공의 진실화해위원회처럼 진실 규명과 화해라는 '회복적 정의'를 추구한 태생적 한계에서 기인한다.

셋째, 형무소 재소자들이 불법적으로 희생되었다는 사실은 밝혀냈으나, 그들이 형무소에 수감된 경위와 그 불법성을 조망하지는 않았다. 진실화해위원회에서 조사한 인권침해사건의 경우 형사소송법에 따르지 않은 불법연행과 감금, 그리고 고문·가혹행위 등을 밝혀내어 재심을 통해 피해자들의 명예를 회복하고 국가배상을 받을 수 있게 했으나

인민군에 의한 형무소 재소자 희생사건

한국전쟁 발발 후 군경에 의해 보도연맹원 등이 학살된 지역과 인민군 점령기와 후퇴기 인민군에 의한 우익인사들의 희생이 일어난 지역은 동일한 곳이 많고, 희생 규모도 비례한다. 이는 보도연맹원 학살의 보복이라고도 볼 수 있다.

인천상륙작전이 전개되자 노동당은 인민군 전선사령부에 후퇴 명령을 내리는 한편 각 지방당에 유엔군 상륙 시 '지주支柱가 되는 모든 요소를 제거'하라고 지시했다. 이에 따라 인민군 후퇴와 함께 각 지역의 내무서나 분주소, 형무소 등에 수감되어 있던 민간인들이 희생되는 사건이 곳곳에서 발생했다. 1950년 9월 25일부터 9월 28일에 대전형무소, 청주형무소, 전주형무소, 목포형무소 등에서 인민군에 의한 군과 경찰 등 우익인사들에 대한 학살사건이 일어났다.

대전형무소 수감자들은 1950년 9월 25일 새벽에서 9월 26일 새벽 사이 대전형무소 후문 쪽 온상의 밭고랑, 취사장, 우물, 용두산, 도마리, 탄방리 등으로 끌려가 학살당했다. 가해 주체는 정치보위부로서, 정치보위부 간부가 수감자에 대한 심사 및 처형명령을 내렸고 정치보위부원, 내무서원, 인민군이 명령에 따라 총살을 집행했다. 대전형무소의 희생자들은 주로 충남 지역의 분주소와 내무서, 정치보위부에서 끌려와 대전내무서나 대전 정치보위부에서 취조를 받은 후 대전형무소에 수감되어 있던 우익인사들이다. 수감자들은 대전형무소로 이감된 뒤에도 정치보위부로 다시 끌려가 2~3회 심사나 조사를 받기도 했다. 이들이 체포, 수감된 이유는 양민 특히 좌익을 탄압·구속·살해했다는 것이다. 1952년 충남도청이 대전형무소 주변 목동 용두산 일대에 가매장되어 있던 시신을 수습하면서 발표한 희생자 수는 1,557명이며 진실화해위원회에서 진실 규명한 희생자 수는 68명이다.

전주형무소에서는 1950년 9월 26일부터 9월 27일 양일간 인민군 102경비연대, 전주형무소장 이하 간수, 내무서원, 지방 좌익에 의해 '반동분자'로 규정된 우익인사가 1,000여 명 이상이 희생된 것으로 보이며, 같은 시기에 전주소재 장로교신학병원(現 전주예수병원) 근처 채석장, 완주군수 사택 안마당 방공호, 천주교회 앞 방공호 등에서 60명 정도가 희생된 것으로 진실화해위원회는 판단했다.

희생자가 많고, 당시 자료들이 많이 남아 있지 못한 재소자 집단 희생 사건의 경우는 그렇지 못했다.[17] 이러한 한계로 인해 일부 대전형무소 희생사건 유족들의 경우, 국가를 상대로 한 손해배상 소송에서 서울고 등법원으로부터 2014년 8월 21일 국가에 의한 불법적인 희생은 인정 하나 '이 사건의 희생자들이 수감된 경위와 그들이 저지른 범법행위의 정도'에 따라 위자료를 감액당하는 판결을 받았고, 이후 이는 대법원에 서 확정되었다.

03

부역이라는
누명을 쓴
사람들

이른바 '부역사건'은 인민군 점령 지역을 수복한 후 군경 또는 그 하부 조직이 점령 치하에서 적에게 협력했거나 아군에게 위해가 되는 행동을 했다는 이유로 다수의 민간인들을 법적 절차 없이 처형한 것을 가리킨다. 전쟁 중 국군이 경남 통영 등지를 수복한 1950년 8월 20일경부터 발생했는데 1950년 9월 인천상륙작전을 기점으로 전선이 38선 부근에서 고착된 1951년 3월경까지 집중 발생했다.

부역사건으로 인한 희생자가 다수 발생하게 된 데는 제1공화국 정부의 책임도 크다. 서울을 사수하겠다던 정부는 그 발표만 믿다가 적지에 갇힌 인사를 잔류파, 남쪽으로 내려간 쪽은 도강파로 구별했다. 이로 인해 잔류파에 해당되는 시민들은 부역 혐의를 뒤집어쓰거나 월북 가족으로 매도당하기까지 했다.[18]

'적에게 협력한' 이른바 부역자를 처리하기 위한 법적 조치가 처음 이루어진 것은 1950년 6월 28일 선포된 대통령 긴급명령 제1호인 〈특별조치령〉이다. 이 〈특별조치령〉은 6월 25일 전쟁 발발 당일로 소급하여 부역행위에 '부역죄'를 적용했다. 그러나 가혹한 엄벌주의를 채택한 것이 문제가 되어 1950년 9월 17일 국회는 부역행위 처리에 신중을 기하고 처벌 감면을 목적으로 하는 〈부역행위특별처리법〉을 상정해 9월 29일 본회의에서 의결했다. 정부 요청으로 재의에 부쳐져 11월 13일 국회의 재가결을 거쳐 12월 1일에야 공포되었지만 공포 후에도 정부는 이 법을 시행할 의지를 보이지 않았다. 그러던 와중에 1950년 10월 4일 법률적 근거 없이 계엄사령관 지휘하에 설치된 군·검·경 합동수사본부가 1951년 5월 24일 해체될 때까지 부역자 처리임무를 거의 독자적으로 담당했다.[19]

'불법적 학살'의 대명사가 된 홍제리사건

홍제리사건은 서울 서대문 지역 홍제리에서 정치범들을 총살시킨 사건이다. 현장을 목격한 영국군의 증언을 해외 언론이 보도하면서 큰 파장을 낳았다. 홍제리사건은 유엔 한국통일부흥위원회를 통해 1951년 유엔에 보고되었다. 1950년 12월 한국에서 부역 혐의자를 대규모로 처형하고 있다는 것이 유엔과 세계 언론에 알려지면서 이승만 정권이 민간인들에게 잔혹한 처우를 하고 있음이 공개되었고, 이승만은 돌발적으로 행동하여 예측할 수 없는 인물로 비춰졌다. 국제적 인도주의 원칙에 반하는 한국의 부역자 처벌 문제가 미국뿐 아니라 한국전쟁에 투입된 유엔군, 나아가 유엔 전체에 대한 불신을 초래할 수 있다는 우려가 생기기 시작하자 미 국무부는 이승만에게 사형선고자의 감형을 권고하는 압력을 가했다. 국제 여론의 관심과 미국의 압력으로 인해 이승만은 대규모 특사령을 발표해 부역자들에 대한 처벌을 면제했다. 또 '감형에 관한 대통령담화'를 통해 부역 혐의자에 대한 사면령이 내려졌다. 그러나 민간인에 대한 불법처형 사태를 방지하기 위한 이승만 정부의 정책적 노력은 매우 미흡했다. 민간인을 불법 집단 처형을 집행한 경찰관과 치안대원들에 대한 어떠한 조사나 처벌도 이루어지지 않았다.

법안 공포 이전 합동수사본부가 서울을 포함한 경인 지역에서 처리한 부역자 수는 1950년 11월 8일 현재 1만 7,721명으로, 그 내역은 군법회의 2,192명, 지방법원 7,748명, 헌병대 193명, 석방 7,588명 등이었다. 9월 28일부터 11월 13일까지 각 시도 경찰국에서 검거한 부역자는 총 5만 5,909명인데, 그중 2만 7,641명이 군법회의에 회부되었고, 1만 2,377명이 법원에 송치되었으며, 1만 5,891명은 석방되었다. 1950년 12월 31일 주한미대사가 미 국방부에 제출한 보고서에 의하면 부역자 검거에 착수하여 검거한 인원은 15만 3,825명, 자수인원 39만 7,090명, 도합 55만 915명을 검거 처리했다. 그러나 여기에는 부역 혐의자로서 재판 등 어떠한 법적 절차 없이 즉결처분되거나 집단학살당한 민간인은 포함되지 않았다.[20]

3-1. 죽음의 섬 강화도

강화 지역에서의 민간인 집단학살은 전쟁 당시에 이미 사회 문제가 되고 있었다. 대구지방검찰청은 1951년 7월 5일 강화특공대 대장 최중석 외 5명을 '살인죄'로 구속하고 같은 달 6일 김종옥 외 2명을 살인죄로 구속하여 조사했다. 그리고 같은 달 25일 김병식 외 6명을 대구지방법원에 살인죄로 기소했다. 이 중 최중석 외 1명에 대해서는 기소 중지처분을 했다. 나머지 피고인들은 서울지방법원 인천지원으로 이송되어 재판을 받았다. 그러나 '살인죄'로 구속된 강화특공대 대장 최중석 건이 기소 중지됨에 따라 강화도, 석모도, 주문도에서 발생했던 민간인 집단학살사건은 교동면사건 일부만 조사된 채 유야무야되고 말았다. '강화특공대사건'과 관련하여 학살자들을 검찰로 이송한 사실은 당시 《동아일보》(1952. 1. 6)와 《조선일보》(1952. 1. 5)에도 보도되었다.[21]

이후 50년이 지난 2000년 7월부터 피해자 유족들은 국방부, 강화경찰서, 국민권익위원회(전 국민고충처리위원회), 강화군청, 인천지방경찰청, 행자부, 법무부 등에 강화 양민학살 희생자 진상 규명과 명예 회복에 관한 청원서를 여러 차례 제출했다. 이들의 탄원에 따라 2000년과 2001년에 전 '강화특공대' 대장 최 모 씨와 전 '강화특공대' 감찰부장 박 모 씨 그리고 전 '강화특공대' 감찰대원 김 모 씨에 대한 내사가 이루어졌다. 그러나 실제적인 조사는 이루어지지 않았다.

사건의 전말

강화 지역 민간인 학살에는 우익청년단이 밀접하게 관련되어 있었다. 여순사건 이후 이승만 대통령의 지시에 의해 난립하던 우익 청년조직이 대한청년단으로 통합되어 1948년 12월 21일경에는 대한청년단 강화지부가 결성되었다. 곧이어 대한청년단원들을 중심으로 준군사조직인 청년방위군 강화지대가 조직되었다. 1949년 국민보도연맹이 전국적으로 조직되자, 강화 지역에서도 각 지서에 면 지부를 설치하고 강화경찰서 구내에 지역본부를 두어 보도연맹원들을 지휘·감독했다. 이렇게 강화에서 우익 청년단 및 각종 우익조직들이 정비되고 국민보도연맹과 같은 좌익전향자 조직이 결성되던 무렵에 전쟁이 발발했다.

1950년 6월 26일 정오부터 연백, 옹진 지역에서 피란민들이 강화로 몰려 들어왔다. 월곶포에 집결해 있던 연백과 백천의 경찰 병력과 강화 경찰은 당일 인천 소재 경기도경찰국으로 후퇴했다. 6월 27일 오전 인민군 전초부대는 월곶리 맞은편 개풍군 영정포에 집결했다가 한강을 건너 김포 문수산을 거쳐 오후 6시경 강화읍을 점령했다. 6월 28일 인민군 6사단(사단장 방호산) 14연대는 강화를 경유하여 김포 방면으로 진격했다.

전쟁 초기 인민군 일부 병력과 내무서원들은 강화 지역 토착 좌익세력과 함께 군·면·리 단위에 인민위원회, 자위대, 조국보위연맹 등 각종 예하조직을 구성했다. 면·리 단위의 인민위원회에서는 인민재판을 통해 우익인사를 처형하기도 했다. 또한 초대 강화군수 홍재용 등이 연행되어 경찰서 유치장에 갇혔으며, 다수 우익 인사들이 강화산업 창고에 구금되었다. 이러한 상황에서 우익 청년들은 '일민주의청년동지회'를 비롯하여 민주청년반공돌격대, 대한지하결사대, 대한정의단 등 반공 지하단체를 결성했다.

유엔군의 인천상륙작전으로 전세가 역전되자 1950년 9월 17일부터 10월 2일 사이 강화의 내무서원과 지방 좌익 1,000여 명은 북쪽 양사면 인하리포구와 철산포구를 통해 후퇴했다. 9월 28일경 후퇴하던 내무서원들은 반공활동을 했던 청장년 26명을 인화리 강령뫼 산기슭 해변 구덩이에 몰아넣고 살해했다. 이 사건은 이후 우익세력에 의한 대규모 민간인 학살의 빌미를 제공했다.

9·28수복 후의 민간인 학살

내무서원과 좌익세력이 물러나자 숨어 있던 우익세력은 대통령 긴급명령 제9호인 〈비상시 향토방위령〉에 따라 1950년 10월 3일 강화치안대를 결성했다. 이들은 각 면마다 부역 혐의자 수백 명을 임의로 연행하여 강화경찰서, 지서, 면사무소, 가마니창고 등지에 구금·폭행했다. 강화치안대는 경기도 김포군 월곶면 군하리 월곶국민학교에 주둔해 있던 해병대사령부로부터 소총과 수류탄 등을 지급받아 무장했다.

10월 4일 설치된 경인 군·검·경 합동수사본부(본부장 김창룡, 이하 경인합수부)는 경인지구 계엄사령관 이준식의 지휘하에 부역행위자를 조사하고 처단하는 업무를 관장했다. 당시 경인합수부는 대한청년단, 강화치안대, 각 지서 수사과나 정보과에서 보낸 부역자 관련 서류들을 검토하고 이들을 'A'급은 총살, 'B'급은 경기도경찰국으로 송치 후 재판, 'C'급은 훈방으로 분류했다. 강화군에서 'A'급은 200건, 'B'급은 400건, 'C'급은 2,000건이었다.

부역 혐의자 검거에 적극적으로 나섰던 강화치안대는 면 단위까지 조직되었는데 그 수가 1,000여 명이었다. 이들은 조직 내에 수사대를 별도로 설치하고, 부역 혐의자 수백 명을 연행했다. 그리고 1950년 10월 10일 강화경찰이 복귀하자 자신들이 사전에 연행했던 부역 혐의자들과 관련된 조서, 무기와 기물 등을 경찰에 인계했다. 복귀한 강화경찰서 및 지서 순경들은 11월 말까지 강화치안대의 협조를 얻어 부역 혐의자 검거에 나섰다. 이렇게 검거된 사람들은 서도지서 등지에서 희생되었다.

1·4후퇴 전후 2차 학살

1950년 10월 19일 이후 중국 인민군의 개입으로 다시 전세가 바뀌면서 강화경찰도 충남 서산으로 퇴각했다. 이로 인해 치안 부재 상황이 발생하자, 강화도에 잔류했던 우익 청년들은 강화경찰서로 사무실을 옮기고 준군사조직 체계를 갖추었다. 이후 '강화치안대'는 '강화향토방위특공대', 이른바 '강화특공대'로 재편되었다.

1월 17일 이후 남하하던 인민군이 강화에 잠시 들어오자, 강화특공대는 삼산면으로 물러났다. 이즈음 강화경찰서, 삼산면 등지에서 부역자 가족을 집단학살하는 사건이 발생했다. 이 같은 집단학살사건은 강화경찰이 복귀하는 1951년 3월 말까지 12개 면에서 매우 조직적이며 동시다발적으로 일어났다.

당시 일차적인 피해자들은 강화에 남아 있던 인민군 점령 치하 부역 혐의자와 그들의 가족이었다. 이들은 자의반 타의반으로 인민군 점령 치하에서 부역을 했거나 그 이전부터 좌익활동에 관련되어 있었다. 이들 중 일부는 9·28수복 이후의 부역자 검거나 처벌과정에서 제외되었던 사람들이다. 나머지 또한 짧은 기간 동안 자의든 타의든 부역을 한 사람들로, 9·28수복으로 국군과 경찰이 진주하자 강화 북쪽의 경기도 개풍군과 황해도 연백군으로 피신했다가 강화로 돌아온 주민들이었다.

진실화해위원회에서 조사한 신청인들과 참고인들의 진술, 그리고 전사의 기록 등을 종합해볼 때, 1950년 9·28수복 직후 〈비상시 향토방위령〉에 따라 조직된 강화치안대는 수백 명의 부역 혐의자들을 임의 연행한 후 고문했으며, 이 중 일부가 살해되었다. 이후 1951년 1·4후퇴를 전후하여 강화치안대를 모태로 재편된 강화특공대에 의해 다시 많은 부역 혐의자들이 살해되었다. 준군사조직의 조직체계를 갖춘 강화특공대는 자신의 하부조직인 소년단에게 부역 혐의자와 그 가족들을 감시하게 하거나 신고하도록 강제했으며, 이들을 강화경찰서와 면지서로 연행하여 구금, 고문한 뒤 살해했다. 이러한 집단학살은 1951년 1월 6·7일경부터 1951년 3월 말 강화경찰이 복귀할 때까지 강화군 12개 면에서 동시에 벌어졌다.

육촌의 처형을 목격한 유○○ 씨의 증언

"6촌이 9·28수복 직전 개풍으로 나갔다가 영정포에서 다른 사람들과 목선 2대를 타고 승뢰리 '돌모루'로 밤에 돌아왔어. 그런데 특공대원들이 수류탄을 던지니까 목선을 탄 사람들이 배에서 내려 뿔뿔이 흩어졌다가 다 체포된 거야. 특공대원들은 체포된 사람들을 경찰서 유치장에 가뒀는데 인민군이 들어오자 급하게 후퇴해야 되니까 막 …… 그냥 총을 난사한 거야. 그러니까 거기서 산 사람은 살고 돌아간 양반은 돌아가시고. 그런데 우리 6촌은 거기서 살아났단 말이에요. 이 양반은 다리에 총을 맞아서 죽지는 않고 부상당해서 살았어. 살아남은 양반들은 다 집으로 후송되었는데 이번에는 인민군이 후퇴하게 되었어. 그러니 여기 특공대가 다시 들어왔잖아. (다시 들어온 특공대원들이) 우리 작은삼촌 유봉철, 큰아버지 둘을 불러서 6촌을 데려오라고 하더라고. 그래서 두 분이 들것에 6촌을 실어 국화리 뒷산 방공호에 데려다 놓으니까 그 사람들이 쏴 죽인 거지"(진실화해위원회, 〈강화(강화도·석모도·주문도)지역 민간인 희생사건〉, 《2008년 상반기 조사보고서》 2권, 631쪽).

상당수 피란민이 부역자로 몰려

전쟁이 나자 송해면 주민 김근식과 이진태는 개풍으로 피신했다가 1951년 1월경 강화로 돌아왔다. 그런데 두 사람은 강화특공대에 잡혀 강화경찰서로 이송되었다가 돌모루에서 연행되어온 다른 사람들과 함께 강화 장판에서 조리돌림을 당한 후 살해당했다. 당시 강화특공대에게 잡힌 이명준도 총상으로 인해 사망했다.

이 사건과 관련하여 국방부 군사편찬연구소에서 엮은 《한국전쟁의 유격전사》(2003)에는 "1951년 1월 5일 특공대는 개풍군 일대에 내무서원 22명과 인민위원회 요원 50여 명이 강화로 돌아오기 위해 도강할 것이라는 정보를 입수해 돌모루 선창가 일대에 대원들을 배치하고 기습해 그들의 대다수를 생포하는 전과를 올렸다"라고 기록되어 있다. 그러나 진실화해위원회 조사 결과 당시 돌모루포구로 들어왔던 사람들은 국방부 군사편찬연구소의 기록과는 달리 북한의 내무서원이 아닌 강화도 주민으로 피란했다가 돌아온 귀향자인 것으로 확인되었다.

강화 지역에서 발생한 민간인 집단 희생사건은 2005년 12월 5일 처음으로 진실화해위원회에 진실 규명 청원이 접수되어 2006년 5월 30일부터 조사가 시작되었다. 신청인들이 주장하는 희생자 수는 강화도의 옥계 갯벌 300명, 철산리 300명, 온수리 160명, 강화경찰서 10여 명, 석모도의 매음리 해안 150명, 교동도 100여 명 등 총 1,020명이었다. 진실화해위원회에서는 '강화 지역 민간인 희생사건'을 교동도와 그 외

〈표 2-1〉 강화 지역(강화도·석모도·주문도) 희생자 유형

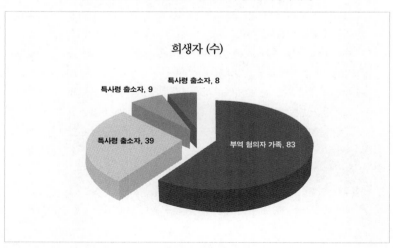

지역(강화도, 석모도, 주문도)으로 분리하여 조사를 진행했다(진실화해위
원회, 《2008년 상반기 조사보고서》 2권 및 《2009년 상반기 조사보고서》 3권에
각각 수록).

진실화해위원회는 두 차례에 걸쳐 강화치안대 및 강화향토방위특공
대(강화특공대), 대한청년단과 청년방위군, 경찰, 미군첩보부대KLO, 타
이거여단 등에 의해 집단적으로 희생당한 강화 지역 주민 중 신원 확
인자 322명을 포함하여 653명에 대한 진실 규명을 결정했다. 그러나
실제 강화 지역 전체 희생자 수는 최대 1,500여 명으로 추정된다.[22] 이
들은 갑곶나루, 옥림리 갯벌, 월곶포구, 돌모루포구, 철산포구, 온수리
사슬재, 선원 대문고개, 매음리 어류정(개학뿌리), 교동면 고구리 낙두

희생자 유족의 손해배상 소송과 '소멸시효'

2009년 3월 강화도 민간인 희생사건에 대한 진실화해위원회의 진실 규명 결정
을 근거로 희생자인 방 모 씨 및 전 모 씨의 유족은 정부를 상대로 손해배상 소송
을 청구했다. 1심 재판은 시효소멸을 이유로 국가배상을 인정하지 않았으나, 이
에 대해 원고 측은 "과거사위(진실화해위원회) 결정이 있기 전까지는 손해배상 청
구권을 행사할 수 없었다"며 항소했고, 2심은 원고의 항소를 받아들였다. 2심 재
판부는 "시대적 특수성을 감안하더라도 적법 절차를 거치지 않고 집단적·조직
적으로 민간인들을 학살한 반인륜적 범죄까지 용인하는 것은 법치국가에서 정
당화될 수 없다"고 보았다. 또 2심 재판부는 "과거사위 진실 규명이 있었던 2009
년 3월까지는 원고들에게 손해배상 청구권을 행사할 수 없는 객관적 장애 사유
가 있었다고 봐야 할 것"이라며 "정부의 소멸시효 항변은 이유 없다"고 판시했
다. 2015년 6월 24일 대법원은 "국가가 소멸시효 완성을 주장하는 것은 신의성
실 원칙에 반하는 권리 남용에 해당해 허용할 수 없다"며 원심을 확정 판결했다.

포구, 난정리·무학리·인사리·지석리 해안 등지로 끌려가 살해당했다. 희생자 중에는 부역 혐의자 본인뿐만 아니라 여성, 노인, 어린이 등을 포함한 그 가족이 더 많았으며, 가해 주체는 강화치안대와 '강화향토방위특공대' 등 우익 청년조직이었다.

진실화해위원회가 밝힌 강화 지역의 희생자(교동도 제외) 중 진실화해위원회가 신원을 확인한 139명 가운데에는 부역 혐의자 가족이 83명(전체의 60퍼센트)으로 가장 많다. 그다음은 부역 혐의자, 피신 귀향자, 그리고 이미 사법적 처벌을 받은 특사령 출소자 순이다. 여성은 42명으로 전체의 30퍼센트이고, 이 중 여성동맹원 1명을 제외하고는 전부 부역 혐의자 가족이다. 10대 미만도 14명으로 전체의 10퍼센트였다. 대다수 희생자들은 부역 혐의 당사자가 아님에도 불구하고 가족 구성원 중 누군가가 부역한 혐의가 있다는 이유로 희생된 것이다.

또 부역 혐의자 중에는 인민군 점령 당시 인민위원회 등 단체에 소속되어 적극적으로 부역을 했던 사람도 있었지만, 상당수는 바다 건너 황해도 연백과 경기도 개풍으로 잠시 피신했던 사람들이었다. 당시 연백과 개풍은 38선 이남으로 남한 지역이었다. 이들은 단지 '북'으로 피란했다는 이유로 부역 혐의자가 되었다. 신원이 밝혀진 139명의 희생자들은 부역 혐의로 인한 처벌이 두려워 피신했다가 귀향했거나, 감형령으로 출소하여 귀향했거나, 부역 혐의가 있어서 마을 뒷산에 잠시 숨어있던 사람들과 그들의 친인척이었다. 특히 특사령 출소자들은 부역 혐의로 재판을 받고 수감생활을 하다가 감형령에 의해 석방되어 귀향해 있던 중 어이없게도 치안 공백 상태에서 살해되었다.

3-2. 45년 만에 드러난 고양군 금정굴에서의 학살

인민군 후퇴 시 공무원·우익 인사 살해가 불씨

38선에 인접한 경기도 고양 지역은 전쟁 발발 3일 만에 인민군에게 접수되었다. 고양 지역을 관할하던 국군 제1사단은 불의의 기습에 제대로 대항하지 못하고 후퇴를 결정했다. 그러나 6월 27일 밤 10시경 경의선 능곡역은 피란민과 국군의 차량들로 길이 막혀 후퇴마저 순탄하지 못했다. 6월 28일 저녁부터 6월 29일 새벽 사이에야 각 부대는 행주나루와 이산포 부근에서 혼란한 가운데 그런 대로 한강을 건널 수 있었다. 그러나 날이 밝자 떠난 배들이 돌아오지 않았다. 이 때문에 강을 건너지 못한 병사들도 적지 않았다. 당시 대한청년단원 등 우익 인사들 가운데도 피란하지 못하고 되돌아온 자가 많았으며, 고양 지역 경찰들 중에도 후퇴하지 못한 사람이 상당수에 달했다.

인민군은 점령 지역에서 노동당 및 각종 대중단체를 만들고, 인민위원회를 구성하여 토지개혁을 추진했다. 이와 동시에 점령 초기부터 우익 인사에 대한 보복을 자행했다. 이로 인해 미처 피란 가지 못한 면장, 지서장 등 일부 공무원이 희생되었으며, 일부 경찰관들은 내무서에 끌려가 고문을 당했다. 몇몇 대한청년단 간부들도 연행되어 내무서에 감금되었다. 이들 중 일부는 석방되었으나 개중에는 서대문형무소로 이송되었다가 납북된 경우도 있었다.

인민군 측에 의한 집단적 인명피해는 대부분 인민군이 후퇴하는 시점에 발생했다. 전황이 불리해지자 인민군 측은 퇴각 직전 국군을 맞을 준비를 하던 태극단원과 주민들을 집단학살했다. 9월 20일부터 9월 30일 사이에 희생자가 많이 발생했는데, 송포면 덕이리 은장 등에서 태극단원 38명이 희생되었고(태극단 희생사건), 벽제면 성성리 안골에서도 주민 15명이 희생당했다(고양경찰서 뒷산 희생사건).

경찰·의용대가 20일 동안 마구잡이 처형

서울 수복 이후 고양경찰서 소속 경찰관들은 10월 3일경부터 복귀하기 시작했다. 이에 앞서 유엔군이 행주리에 진주했다는 소식이 전해지자, 그동안 숨어 지냈던 군인과 경찰, 그리고 대한청년단원과 태극단원 등은 석호진 경위 등의 지휘 아래 치안대를 조직하고 부역 혐의자를 연행했다. 당시 석호진 경위는 미 해병대에 파견 근무 중이었다. 능곡에서 조직된 치안대 대원들은 1950년 9월 28일 유엔군이 고양군 지역을 대부분 수복함에 따라 각자 자기 지역으로 돌아가 '치안활동'을 개시했다. 이후 10월 6일까지 치안대는 주민 80여 명을 고양경찰서 유치장과 양곡창고로 연행했다.

중면 치안대는 10월 6일 사찰주임 이영근 경위의 지시에 따라 의용경찰대로 개편되었으며, 이들은 사찰계 경찰이 작성한 명부에 따라 주민들을 체포했다. 각 지서에서 1차 조사를 받은 주민들은 고양경찰서로 이송되었는데, 10월 10일경에는 송포지서에 잡혀 있던 주민 101명

태극단

한국전쟁이 발발하자 고양 지역의 일부 우익청년들이 자발적으로 조직한 반공무장조직으로 알려져 있다. 다른 지역에서도 고양에서와 같이 태극단이 결성되었다는 주장이 있으나, 그 실체가 공식적으로 확인되거나 인정된 사례는 찾기 힘들다.

이 한꺼번에 이송되어왔다.

　고양경찰서에는 유치장이 네 개 있었다. 그러나 이것만으로 부족하여 경찰서 앞 양곡창고도 임시 유치시설로 사용되었다. 당시 4개 유치장에는 80여 명이, 양곡창고에는 180여 명이 감금되어 있었다. 이들 대부분은 3~7일 동안 고문을 당했다. 이들을 취조한 고양경찰서 사찰계는 취조 결과에 따라 A·B·C 세 등급으로 분류하여 A급은 총살, B급은 유치, C급은 석방했다.

　학살은 사찰계 소속 경찰관과 사찰주임이 복귀한 10월 6일 시작되어 10월 25일경까지 진행되었다. 유치시설에서 끌려 나간 주민들은 적게는 5명에서 많게는 47명까지 일단을 이루어 고양경찰서 앞 공터에 모였다가 금정굴로 향했다.

　금정굴에 도착한 주민들은 태극단원과 의용경찰대원의 감시를 받으며 현장 아래 공터에 집결해 있다가 경찰의 지시에 따라 5~7명씩 학살 현장으로 불려 올라갔다. 금정굴에는 먼저 도착한 경찰·의용경찰대원·태극단원 등 5~7명이 총살을 준비하고 있었다. 이들은 각각 1명씩 분담하여 1미터 정도 뒤에서 주민들에게 총을 쏘았다. 처음에는 총을 쏘아 바로 굴로 떨어뜨렸으나, 생존자가 발생하자 굴 입구에서 총살한 후 굴 속에 던져 넣었다. 학살은 20일 동안 계속되었으며, 고양경찰서 소속 경찰관·의용경찰대원·태극단원 60여 명이 번갈아가며 가담했다.

　학살극은 11월 2일 중단되었다. 학살 사실이 외부에 알려지자 군·검·경 합동수사본부가 나서 처형을 중지시킨 것이다. 진실화해위원회에 진실 규명을 신청한 어분순은 희생자 한창석의 유족 중 누군가가 지인을 통해 각 기관에 억울함을 호소하여 결국 치안대 2명이 사형에 처해진 것으로 안다고 진술했다. 실제로 민간인 학살 정보를 입수한 군·검·경합동수사본부가 1950년 11월 2일 고양경찰서를 급습하여 이○○, 조○○ 등 치안대원들과 몇 명의 경찰들을 연행해간 사실이 확인되었다. 당시 고양경찰서장 이무영은 자리를 비워서 체포를 면한 사실이 조사 결과 확인되었다. 1951년 1월 25일 이 서장은 징계 면직되었다.

꿇어앉힌 뒤 등 뒤에서 조준사격

1950년 10월 9일 희생자 김석권의 아들 김상용은 금정굴의 건너편 산인 고봉산 중턱에서 집단학살 현장을 목격했다.

이날 이미 몇 명의 경찰들이 총살을 준비하고 있었다. 오전 11시경 이송 행렬이 산 중턱에 도착하자 산 위의 경찰들이 산 중턱의 경찰과 태극단원들에게 주민들을 다섯 명씩 끌고 오라고 지시했다. 경찰은 끌려온 주민 다섯 명을 수직굴인 금정굴 벼랑에 입구를 바라보며 꿇어앉힌 후 다섯 명의 경찰관이 이들의 등 뒤에서 조준사격을 가했다. 양손이 묶인 희생자들은 총격에 의해 17미터 깊이의 굴 안으로 떨어졌다. 손목이 함께 묶인 두 희생자는 총격이 없었어도 총격을 당한 희생자와 함께 떨어졌고, 어떤 이들은 총소리만으로도 놀라 떨어지기도 했다. 그 후 경찰과 태극단원은 금정굴에 흙을 뿌려 희생자들의 시신을 덮었다. 이날 이경선은 뒤에 시신을 수습하러온 다른 희생자 유가족들에 의해 목숨을 건졌다. 그녀는 뺨에 총알이 스치는 상처만 입고 굴로 떨어졌다가 살아남은 것이다. 그러나 이 사실이 알려지고 난 후 이런 기적은 두 번 다시 일어나지 않았다(〈고양 금정굴사건〉, 《2007년 상반기 조사보고서》, 326~327쪽).

재판 받으러 간다 속이고 처형장으로 이송

'고양 금정굴에서 민간인이 집단희생된 사건'은 2005년 12월 19일 이후 김용성 외 46명이 진실 규명을 신청하여, 2007년 6월 26일 진실 규명이 결정되었다.

진실화해위원회의 조사 결과, 고양경찰서장의 지휘 아래 1950년 10월 9일부터 31일까지 고양 지역과 파주 일부 지역에서 거주하던 고산돌 외 75명을 포함한 153명 이상의 주민들이 부역 혐의자 및 그 가족이라는 이유로 고양경찰서 소속 경찰관들에 의해 금정굴에서 불법적으로 총살당했다는 사실이 확인되었다.

희생자들은 대부분 농업에 종사하던 지역 주민들로서, 이 중에는 북한 점령기 인민위원회 활동에 참여했던 사람도 일부 있으나, 상당수는 도피한 부역 혐의자 가족이거나 부역 혐의와는 무관한 지역 주민이었

〈표 2-2〉 원인별 희생자 분포(조사 대상자 76명)

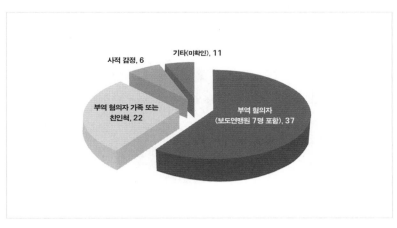

* 출처: 진실화해를 위한 과거사정리위원회, 《2007년 상반기 조사보고서》, 322쪽에 의거하여 작성.

다. 희생자 중에는 10대 8명과 여성 7명이 포함되어 있으며, 주로 고양군(현 고양시) 중면과 송포면의 주민들이 희생되었다. 부역 혐의자로 지목된 인민위원회나 농촌위원회 등 사회단체에서 일했던 사람들은 전쟁 전부터 지역사회에서 지도적 역할을 했던 주민들로 그 일로 인해 극형을 받을 것으로는 생각하지 못했다. 피란 갈 형편이 되지 못했거나 피란 갔다가 돌아와서 어쩔 수 없이 직책을 맡았던 것이 화근이 되어 피해를 입은 경우가 많았다.

고양경찰서 경찰은 희생자들을 집단 처형하는 과정에서 어떠한 확인·선별 절차나 적법 절차도 지키지 않았다. 당시 국회는 〈부역행위특별처리법〉·〈사형금지법〉을 제정하고 있는 중이었고, 정부는 불법적인 부역자 처리를 금지하라는 지시를 여러 차례 내렸으나 경찰은 이를 준수하지 않았다. 오히려 이들은 관련 희생자들을 처형 장소로 이송하면서 재판을 받으러 간다고 속이기까지 했다.

45년 만에 유해 발굴

고양 금정굴 민간인 학살사건은 1995년 9월 금정굴에서 유골이 무더기로 발굴되면서 세상에 알려졌다. 사건 발생 45년 만에 이루어진 금정굴 유해 발굴은 고양시민회 등 고양 지역의 여러 시민단체와 유족회가 중심이 되어 추진되었다. 그해 11월 서울대병원 법의학과 이윤성 교수에 의해 감정이 이루어졌다. 감정 결과 전체 희생자의 10퍼센트 이상이 여자로, 10대 희생자도 한 명 이상 있었던 것으로 추정되었다.

금정굴 유해 발굴은 1960년 4월혁명 이후 전국적으로 전개된 '한국전쟁 전후 민간인 학살'에 관한 진상 규명 노력이 이듬해 5·16군사쿠데타로 무산된 이후 처음으로 시도된 유해 발굴이었다. 유해 발굴을

〈사진 2-13〉, 〈사진 2-14〉 금정굴 희생자와 유품
1995년 발굴 당시 금정굴에서 나온 희생자 유해와 유품.
전체 희생자의 10퍼센트 이상이 여자인 것으로 추정되었다.
※ 출처: 금정굴인권평화재단(http://gjpeace.or.kr) 홈페이지.

통해 사건의 진상이 드러나자 많은 국민이 큰 충격을 받았다. 이로 인해 '한국전쟁 전후 민간인 학살'에 대한 진상 규명운동이 더욱 박차를 가하게 되었으며, 2000년 9월 마침내 '한국전쟁 전후 민간인학살 진상 규명 범국민위원회'가 결성되었다.

진실화해위원회의 진실 규명 결정을 근거로 유족들은 법원에 국가에 대해서 손해배상 청구 소송을 냈다. 2012년 8월 확정 판결에 의해 국가폭력에 의한 피해가 인정되어 피해자들의 명예가 회복되고, 피해 보상을 받게 되었다. 2013년 5월 유족들은 보상금의 일부를 모아 불행한 역사의 재발 방지와 인권 평화를 목적으로 하는 금정굴인권평화재단을 설립했다.

04

빨치산 토벌과
민간인
희생

한국정부에 저항하여 봉기한
비정규군의 좌익 무장집단을 가리켜 흔히
빨치산이라 일컫는다.

빨치산의 형성과 유격전의 전개

한국전쟁 전후 한국정부에 저항하여 봉기한 비정규군의 좌익 무장집단을 가리켜 흔히 빨치산이라 일컫는다. 빨치산의 활동은 한국전쟁 발발 이후 일시 중단되었다가 1950년 9월 15일 미군의 인천상륙작전에 의해 전세가 역전되면서 재개되었다. 미군이 인천에 상륙하고, 국군과 유엔군이 반격을 시작하자 인민군은 서둘러 퇴각하기 시작했다. 그러나 아군의 빠른 진격으로 퇴로가 막힌 일부 인민군과 점령 지역에서 활동하던 지방 좌익세력은 인근 산악 지역으로 피신하여 무장부대를 조직하고 빨치산 활동을 전개했다. 이들을 한국전쟁 이전의 구 빨치산과 구분하여 이른바 '신 빨치산'이라고도 일컫는다.

한국전쟁 중 빨치산 활동은 특히 전라남북도와 경상남도 일원의 산악지대에서 활발하게 전개되었다. 그중에서도 전라남북도 접경의 불갑산, 백두대간 호남정맥을 잇는 지리산, 덕유산에 많은 빨치산들이 집결해 있었다. 군경의 토벌작전 또한 이 일대에서 집중적으로 펼쳐졌다. 이렇게 빨치산과 군경이 충돌하는 과정에서 전남의 영광, 영암, 함평과 경남의 산청, 거창, 함양 등지의 산간 지역 주민들은 양측으로부터 큰 피해를 입었다.

특히 당시 빨치산 토벌을 감행하던 11사단이 전개한 이른바 '견벽청야堅壁淸野' 작전[23]은 작전 지역 내 민간인 희생을 증폭시킨 주요 원인이 되었다. 작전 수행과정에서 작전 지역 내 모든 민가가 소각되고, 민간인과 빨치산의 접촉을 차단하기 위해 모든 군사적 수단이 동원되었다. 그 과정에서 빨치산 활동 지역 인근 마을의 주민들에 대한 무차별적인 집단학살이 자행되었다.

전쟁 중 남한 내 빨치산 유격지구의 규모에 대해 당시 정부 측은 총 4만 명 정도로 판단했다. 그러나 군의 공식 기록에 따르더라도 빨치산이 가장 많았던 1950년 10월 말 1만 5,000명 정도였다. 또 인민군 후퇴 당시 전남 지역 빨치산 병력도 실제 무장 인원은 약 1만 명 정도였을 것으로 추정된다.[24] 여기에는 '공비' 또는 빨치산으로 불리는 인민군 패잔병과 지방 민청대원, 자위대원 등 토착 좌익세력, 북한에서 파견된 내무서원, 정치보위부원, 정치공작대원 등과 함께 군경의 토벌을 피해 피란을 했던 일반 주민도 일부 포함되어 있다. 이들의 실제 무장력은 크지 않았고 무기도 정규 병력과 대항할 정도가 아니었다. 그렇다 하더라도 이들이 주요 관공서 습격과 인명살상 등을 통해 제2전선을 구축하려 했기 때문에 정부는 큰 위협으로 인식했다.

4-1. '해방구'에서 벌어진 학살, 호남 지역

호남 지역은 서울 수복 이후에도 여전히 교전 상황이 지속되었다. 지하당을 조직하고 빨치산으로 변신한 인민군 잔존세력과 지방 좌익이 지리산을 비롯한 백운산, 백아산, 회문산, 덕유산, 불갑산 등 산악을 중심으로 소위 '해방구'로 불리던 빨치산 유격지구를 형성하여 저항하고 있었기 때문이다. '해방구'에는 빨치산뿐만 아니라 그 가족 및 친인척, 군경 토벌을 피해 들어온 일반 주민들도 합류해 있었다.

유엔군의 인천상륙작전 부대와 낙동강 전선에서 북상한 유엔군 부대가 평택 북방 서정리에서 합류하게 되자 호남 지구와 마산·창녕전투에 투입되었던 인민군 4·6·7·9·10사단은 퇴각로가 차단되었다. 인민군 주력부대는 소백산맥과 태백산맥을 이용하여 북상했으나 미처 후퇴하지 못한 나머지 병력은 지방 좌익과 합류하여 유격활동을 벌였다. 이에 앞서 인민군 점령 시기 광주 무등산 중심사에 설치되었던 조선노동당 전남도당은 9월 25일 이후 화순 북면 백아산 기슭의 용곡리 용촌마을로 당 본부를 옮겼다. 1950년 10월 5일 전남도당 조직위원회는 인민유격대 전남총사령부 및 6개 지구 창설에 대한 결정서를 채택하여 지하당 및 빨치산체제로 재정비했다. 전라북도의 경우도 비슷한 상황이었다. 전북도당위원장 방준표는 도당 지휘부를 순창 회문산으로 옮기고 인민유격대 전북사령부를 조직했다.

빨치산의 거점이 되었던 유격 기지는 한국전쟁 발발 이전에도 영남과 호남 지구, 제주 지구 및 지리산, 태백산 지구 등 자생적 지구의 형태로 일부 존재했다. 전쟁 중에는 전라남도의 경우 백아산 전구, 불갑산 전구 등 총 8개 내지는 11개의 유격 기지가 있었던 것으로 보인다.

11사단 20연대가 약 5개월간 토벌전

1950년 8월 27일 창설된 국군 11사단은 빨치산 소탕을 위해 영·호남 지리산 양쪽 기슭에 투입되었다. 그중 전라남도와 전라북도 일부 지역의 토벌작전은 11사단 20연대가 전담했다. 20연대는 1950년 10월 10일 광주에 진주하여 곧바로 작전을 개시했다. 작전 기간 동안 11사단 사단장은 최덕신崔德新 준장이었고, 20연대장은 박기병朴基丙 대령과 박원근朴元根 중령이었다.

호남 지역의 빨치산 토벌작전은 주로 11사단 20연대가 담당했다. 경상도 지역에서 작전을 수행하던 9연대의 병력과 13연대는 뒤에 호남지역 토벌작전에 가담했다. 즉 9연대 2대대는 산청 등지에서의 작전을 마치고 1951년 3월 중부전선으로 이동하기 직전에 화순과 장흥 지역에서 토벌작전에 참여했다. 13연대도 함양 일대에서 작전을 수행하다가 10월 하순 이후 전라북도 지역으로 이동하여 토벌작전을 수행했다.

20연대는 전라남도와 전라북도 일부 지역(고창, 순창)에서 작전을 전개했다. 20연대 1대대는 전라남도 담양, 곡성, 전라북도 순창 등 지역을 담당했고, 1951년 3월에는 3대대와 함께 화순 백아산 빨치산 토벌작전에 참여했다. 2대대는 장성을 중심으로 함평, 영광, 고창 등지에서 작전을 수행했다. 1951년 2월 초·중순에는 1대대와 함께 전라북도 순창 회문산 빨치산 토벌작전에도 참여했다. 3대대는 1950년 10월 중순 목포·무안을 거쳐 함평·영광 등지를 수복하고 화순에 주둔하면서 작전을 벌였다.

인민군으로 위장해 환영 주민 유인, 사살

1950년 11월 10일 국군 제20연대 3대대 12중대는 담양군 대덕면 운산리 산정마을에서 주민 고광을 외 17명을 사살했고, 대덕면 갈전리 하갈마을과 화순군 북면 맹리 월곡마을에서 주민 정보순 외 32명을 사살했다. 운산리 산정마을과 갈전리 하갈마을은 고개 하나를 사이에 두고 있고, 하갈마을은 군계를 이루는 887번 지방도로를 사이에 두고 화순군 북면 맹리 월곡마을과 마주했다.

생존자들의 진술에 따르면, 1950년 11월 10일 오전 산정마을 주민들이 점심을 먹고 있을 무렵 갑자기 군인들이 마을로 들어와 사람들을 마을 앞으로 불러내는 동시에 가옥을 소각했으며, 먼저 마을의 인민위원장 가족 3명(모친과 형, 그리고 부인)과 여성동맹위원장을 불러내 사살했다고 한다. 당시 인민위원장은 마을을 비운 상태였다. 이어서 마을 청년 16명을 끌어내 그중 13명이 총을 맞고 사망했다.

산정마을을 떠난 부대는 선발대로 1개 분대 규모를 인민군으로 위장시켜 월곡마을로 먼저 진입시켰으며, 이때 인민군 복장을 보고 만세를 부른 월곡마을 주민들을 일부 살해했다. 이어서 군인들은 인민군 복장 그대로 하갈마을로 이동하여 산에 있던 주민들을 마을로 내려오게 한 다음, 노약자과 여자들을 남겨놓고 청장년 주민 40여 명을 뒷산으로 끌고 가 무차별 총격을 가했다.

진실화해위원회는 여러 사람의 진술을 근거로 하여 1950년 11월 10일의 사건은 3대대 12중대가 담양을 거쳐 화순으로 처음 진주하는 과정에서 그 이동경로에 있던 담양군 산정마을과 당시 빨치산이 있던 하갈마을 그리고 화순군 월곡마을에서 부역자라는 이유로 주민 50여 명을 살해한 사건으로 판단했다. 당일 산정마을에서는 총격으로 18명이 살해되었고, 3명은 총상을 당하고 생존했으며, 현장에 있었던 1명은 총상을 입지 않았다. 그중 생존자 유 모 씨(당시 17세)는 오른팔과 허리에 총을 맞고 살아났으며, 본인 이외에도 7, 8명이 살아남았다고 증언했다.

전우를 위한 보복의 제물이 된 통한의 통안리

1951년 1월 27일 국군 제20연대 2대대에 의해 장성군 황룡면 통안리에서 주민 박순님 외 13명이 살해되었다. 당시 장성에 주둔했던 국군 제20연대 2대대는 수련산의 빨치산 토벌작전에서 동료가 전사하자 이에 대한 보복으로 1951년 1월 27일 수련산 자락의 황룡면 통안리 주민 80여 명을 무차별 학살했다고 전해진다. 다만, 당시 사망자 중 확인된 인원은 14명이며, 이외에 현장에서 다행히 살아남은 8명의 신원이 확인되었다. 《한국전쟁사료》 59권의 작전일지에 따르면, 1951년 1월 24일 수련산과 와우리 및 통안리에서 전투가 있었고, 당일 작전으로 빨치산 188명이 죽고, 국군은 6명이 전사하고 2명이 부상당한 것으로 기록되어 있다.

이 밖에도 1950년 12월 7일 월야면 월야리 순촌, 송계, 괴정, 동산마을과 월악리 지변, 내동, 성주마을 주민들을 월야면 남산뫼에서 인근 주민 76명이 학살당하고, 8명이 부상당했고 그중 1명이 생존했다.

진실화해위원회의 종합보고서 제출

진실화해위원회는 2006년 11월 30일까지 접수된 호남의 7개 지역의 신청사건에 대한 조사를 실시하고 진실 규명 결정을 내렸다. 나주 동창교 민간인 집단희생사건(2007년 6월 12일 진실 규명 결정), 함평 11사단사건(2007년 7월 3일 진실 규명 결정), 함평수복작전 민간인 희생사건(2008년 4월 14일 진실 규명 결정), 남원 지역 민간인 희생사건(2008년 10월 12일 진실 규명 결정), 불갑산 지역 민간인 희생사건(2008년 12월 16일 진실 규명 결정), 순창 지역 민간인 희생사건(2008년 12월 16일), 전남 지역(담양·장성·화순·영광) 11사단사건(2009년 3월 16일 진실 규명 결정) 등이 그것이다.

진실화해위원회는 위 7개 사건이 모두 11사단의 작전 수행과정에서 발생한 사실에 유의하여, 2009년 11월 24일 〈호남 지역 군 작전 중 발생한 민간인 희생사건〉에 대한 진실 규명이라는 이름으로 7개 사건

〈표 2-3〉 지역별 희생자 분포

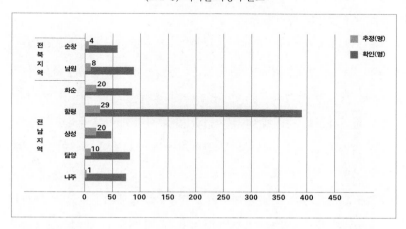

〈표 2-4〉 성별 희생자 비율

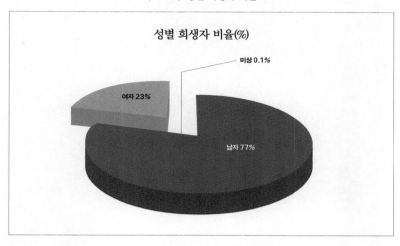

을 통합 정리한 종합보고서를 내놓았다. 진실화해위원회는 조사를 통해 1950년 10월부터 1951년 3월까지 전라남도 함평·장성·담양·화순·영광·나주와 전라북도 순창·남원 등지에서 수복작전 및 빨치산 토벌작전을 펴던 국군 제11사단 20연대 등에 의해 빨치산 활동을 했다거나 빨치산 협조자였다는 혐의로 다수의 민간인이 법적 절차 없이 집단으로 희생되었음을 확인했다.

당시 군은 토벌작전 시 민간인 보호를 위한 적절한 조치를 취하지 않았다. 작전 이전에 비민匪民 분리 등 민간인을 보호하기 위한 조치를 취하거나 적절한 사전경고를 한 다음 소개 조치를 취한 예도 드물었다. 부역 혐의자들을 재판에 넘기는 등의 법적 절차도 이루어지지 않았다. 조사 결과 호남 지역의 11사단 작전 지역에서 희생된 민간인 중 신원이 확인된 피해자는 914명(확인 822명, 추정 92명)이며, 이 가운데 남성이 703명으로 76.9퍼센트, 여성이 208명으로 22.7퍼센트였다. 16~49세의 연령대가 623명(74퍼센트)이었지만, 50세 이상 15세 이하도 218명

〈표 2-5〉 연령별 희생자 수

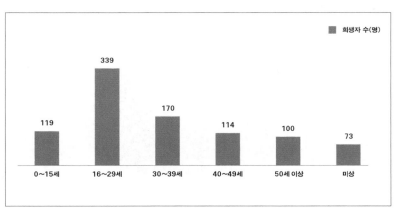

(23.8퍼센트)이었다. 대다수 희생자들은 부역 혐의를 받던 청장년이었으나 다수의 노약자가 포함되어 있었다.

4-2. 토벌작전 활발했던 경남 산청·함양·거창 지역

낮엔 대한민국, 밤엔 인민공화국이었던 지리산 일대

경상남도 일대는 한국전쟁 발발 이전에도 군경에 의한 빨치산 토벌작전이 수행되었다. 여순사건 이후 지리산으로 들어간 제14연대 반군과 입산자들을 토벌하기 위해 1948년 10월 30일 호남 방면 전투사령부를 설치하고 이듬해 5월 9일까지 작전을 수행했다. 그 뒤 다시 1차, 2차 지리산 지구 전투사령부를 구성해 1950년 3월 15일까지 토벌작전을 전개했다.

당시 정부는 지리산을 거점으로 한 빨치산 남부군단의 주력이 낙동강 전선에서 패배한 북한 정규군이고, 남한 각 지역 남로당 조직과 여순사건의 잔존세력이 가세한 것으로 파악했다. 1951년 5월 하순 '6개 도당회의'를 열어 이현상을 남한 빨치산의 공식적 총수로 추대한 남부군단은 9월부터 종래의 소수 병력 운용에서 벗어나 대규모 병력으로 소도시와 경찰관서, 철도 파괴, 군용열차 습격뿐만 아니라 마을을 일정 기간 동안 소위 '해방구'로 점령하여 식량을 탈취하는 등 대담한 전술을 채택했다.

그즈음 국군 제11사단 9연대는 10월 6일 미군 제25사단에 배속되어 10월 8일 경상북도 상주로 이동했다가 11월 20~21일에 경상남도 진주로 이동했다. 주요 작전 지역은 산청, 함양, 거창 등이었다. 당시 이 지역의 산간마을은 '낮에는 대한민국, 밤에는 인민공화국'으로 불렸다. 이러한 상황에서 산간마을의 주민들은 군경에 의해 잠재적인 빨치산 협조자로 낙인찍혔다.

'견벽청야'의 토벌작전이 시작되다

제11사단이 이 지역에서 벌인 토벌작전은 호남 지역에서와 마찬가지로 일명 '견벽청야'작전이었다. 견벽청야작전에서 중요한 것은 산간 지역 주민을 치안이 확보된 소위 '안전지대'로 소개하는 일이었다. 그런데 당시 소개작전은 '작전의 편의'에 의해 불법적이고 폭력적으로 수행된 측면이 있었다. 이는 군인들의 직간접적인 증언으로 확인된다.[25] 특히 제11사단의 견벽청야작전은 빨치산과 주민의 구분 없이 무차별적인 토벌로 시행된 것이 문제였다. 결국 '거창사건'이 발생하는 등 제11사단의 토벌작전이 무리한 것으로 판단한 정부는 1951년 4월 6일 토벌부대를 제8사단으로 교체했다.

이러한 상황에서 미8군 사령관 밴 플리트는 백선엽을 사령관으로 하는 백야사Task Force Paik를 발족시켰다. 백야사는 예하에 남원 치안국, 전방사령부, 태백산지구 전투경찰사령부, 지리산지구 전투경찰사령부를 배속시켜 군경 합동으로 작전을 펼쳤다. 백야사는 1951년 11월 26일 서남지구 전투사령부로부터 서남지구 빨치산 토벌 임무를 인수했는데 부대 병력이 총 3만여 명에 달했다. 백야사는 1951년 12월 2일부터 1952년 3월 14일까지 총 4기에 걸친 작전을 실시했다. 토벌군을 피해 지리산으로 들어갔던 많은 주민이 희생된 것은 주로 1기(1951. 12. 2~12. 14) 때였다. 백야사는 토벌작전 결과 적 사살 6,606명, 생포 7,115명의 전과를 올렸다고 보고했다. 이는 당초 예상했던 빨치산 숫자 4,000명의 무려 3배가 넘는 수치였다. 역설적으로 '공비들에 포섭된 비무장 입산자', 즉 토벌을 피해 피란했던 주민이 많았음을 반증하는 것이다.

한편 빨치산 귀순자·생포자를 중심으로 구성된 사찰유격대도 토벌작전에 동원되었다. 사찰유격대는 입산 시 경험과 조직정보 등을 이용하여 토벌작전에서 적지 않은 성과를 올렸다. 이 사찰유격대는 경찰서장이 직접 지휘했다. 또한 각 지역의 경찰은 인민군 점령하에서 인민위원회 활동, 의용군 입대, 포탄 운반 등을 한 주민을 부역 행위자로 간주, 이들을 검거·심사하여 처형하기도 했다.

진실화해위원회 이전의 진상 조사

한국전쟁 전후 시기 국가폭력으로 인해 일어난 다른 민간인 희생사건과는 달리 이 사건은 사건 발생 직후인 그해 3월 29일 거창군 출신 국회의원 신중목의 국회 보고로 폭로되었다. 국회는 조사단을 파견하여 정확한 진상을 조사하려 했지만, 당시 경남 지구 계엄사령부 민사부장이었던 대령 김종원이 국군 1개 소대를 빨치산으로 가장시켜 조사단에 위협적인 총격을 가하는 등 조사를 방해했다. 그러나 국회의 재조사와 5월 8일 국회의 결의로 양민 학살사건과 조사 방해사건의 진상이 공개되자 내무·법무·국방 3부 장관이 사임했고, 학살 책임자인 9연대장 오익경 대령, 3대대장 한동석 소령에게는 무기징역이, 경남지구 계엄사령관 김종원 대령에게는 3년형이 선고되었다. 이후 이들은 이승만의 특별사면으로 석방되었으며, 김종원은 경찰 간부로 특채되었다.

4월혁명 직후인 1960년 5월 11일 유가족 70명은 사건 당시의 신원면장 박원보를 생화장하는 등의 보복을 가했다. 이를 계기로 국회는 거창을 비롯한 인근 함양, 산청, 문경, 함평 등의 '양민학살사건'에 대한 진상 조사를 재개했다.

1) **산청·함양사건**: 1951년 2월 육군 제11사단(사단장 최덕신) 제9연대(연대장 오익경) 휘하 제3대대장 한동석 소령의 토벌대는 산청을 시작으로 함양을 거쳐 거창에 이르는 동안 지리산 '공비토벌작전'을 대대적으로 실시했다. 1951년 2월 6일 오전 11시 산청군 금서면 수철리에 제9연대 3대대 병력이 들어와 주둔하면서 작전이 전개되었다. 2월 7일 오전 6시 토벌대는 금서면 가현에 도착해 주민 123명을 살해하고 오전 9시경 방곡에서 주민 212명을 살해했다. 이어 오후에는 함양군으로 넘어가 휴천면 점촌과 유림면 서주리에서 주민들을 살해한 후 다시 거창군으로 넘어가 학살을 계속했다.

1960년 4월혁명으로 이승만 정권이 무너진 후 동년 6월 21일 국회에 보고된 양민학살진상보고서에서 유족들은 산청군 인명피해가 506명이고, 산청·함양의 희생자는 총 705명이라고 주장했다.

2) **거창사건**: 이른바 '산청·함양사건'에 이어 '거창 양민 학살사건'이 1951년 2월 경남 거창군 신원면에서 발생했다. 산청, 함양을 거쳐 1951년 2월 4일 거창농림고등학교에서 숙영을 한 한동석 소령의 제9연대 3대대는 이튿날인 5일 거창읍에서 신원면으로 들어와 군수물자 운반을 위해 총기를 난사하며 노약자까지 동원한 뒤 신원면을 빠져나갔다. 신원면에는 1950년 9월 27일 국군에 의해 거창읍이 수복된 후 11월 5일 경찰이 복귀했다. 인민군 점령 시기 신원면에는 인민위원회, 농민위원회, 청년동맹, 부녀동맹 등이 조직되었으나 인민군에 의한 정치적 숙청

은 없었다. 군·경의 수복과정도 주민들의 협조로 아무 희생 없이 순조롭게 이루어졌다.

신원면에서의 대학살은 2월 5일 일시 신원면을 빠져나갔던 3대대 병력이 2월 9일 다시 들어오면서 시작되었다. 작전 지역 내 주민들이 빨치산과 내통했다는 것이 집단학살의 명분이었다. 첫 대량 학살은 2월 9일 청연마을에서 발생했다. 여기서 주민 84명이 학살당했고, 5명이 겨우 살아남았다. 다음날 탄량골에서 두 번째 대량 학살이 일어났다. 토벌군은 마을을 불태우고 주민들을 탄량골로 끌고 갔다. 그들은 주민들 중 군인, 경찰, 향토방위대원의 가족을 나오게 한 다음 총격을 가해 100명을 학살했다. 2월 11일에는 와룡리, 대현리, 중유리 등의 주민 517명을 신원초등학교에서 700미터 떨어진 박산골로 끌고 가 학살했다.

〈표 2-6〉 거창사건 희생자의 연령별 분포

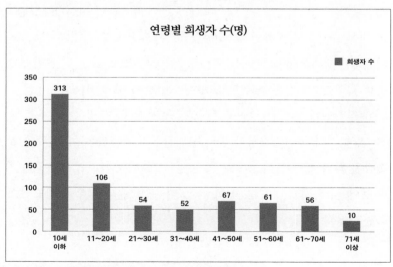

* 출처: 노민영·강희정, 《거창양민학살》, 온누리, 1988, 129쪽.

1988년 거창사건 희생자 위령추진위원회의 추정에 따르면, 이처럼 거창에서 3일 동안 학살된 주민은 다른 지역에서 죽은 18명을 포함하여 모두 719명으로 집계된다. 사망자 중 남자는 331명, 여자는 388명이며, 연령별로는 15세 미만 어린이가 359명, 61세 이상 노인이 66명이나 되었다. 어린이와 노인이 전체의 59퍼센트를 차지했다.

거창사건과 산청·함양사건은 1961년 5·16군사쿠데타 이후 국가 차원의 조사 작업이 이루어지지 않다가 1996년 1월 5일 법률 제5148호 〈거창사건 등 관련자의 명예 회복에 관한 특별법〉이 제정, 공포됨으로써 재개되었다. 현재 거창군 신원면과 산청군 금서면에 각각 추모공원이 세워져 있다.

진실화해위원회가 새로 밝혀낸 진실들

한국전쟁 전후 경남 산청군 등지에서 발생한 민간인 집단학살사건 중 지금까지 드러나지 않았던 사건에 대해 관련 유족들이 진실화해위원회에 진실 규명을 신청하면서 2006년 5월 이후 조사를 진행한 진실화해위원회는 그간의 조사 결과를 토대로 2010년 6월 29일 진실 규명 결정문을 채택했다(진실화해위원회, 《2010년 상반기 조사보고서》 5권 수록).

이 결정문에 따르면 정임조 등 경상남도 산청·거창·함양·고성·사천·거제 지역 주민 108명이 한국전쟁 전후의 좌익활동 혐의, 군경 토벌작전 시의 부역 혐의 등으로 작전 지역 또는 관할 지역의 국군과 경찰 등에 의해 적법 절차 없이 희생되었다. 그 가운데 일부 사례를 소개하면 다음과 같다.

1) 산청군 오부면 대현리 양경순 등의 집단희생

사건 당시 총 180여 호에 이르는 대현마을은 큰 마을과 작은 마을로 나뉘어 있었고 1951년 4월경에 이르러서야 치안이 확보될 정도로 좌익세가 강했다. 사건 당일인 1951년 2월 12일은 제11사단 9연대의 합동작전이 전개되던 시기로 거창사건이 발생한 직후였다. 토벌군은 마을에 들어오자마자 모든 집에 불을 질렀고, 닥치는 대로 사람과 짐승을 모두 사살했다. 마을에 남아 있던 주민들은 대부분 노인과 부녀자, 어린아이 등이었다.

신청인들의 주장에 의하면, 당시 마을 노인들은 "일꾼들 밥을 해주기 위해서" 남아 있거나 "빨치산에 끌려간 아들을 집에서 기다리던" 중 피해를 당했다. 토벌대가 집을 비우지 않고 남아 있던 노약자와 부녀자 등을 무조건 사살한 것은 산간 주민 전체를 잠재적인 빨치산 협조자로

〈사진 2-14〉 박산합동묘역의 훼손된 위령비
이 위령비는 4·19혁명 직후인 1960년 11월 유족과 면민들이
힘을 모아 세웠던 것을 5·16군사쿠데타 이후 누군가 훼손하여 땅속에 묻어 놓았는데
이를 1988년 2월 찾아내 제자리에 갖다 놓은 것이다. 민간인 학살에 대한
역사 왜곡의 현장을 재현한 것이다.

간주하고 전개한 일명 '견벽청야작전'의 필연적 결과였다. 토벌군은 사건 종료 후 다시 신원면 방향으로 이동했다. 이 사건으로 희생된 주민은 60~70대 노인 6명이고, 10세 미만 아동이 2명, 부녀자 1명, 30대 남성 1명 등 총 10명이다.

2) 거창군 북상면 병곡리 부역 혐의 자수자 최진순 등의 집단 희생

병곡리 분계마을은 남덕유산 자락에 위치하고 있던 50여 호의 산간마을로 전쟁이 일어나기 전에도 빨치산이 자주 출현했다. 수복 후인 1950년 겨울 무렵, 마을은 덕유산을 거쳐 입북하려는 인민군 패잔병이 점령하고 있었다. 산 능선에 머물고 있던 인민군들은 밤이면 마을로 내려와 총으로 위협하면서 주민들에게 밥을 해낼 것을 요구했고, 주민들은 이를 거절할 수 없었다. 이 무렵 경찰 8명이 능선을 정찰하다가 인민군에게 몰살당한 일이 발생했다. 이 사건 이후 이 지역의 토벌을 맡고 있던 제11사단 9연대 3대대 군인들이 마을을 불태우고 면 소재지 등으로 주민들을 소개시켰다.

1951년 1월 21일, 거창읍을 출발하여 '북상면에 있는 적 100명과 교전'을 치른 제9연대 3대대는 다음날인 1월 22일 북상지서에 마을 주민들을 모아놓고, 인민군에게 밥을 해준 주민들은 자수하면 용서해준다고 했다. 다섯 집에서 최〇〇(여 27세) 등 여자 2명과 남자 4명이 자수하자, 군인들은 이들 6명을 면사무소 인근 야산으로 끌고 가 사살했다.

낮에는 대한민국, 밤에는 인민공화국의 지리산 산간마을

빨치산의 출몰이 잦아지자 지리산 일대에서는 군경의 빨치산 토벌작전이 집중적으로 전개되었다. 1954년 빨치산 토벌이 거의 마무리될 때까지 지리산 일대는 전쟁 상태에서 벗어나지 못했다. 지리산과 주변 산악지대 주민들은 한편으로는 빨치산에 의해 희생당했고, 다른 한편으로는 토벌작전 중인 군경에 의해 '빨치산에 협력했다'는 이유로 희생되었다. 이들은 빨치산과 군경 양쪽으로부터 피해를 입었다.

빨치산이 물러가고 토벌대(국군, 경찰 또는 우익 특공대)가 마을에 도착하면 마을은 순식간에 쑥대밭이 되었다. 토벌대는 부역 혐의자를 색출한다는 구실로 마을의 청장년 남자들을 잡아갔으며, 이들 중 많은 사람들이 총살에 처해졌다. 뿐만 아니라 빨치산을 토벌하는 과정에서 빨치산의 보급로를 차단하고 토벌대의 전공을 부풀리기 위해 일부 마을 사람들을 집단으로 몰살하는 학살사건이 일어나기도 했다. 특히 서부 경남 지역의 산간마을에서 이러한 대규모 민간인 집단희생사건이 많이 발생했다.

군경에 의한 빨치산 토벌이 진행되는 동안 지리산 일대는 낮에는 군경과 우익세력의 세상이었다가, 밤에는 빨치산의 활동 무대가 되었다. 이 지역 주민들은 낮에는 토벌작전을 하러 들어온 군경으로부터 자칫 부역자로 몰려 생명의 위협을 받아야 했고, 밤에는 빨치산으로부터 갖가지 징집에 시달리며 목숨을 보존하든가 자칫 반동분자로 몰려 죽음을 무릅써야 하는 상황에 내몰렸다. 1951년 2월 10일부터 11일 양일간 발생한 '거창 양민 학살사건'도 일부 신원면 주민들이 공비들과 내통했다는 이유에서 비롯되었다. 이러한 민간인 집단학살은 산청과 함양에서도 일어났다.

05

난을 피하다
난을 만나다

주 의 !

피난민의 이동을 엄금함!
각자의집으로 도라가든지 혹은
행길을 떠나 산속에 머믈르라
어떤사람이나 행렬을 막론하고
유엔군쪽으로 오는자는 총살함

유엔군총사령관

포항은 당시
낙동강 방어선의 끝에 위치하면서 미군의
공중 폭격 피해가 컸던 곳이다.

5-1. 적으로 간주된 포항 지역 피란민

한국전쟁기 미군 폭격사건은 대부분 한국전쟁 발발 초기부터 1950년
9·28수복 이전에 발생했으며, 이 중 8월에서 9월 사이 낙동강 방어선
이 형성되던 시기 경상도 일대에서 발생한 사건이 다수를 차지하고 있
다. 포항은 당시 낙동강 방어선의 끝에 위치하면서 미군의 공중 폭격
피해가 컸던 곳이다.

1950년 8월 초 미군은 동해안을 장악하여 인민군의 해상활동을 봉쇄
하고 인근 내륙 지역의 철도와 다리 등을 공격하여 공급로를 차단하는
한편, 함포 사격으로 지상군 지원작전도 했다. 이 무렵 인민군은 미군
의 전력이 집중되어 있던 동해안을 피해 태백산맥 줄기를 타고 빠르게
남진했다. 인민군은 포항을 일시 점령했다가 미군과 국군의 반격으로
후퇴하여 포항 서쪽의 신광면 비학산 등 산악지대에 주둔하며 국군과
교전했다. 이렇게 포항이 인민군 점령 후 교전 지역이 되자 상당수 주
민은 미처 피란을 가지 못한 채 자신의 주거지에 머무르고 있었다. 그
리고 강원도와 포항 북부 지역에서 동해안을 따라 남쪽으로 피란 오던

피란민들도 더는 남진하지 못하고 해변가 마을에 머무르고 있었다.

이렇게 북쪽에서 온 피란민과 피란을 가지 못한 주민들이 모여 있던 장소에 미군이 여러 차례 폭격하여 민간인 학살사건이 발생했다. 진실화해위원회에서는 이 중 총 13군데에서 발생한 사건을 조사했으며, 그 피해자 수는 500여 명에 달한다. 이 사건들은 ① 해변 마을 피란민 폭격사건과 ② 내륙의 인민군 점령지 또는 교전지 폭격사건으로 나눌 수 있는데 전자가 대부분을 차지하고 있다. 진실화해위원회에서 조사하지 못한 사건이 많아 전체 사건 발생 수나 피해자 수는 추정하기 어렵다.

모든 피란민을 적으로 간주하다

미국은 한국전쟁을 내전이 아니라 국제전으로 인식했기 때문에 전쟁 초기에 유엔을 통해 참전을 결정했다. 미군은 참전하기만 하면 전세를 바꿀 수 있으리라고 예상했다. 그러나 예상보다 강한 인민군의 공격에 맞닥뜨려 전쟁 발발 한 달이 채 지나기도 전에 대전 방어선이 무너져 낙동강 방어선까지 후퇴해야 했다. 미군은 초기 전투에서 패배한 것에 큰 충격을 받고 군사목표만이 아니라, 전선 근처의 철도 터널, 건물, 마을 등 인민군 진격 예상 경로, 군사시설, 피란처로 사용될 여지가 있는 곳도 적극적으로 폭격하도록 했다.

그런데 당시 한국 정부와 연합군은 피란민 소개정책이나 민간인 보호정책을 제대로 세우지 않고 있었다. 전쟁 초기 인민군의 남하 속도가 워낙 빨랐기 때문에, 정부는 대부분 지역에서 민간인 소개 조치를 거의 하지 않고 철수했다. 한국 정부는 7월 10일에야 '피란민 분산에 관한 통첩'을 내렸고 8월 1일 〈피란민 수용에 관한 임시조치 법안〉이 국회에서 통과됐다.

한편, 7월 25일 임시 수도 대구에서 한국 정부, 미 대사관, 국립경찰, 유엔, 미 8군 대표자들이 모여 피란민 이동 통제에 관한 회의를 했고, 이튿날인 7월 26일 미 8군은 '피란민의 집단이동 통제, 야간 이동이나 전선 통과는 전면 금지'를 골자로 하는 피란민 소개 및 이동 통제에 관한 전문을 발행했다. 그리고 8월 초순쯤 낙동강 방어선이 구축되자 미 제24사단은 낙동강 주변 8킬로미터 이내에 거주하는 주민들을 강제로 소개했다. 그들은 주민들이 퇴거하지 않으면 적으로 간주해 사살한다고 공지하고 30만 명의 피란민을 부산으로 호송했다.

즉 당시의 피란민정책은 전장에서 피란민을 보호하기 위한 것이 아니라 군사작전을 위해 피란민의 이동을 금지하고 통제하기 위한 것이었다. 일선 부대의 피란민정책은 이러한 점을 더 구체적으로 보여준다. 7월 24일자 미 제25사단 전쟁일지에는 "전투 지역에 있는 사람들은 아군으로 입증되기 전까지는 적으로 간주해야 한다"라는 기록이 있다. 7월 27일자 제25사단 활동보고서에도 "모든 부대는 전투 지역 안에서 한국인들이 이동하는 것을 철저히 금지하도록 요구받았다. 전투 지역 내로 들어오는 피란민들은 적으로 간주했다"라는 기록이 있다. 이외에도 당시의 미군 문서에는 여러 군데 이와 비슷한 내용의 기록이 있다. 미군이 이러한 정책을 내놓은 이유는 인민군이 피란민을 활용하여 작전을 벌인다는 정보는 있으나, 그들의 눈으로는 북한인과 남한인을 구별할 수 없었기 때문이었다.

그 결과 주민 상당수가 피란을 가지 못하고 아무런 대책 없이 인민군 점령지에 머물게 되었다. 그리고 피란을 떠난 수십만 명도 9월 12일 국회가 채택한 '피란민 수용대책에 관한 건의안'에서 지적한 것처럼 "협소한 지역에 산야 또는 노변에 운집, 노숙하면서 죽음을 기다리는 형편"이 되었다. 미군은 점령지 주민이나 피란민들이 소개 조치가 제대로 되지 않아 달리 갈 곳이 없다는 사실을 알면서도, 인민군과 민간인을 구별하지 않은 채 모두 적으로 간주하고 공격했다. 이처럼 한국전쟁기에는 민간인 소개와 피란의 책임이 있던 한국 정부와 유엔군이 역할을 제대로 수행하지 않아 민간인 피해가 컸다. 포항 지역도 그 점에서는 예외가 아니었다.

동해안의 피란민들을 무차별 공격

1) 흥해읍 흥안리사건과 북송리사건

포항 지역에서 일어난 해변 마을 폭격사건으로는 우선 흥해읍 흥안리사건과 흥해읍 북송리사건(1950. 8. 16)을 들 수 있다. 1950년 8월 11일 인민군이 산악 지역을 따라 빠르게 남진하여 포항을 일시 점령하자 국군 3사단은 포항 장사동을 중심으로 한 해안선 교두보에 고립되었다. 이에 미군은 8월 16일 고립된 국군 제3사단의 해상 철수작전을 엄호하기 위해 흥해읍 흥안리와 북송리를 집중적으로 폭격했다. 당시 흥안리에는 마을 주민들과 함께 포항 북쪽에서 피란 온 피란민 1,000여 명이 있었으며, 인근의 곡강천 주변에는 피란민 3,000여 명이 있었다. 그런데 제7함대 제77항모기동부대의 항공모함 필리핀 씨 호Philippine Sea CV47의 제11항모 비행전대의 폭격기들은 피란민들에게 네이팜탄을 비롯한 폭탄 10여 개를 투하했으며 20여 분간 기관총 사격을 가했다. 이 폭격으로 100명 이상이 사망했다. 옆 마을인 북송리도 미군이 연달아 공격하여 마을 주민 53명과 피란민 다수가 사망했다.

2) 흥해읍 용한리 해변 칠포해수욕장사건

미군이 흥해읍 흥안리와 북송리를 폭격한 이튿날인 1950년 8월 17일, 국군 제3사단 제23연대는 새벽 덕성리 해안에서 철수하여 해로를 통해 구룡포에 상륙, 포항 전선에 재투입되었다. 그 뒤 국군은 흥해읍까지 북상하여 인민군 5사단 주력군과 전투를 벌였고, 이에 흥해읍 흥안리 남쪽의 천마산이 격전지가 되었다. 천마산이 격전지가 되자 8월 16일 흥안리에서 폭격을 당했던 이 마을 주민들과 피란민 1,000여 명은 용한리 해변(현재 칠포해수욕장)으로 이동했다. 그러나 8월 27일 오전 10시 미군은 용한리 해변에 있던 피란민들도 공중 폭격하여 100여 명을 학살했다. 다음은 진실화해위원회 보고서에 실린 목격자들의 증언이다.

포항 앞바다에는 미군 항공모함이 있었다. 피란민들 사이에는 미군 배가 눈앞에 보이는 해변으로 가면 안전하다는 소문이 돌았다. 그래서 흥안리에서 이동한 피란민들은 용한리 해변으로 무리를 지어 갔다. 사건이 발생할 무렵에는 1,000명 정도가 몰려 장날처럼 붐볐다. 피란민들이 머물던 곳에는 미군 비행기가 자주 정찰했다. 8월 27일 10시경에도 피란민들은 대부분 아침식사를 한 뒤 쉬고 있었는데, 미군 정찰기 1대가 해변을 따라 낮게 비행하며 정찰했다. 피란민들 사이에는 미군 비행기가 보이면 흰 천을 흔들거나 바다로 뛰어들면 미군이 자신을 민간인으로 알고 폭격을 하지 않을 것이라는 말이 떠돌았다. 그래서 미군 비행기가 정찰하자 해변의 피란민들은 일제히 일어나 흰 천을 흔들었고 더러는 입고 있던 흰 옷을 벗어 흔들었다. 그러나 정찰기가 지나가고 10분쯤 지난 뒤 갑자기 날아온 미군 폭격기 2대가 급강하하면서 해변과 근처 둔덕에 있던 사람들에게 기관총을 쏘았다. 미군 폭격기는 1시간가량 7차례 이상 기관총을 난사한 뒤 날아갔다.

이 폭격으로 해변 백사장과 근처 둔덕에 머물던 피란민 100여 명이 사망했다. 일부는 바다에 뛰어든 채 사망했다. 임신 8개월로 만삭 상태였던 한 여성은 미군 비행기가 기관총을 쏘자 딸 2명과 아들 1명을 안고 바다로 뛰어들었다가 가슴에 총격을 당해 즉사했다. 어머니에게 안겨 바다에 들어간 두 살배기 아들은 총격으로 손목이 떨어져 나가고 팔뚝이 터져서 앓다가 사건 발생 20일 후 사망했다. 한 남성은 폭격이 시작되자 몸을 웅크려 아들을 감싸 안고 있다가 기관총탄이 팔목과 허벅지를 관통하는 상처를 입어 장애인이 되었다. 미군 폭격기가 떠난 뒤, 바다는 피바다가 되었고 해변에는 시신이 널려 있었다. 가족을 잃은 피란민 수백 명의 통곡 소리가 사방에서 들렸으며, 그 소리는 파도 소리보다, 산란기의 물개들이 한꺼번에 해안으로 올라오는 소리보다 더 컸다(진실화해위원회, 〈포항 지역 미군 폭격사건〉, 《2010년 상반기 조사보고서》 8권, 264~267쪽).

미군 측 문서에 의하면, 당시 피란민들을 학살한 비행기는 미 제5공군 제18전폭전단 제39폭격대대 소속 폭격기인 F-51 2대였다. 이 부대

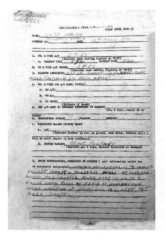

〈사진 2-15〉
포항 용한리 해변 폭격사건 미군 임무보고서
포항 용한리 해변 미군 폭격사건 관련
미 제5공군 제18전폭전단 소속 제39폭격대대의
임무보고서(1950. 8. 27).
ⓒ 미국 국립문서기록관리청.

의 1950년 8월 27일자 임무보고서에는 "폭격 당시 날씨는 맑은 상태였다. 이날 9시에 미군 폭격기 F-51 2대가 출격하여 포항 지역에 근접지원 공격 임무를 수행했고, 오전 10시에 흥해 지역 언덕을 폭격한 후, 용한동 해변에서 흰 깃발을 흔들고 있는 흰옷을 입은 사람들people clad in white and waving white flags on beach at Yonghan-dong을 기관총으로 공격했다. 폭격기는 공격을 마친 후 11시경 그곳을 떠났으며, 해변에는 흰옷을 입은 사람이 수백 명 있었다"라고 기록되어 있다. 이처럼 미군은 해변의 피란민들이 전투 의사가 없다는 표식인 흰 깃발을 흔들었음에도 그대로 폭격을 했다(《사진 2-15》).[26]

3) 흥해읍 칠포리사건 · 환여동사건, 청하면 이가리 · 월포리사건

용한리 해변사건이 일어난 뒤에도 해변마을 주민과 피란민에 대한 폭격은 계속되었다. 8월 29일에는 미 해병 함재기 VMF 214 폭격대대 소속 폭격기 F4U-4B 5대가 흥해읍 칠포리에 네이팜탄 등 폭탄을 떨어뜨려 마을 가옥 200여 채가 전소했다. 이 폭격으로 주민 30명이 사망했다. 9월 1일에는 영일만 해상의 미군 구축함 헤이븐 호DD 727 De Haven가 해안을 봉쇄하고 지상군을 지원하기 위해 환여동 송골계곡 해변에 있는 피란민들에게 30여 분간 함포 사격을 가했다. 당시 이 해변에는 포항 주민 1,000여 명이 8월 20일부터 피란생활을 하고 있었다. 미군의 함포 사격으로 피란민 100여 명이 즉사했고, 중상자 수백 명은 사건이 일어난 뒤 며칠 사이에 사망했다.

9월 8일에는 미 F4U 전투기 4대가 청하면 이가리와 월포리의 해변에 있던 피란민과 주민을 폭격했다. 당시 이 지역에는 청하면 북쪽과 영덕 방면에서 내려온 피란민과 주민 800여 명이 있었다. 그런데 미군의 폭격으로 이가리 주민 10여 명과 해변에 있던 피란민 50여 명이 사망했으며 마을의 가옥과 해변의 어선이 다수 파괴되었다.

냇가에서 놀다가 미군에게 폭격당해

1) 연일읍 유강리사건

1950년 9월 4일, 인민군의 9월 공세가 본격적으로 진행되자 국군 제3사단 23연대가 다음날 형산강 남안으로 철수하여 형산강을 따라 방어선을 구축하면서 형산강 전투가 벌어졌다. 당시 국군은 형산강 남쪽에, 인민군은 형산강 북쪽에 주둔하고 있었다. 9월 13일에는 미 전투기 2대가 강변 북쪽 인민군의 이동 경로 인근에 있던 연일읍 유강1리 마을과 철로 터널을 폭격하여 이 마을 주민 다수가 사망하고 가옥 50여 채가 전소했다. 유강1리와 인근 마을 주민 300여 명은 피란을 나섰으나, 폭우가 쏟아져 형산강을 건너지 못하고 강 제방에 움막을 짓고 며칠 동안 피란생활을 했다. 9월 18일에는 형산강 남쪽에 있던 국군 제3사단 제23연대가 형산강 도하작전을 했다. 바로 이날 미 공군 제49전폭전단 제8폭격대대 소속 폭격기 F-80 4대가 출격하여 형산강 제방을 공격하면서 이곳에 머물고 있던 피란민들을 학살했다.

2) 송라면 광천리·방석리사건

형산강 30킬로미터 북쪽에 있는 포항 송라면 광천리는 인민군 점령 기간에는 전선 후방에 있던 지역이다. 인민군은 이 마을에 들어와 주민들을 쫓아내고 마을의 집들을 야전병원으로 사용하기 위해 점거했다. 쫓겨난 주민들은 임시로 마을 근처 냇가(광천)에 움막을 짓고 생활했다. 이 무렵 냇가에 머물던 주민들은 200여 명으로 마을의 장정들은 징집된 상태여서 어린아이, 노인, 여성이 대부분이었다. 인천상륙작전 후 인민군의 기세가 꺾이면서 9월 21일 광천리에 머물던 인민군 야전병원은 급하게 북쪽으로 철수했다. 9월 22일에는 국군이 인민군을 추격하여 흥해읍을 탈환했다. 송라면 광천리 폭격사건은 이날 낮에 일어났다. 미 공군 제49전폭전단 제8폭격대대 소속 폭격기 F-80 4대가 지상군의 전투를 지원하기 위해 송라면 광천리를 폭격한 것이다. 폭격은 그 전날까지 인민군 야전병원이 있던 마을의 집이 아니라, 마을 인근 냇가에 있던 주민들에게 집중되었다. 광천리 폭격에 이어서 광천리 옆 마을인 방석리도 마을 한가운데 큰 집이 미군에게 폭격을 당했다.

이날의 폭격으로 광천리 주민 40여 명과 방석리 주민 5명이 사망했다. 광천리 생존자의 증언에 의하면, 당시 점심 무렵이어서 여성들은 밥을 짓고 아이들은 냇가에서 놀던 중 폭격을 당했다고 한다.

당시 광천 냇가는 나무도 없이 노출된 곳이었다. 그날 낮, 냇가 움막에 머물던 어린애들, 노인들, 여자들 대부분이 움막 바깥에 나와 있었다. 그 폭격이 있기 전에는 하늘에 프로펠러가 달린 은색 정찰기 1대가 나타났던 기억이 난다. 비행기는 낮게 날았기에 육안으로도 정찰기에 탄 조종사가 보였고 정찰기가 기울어질 때 조종사의 머리와 어깨의 모습도 보였다. 그 무렵 여러 날 동안 냇가에 정찰기가 날아다니며 정찰하는 것을 보았기에, 우리가 민간인인 것을 그들이 알고 있을 것으로 생각해서 마을 사람들은 달리 대피할 생각을 하지 않았다.

정찰기가 뜨면 마을 사람들은 움막에서 나가 손을 흔들곤 했다. 그날 나도 움집에서 나가서 손을 흔들다가 움막 안으로 다시 들어갔다. 잠시 후 폭격이 시작되었다. 나는 머리와 팔다리에 기관총을 맞고 기절했다. 깨어나 보니 함께 있던 형도 기절한 채 가슴에서 피를 쏟고 있었다. 그리고 옆집 창탁이가 다친 후 우리 집 움막으로 와 고통스럽게 울고 있는 것을 보았다.

그날 밤 다른 친구들과 마을 사람들이 폭격으로 죽었다는 소식을 들었다. 그 일을 겪은 뒤 나는 중학교에 입학했으나 장애 때문에 학업을 중단했다(당시 13세인 부상생존자 김영완의 증언, 진실화해위원회, 〈포항지역 미군 폭격사건〉, 《2010년 상반기 조사보고서》 8권, 351~352쪽).

6·25 때 우리 마을에는 전투가 일어나지 않아 마을 사람들이 피란을 가지 않고 있었다. 그러다 인민군들이 들어오자 집에서 쫓겨났다. 사람들은 냇가에 구덩이를 파고 짚을 덮고 생활했다. 마을 안에는 인민군 야전병원이 차려졌기에, 아침마다 마을 주변에 인민군 병사들이 누워 있거나 죽어 있는 것을 본 적이 있다. 폭격이 있던 날은 인민군이 후퇴하고 야전병원이 철수하여 마을 사람들은 집으로 돌아갈 준비를 하던 중이었다. 사람들은 움집 안에 있거나 식사 준비 중이었고, 나는 냇가에서 친구와 딱지치기를 하고 있었다. 폭격이 시작되자 나는 가슴에 총을 맞았다. 그래서 죽지 않으려고 아픔을 참고 머리를 숙이고 있으니, 비행기가 2~3회 기관총 사격을 하고 갔다. 그 뒤 나는 김영완의 움막으로 가서 숨었고, 아버지가 와서 지혈하고 골짜기로 피신시켰다. 나중에 마을에 온 국군이 우리에게 다가오거나 우리를 구호해준 일은 없었다(당시 7세인 부상생존자 김창탁의 증언, 진실화해위원회, 〈포항지역 미군 폭격사건〉, 《2010년 상반기 조사보고서》 8권, 353~354쪽).

1950년 9월 22일자 미 공군 제49전폭전단 소속 제8폭격대대의 임무보고서에는 이날 11시 40분에 미군 폭격기 F-80 4대가 출격했다는 기록이 있다. 문서에는 "공중통제관 폴리곤Polygon은 폭격기들에

36/12N-129/20E 지점의 하천 양편에 있는 병력과 보급품을 공격하라고 목표를 부여했다. 이에 폭격기들은 그 지점의 보급품 더미와 텐트에 5인치 로켓 15발과 50구경 탄약을 모두 발사하고 텐트들을 향해 기관총으로 공격했다. 보급품 더미에서 화재 7~8건 발생했다. 약 45명의 인원이 관측되었고, 보급품이 있던 곳에서 50명의 인원을 사살했다. 날씨는 맑았으며, 1,500피트(457.2미터) 고도에서 공격했고 12시 30분부터 12시 50분까지 목표지점에 머물렀다"고 기록되어 있다.[27] 이 문서에 기록된 36/12N-129/20E 범위 안에 있는 하천 지역으로는 이 사건 발생 지점인 송라면 광천리 광천과 901-19번지, 683-3번지, 781번지가 있다. 이처럼 이 문서에 기록된 내용은 주민들이 증언한 내용과 일치했다.

이처럼 관련 폭격 문서와 피해자 다수의 증언을 통해 이 마을 민간인들이 미군 폭격으로 사망 또는 부상한 사실이 확인되었다. 그러나 진실화해위원회는 폭격의 불법성 여부를 규명할 수 없다는 이유로 이 사건을 진실 규명 불능으로 결정했다.

〈사진 2-16〉
송라면 광천리·방석리 사건 미군 임무보고서
송라면 광천리·방석리사건 관련
미 제5공군 제49전폭전단 소속
제8폭격대대 임무보고서(1950. 9. 22).
ⓒ 미국 국립문서기록관리청.

한국 정부는 책임 없다는 이유로 배상 거부

한국전쟁 시기 포항에는 미군 폭격사건이 여러 건 있었다. 진실화해위원회에서는 포항 지역 신청인들이 신청한 사건을 13개 마을로 나눠서 조사했다. 13개 사건 중에서 흥해읍 북송리사건, 흥해읍 흥안리사건, 환여동 함포사건은 각각 독립적으로 먼저 처리했다. 나머지 10개 마을의 사건은 위원회 조사 기간 막바지에 '포항 미군 폭격사건'으로 묶어서 한꺼번에 처리했다. 위원회의 심의 결과 흥해읍 북송리사건, 흥해읍 흥안리사건, 환여동 함포사건, 흥해읍 용한리사건, 흥해읍 칠포리사건, 신광면 마북리사건 등 6개 지역에서 발생한 사건은 진실 규명으로 결정했다. 그러나 나머지 7개 지역에서 일어난 사건은 아직 진실 규명 불능인 상태로 남아 있다. 이렇게 미군사건 가운데 진실 규명 불능 결정된 사건이 많은 것은, 진실화해위원회 조사 기간 막바지에 이명박 정부가 들어서고 위원회의 상층부에 보수적 인사가 다수 임용된 것과 관련이 있다.

특히, 청하면 이가리·월포리사건, 송라면 광천리·방석리사건, 흥해읍 남송리사건, 연일읍 유강리사건은 미군 측 문서나 피해자 다수의 증언을 통해 이 일대의 주민과 이 지역으로 온 피란민들이 미군 폭격으로 사망 또는 부상한 사실이 확인되고 있다. 그러나 진실화해위원회는 사건의 불법성 여부를 명확히 규명할 수 없다는 이유로 진실 규명 불능으로 결정했다.

포항 미군사건은 대부분 한국전쟁 발발 초기, 전선이 급하게 바뀌고 한국 정부와 미군이 주민들을 제대로 소개하거나 피란시키지 못한 상황에서 해변 마을이나 점령지 후방에 머물던 민간인들이 미군의 폭격으로 학살된 사건이다. 그러나 진실화해위원회는 사건을 심의하면서 이러한 사정을 거의 고려하지 않았다. 즉 피란민들이나 마을 주민들은 군경이 몰래 배를 타고 빠져나가 버린 후 아무런 보호 장치도 없이 마을에 남겨졌으나 인민군 점령지에 있었으니 인민군 동조자나 마찬가지이며, 미군이 그 지역을 폭격하여 민간인을 학살한 것은 정당한 군사작전에 의한 것이므로 사건의 불법성을 규명할 수 없다고 의결한 것이다.

포항 미군 폭격사건 중 2008년에 가장 먼저 진실 규명이 결정된 흥안리 사건은 배상청구소송 문제가 거론될 무렵에는 진실 규명 결정일로부터 3년이 지나 공소시효가 소멸했다는 이유로 유족들이 소송을 제기할 수 없었다. 다른 사건 유족들은 2013년 7월부터 진실 규명 결정을 받은 사람들을 중심으로 국가를 상대로 배상 소송을 제기했다. 그러나 흥해읍 북송리사건, 흥해읍 칠포리사건, 신광면 마북리사건은 1심에서 미군 폭격은 한국 정부의 배상 책임이 없다는 이유로 기각되었다. 흥해읍 칠포리사건의 사례를 보면, 서울중앙지법에서는 이 사건 유족 8명이 국가를 상대로 낸 손해배상 청구 소송에 대해 "미군이 당시 칠포리 일대를 폭격한 것은 사실이나 미군 폭격 사실을 국군이 사전에 알고 있었다고 인정할 수 없는 등 한국 정부의 의무 불이행에 대한 구체적인 증거가 없어 국가의 불법행위 책임을 인정할 수 없다"고 하면서 원고 패소로 판결했다. 진실화해위원회를 통해 사건의 진상이 밝혀지고 '진실 규명'으로 결정된 상태이므로 미군의 명백한 가해 사실은 인정하나, 사건 발생 당시 국군이 사건을 인지하지 않고 있었으므로 한국 정부에 책임이 없다는 것이다.

한편, 환여동사건의 경우 국가를 상대로 한 유족의 배상 청구에 대해 2015년 5월의 2심에서 "미 해군이 포격을 개시한 것은 피고인 한국군 소속 군인이 '피란민 가운데 북한군이 섞여 있으므로 포격을 해달라'고 요청한 것이 결정적 계기가 됐다"며 "(국가가) 중대한 과실로 숨진 희생자들의 헌법상 기본권인 신체의 자유, 생명권 등을 침해했다"고 밝힘으로써, 미군의 폭격으로 민간인이 숨진 사건에 대해 국가의 배상 책임이 있다는 첫 법원 판결이 나왔다. 그러나 이 사건도 2016년 3월 대법원에서 2심 판결을 뒤집고, 희생자들이 사망한 것은 국군의 가해행위 때문이 아니라 미군의 가해행위 때문이므로 한국 정부에 배상 책임이 없다는 취지로, 원고 승소로 판결한 원심을 파기 환송했다.

이처럼 미군 폭격사건은 피해배상 소송에서 가해자가 한국 군경이 아닌 미군이라는 이유로, 또는 당시 미군의 작전을 한국 군경이 인지하지 못했다는 이유로 한국 정부의 배상 책임을 인정하지 않고 있다. 그러나 한국전쟁 당시 한국 정부가 피란민 소개정책이나 민간인 보호정책을 제대로 세우지 않았고 이로써 미군에 의한 민간인 피해가 컸던 점을 상기한다면, 한국 정부도 책임을 피하기 어렵다. 설령 이 사실을 무시한다 해도 자국의 민간인 다수가 목숨을 잃고 부상 생존자와 유가족이 60여 년 동안 고통을 겪어온 점을 고려할 때, 한국 정부는 인도주의적 관점에서 좀 더 열린 자세로 이 문제를 대할 필요가 있다.

유족들은 현재 '한국전쟁 포항미군폭격사건유족회'를 결성하여 활동하고 있다. 이와 더불어 포항시가 예산을 지원하여 해마다 합동 위령제를 지내고 있으며, 2015년 8월에는 흥해읍 학천리 도음산에 위령비를 마련하여 제막식을 했다.

노근리사건

1950년 7월 25일에서 29일 사이 5일 동안, 미군이 충북 영동군 황간면 노근리 경부선 철로와 인근 쌍굴다리에 있던 피란민을 공중 폭격과 기총 소사 공격을 하여 인명을 살상한 사건이다. 가해 부대는 미 제1기병사단 제7기병연대 예하 부대다. 사건 경위를 살펴보면, 7월 23일 정오 미군은 영동읍 주곡리 마을 주민 들에게 소개 명령을 내렸다. 이에 영동읍 주곡리 주민들은 임계리로 피란을 갔 고, 여기에는 임계리 주민들과 다른 지역에서 온 주민들도 모여 500~600명이 함께 피란생활을 했다. 그런데 이틀 뒤인 7월 25일 저녁 미군은 영동읍 임계리 에 모인 피란민들에게 다시 남쪽으로 피란하라고 지시했다. 이 지시에 따라 다 시 길을 떠나게 된 피란민들은 7월 25일 밤 야간 영동읍 하가리 하천에서 노숙 한 뒤, 7월 26일 정오경 4번국도를 따라 황간면 서송원리 부근에 도착했다. 그런 데 여기서 피란민들은 다시 미군의 지시에 따라 국도에서 경부선 철로로 행로를 변경했다. 7월 26일 정오경 경부선 철로 위에 있던 피란민에게 미군 비행기가 폭격과 기관총 공격을 했다. 이에 피란민들은 노근리 개근 철교(쌍굴다리)로 피신 했다. 미군은 쌍굴다리로 피신한 피란민에게 기관총 사격을 했다. 이 사격은 7월 26일 오후부터 7월 29일 사이 계속되었다. 이 학살로 최소 250명 이상이 숨졌다.

이 사건은 유족들의 끈질긴 노력 끝에, 1999년 미국 연합통신AP이 사건을 심층보도하면서 전 세계에 알려졌다. 이 보도를 계기로 한국에서 반미 분위기 가 고조되자, 그해 10월 한국과 미국 정부는 이 사건에 대한 협의에 착수했고, 노근리 양민학살사건 정부대책단과 진상조사반이 구성되었다. 2001년 1월 12 일 한·미양국조사단은 노근리사건이 '미군에 의한 양민 학살'이라는 것을 인정 했으며, 빌 클린턴 미국 대통령은 노근리사건에 대한 유감을 표명했다. 2004년 2월에는 〈노근리사건 희생자 심사 및 명예 회복에 관한 특별법〉이 제정되었고, 7월부터 희생자와 유족에 대한 명예 회복사업이 추진되었다.

현재 노근리사건 희생자 심사 결과 결정된 희생자는 총 226명, 유족 2,240명 으로 유형별로는 사망자 150명, 행방불명자 13명, 후유장해자 63명이다. 성별 로는 남자가 113명, 여자가 113명이다. 특별법에 의해 노근리평화공원이 조성 되어 있다. 유족들은 사단법인 노근리사건 희생자유족회를 결성하여 활동하고 있다. 2010년에 개봉한 〈작은 연못〉은 노근리사건을 소재로 한 영화다.

5-2. 폭격에 갇힌 소백산 피란민들

진실화해위원회에 신청된 미군에 의한 희생사건 중 1950년 9·28수복 이후 발생한 사건(이른바 '겨울사건')들을 사건 발생일자와 장소, 공격 유형 등으로 묶으면 총 31건으로 이 중 공중 폭격에 의한 희생사건이 24건을 차지한다. 특히 1951년 1·4후퇴 시기부터 전선이 굳어지기 전인 1951년 2월 두 달 사이에 발생한 사건이 21건으로 '겨울사건'의 87.5퍼센트가 이 시기에 발생했다.

특히 이 시기에는 1951년 1월 중순쯤 소백산 일대에서 미군의 초토화작전으로 희생당한 사람이 많다. 초토화작전은 공군과 해군의 공중 폭격에 이어 지상군이 포격, 총격, 소각을 하는 등 육·해·공 합동작전으로 전개되었다. 그러므로 이 작전이 진행된 지역에서는 공중 폭격뿐 아니라 지상군의 공격으로 희생된 사람도 많다. 미군의 초토화작전 과정에 일어난 대표적 사건으로 경북 예천군 보문면 산성리 폭격사건, 경북 예천군 감천면 진평리 폭격사건, 충북 단양군 곡계굴 폭격사건, 충북 단양군 노동리·마조리 폭격사건 등을 들 수 있다.

민간인들, 공중 폭격에 무방비로 노출

1950년 10월 19일 중국군이 한국전쟁에 개입했다. 중국군과 북한 인민군은 1951년 1월 4일 서울을 점령했다. 공세에 밀린 유엔군은 전략적 철수를 결정했고, 다시 한국전쟁 발발 직후와 비슷한 상황이 되었다. 이 시기 민간인 피란 및 구호 대비책도 민간인 피해를 줄이고자 하는 목적보다는 군사적 필요에 따라 시행되었다.

1950년 12월 24일, 이승만 대통령은 공식적으로 서울 시민의 피란을 지시했다. 정부는 피란민 인원을 약 200만 명으로 가정하여 피란길의 급식과 보건을 계획했고 도별 피란장소를 정했다. 그러나 이 대책은 실제로 제대로 실행되지 못했으며, 서울·경기 지역 주민들이 계획된 피란지에 도착하기 전인 1월 8일 오전에 중국군의 선두부대가 오산에 도달하면서 일부 피란민이 서울과 오산 사이 전장에 갇혀 미군의 공중 폭격에 희생되는 일도 있었다.

당시 미 공군은 공중 폭격에 대한 민간인 보호책이 없었다. 미군은 인민군이나 중국군이 피란민으로 가장하여 침투하는 것을 우려해서 피란민의 이동 경로나 주민들이 소개하지 못한 마을까지 포함하여 폭격선을 설정했다. 여기에 수많은 피란민이 한꺼번에 몰려 피란길이 지체되고 군수물자 수송에 방해가 되자 민간인이 전선 후방으로 이동하는 것 자체를 금했다. 1951년 1월 1일 미8군 사령부는 피란민이나 민간인이

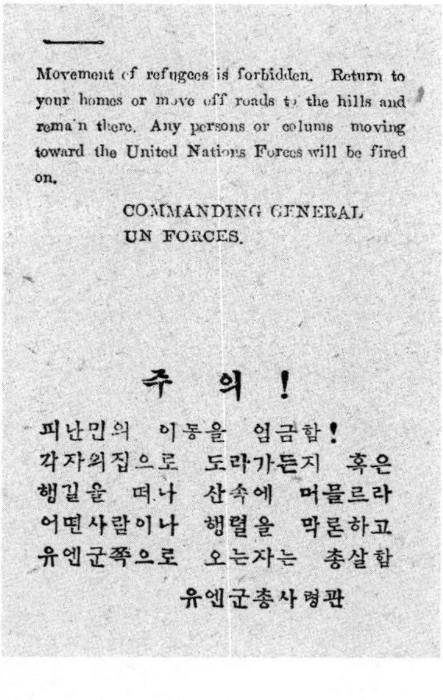

Movement of refugees is forbidden. Return to
your homes or move off roads to the hills and
remain there. Any persons or columns moving
toward the United Nations Forces will be fired
on.

COMMANDING GENERAL
UN FORCES.

주 의 !
피난민의 이동을 엄금함!
각자의집으로 도라가든지 혹은
행길을 떠나 산속에 머믈르라
어떤사람이나 행렬을 막론하고
유엔군쪽으로 오는자는 총살함
유엔군총사령관

〈사진 2-17〉 미군 전단
1951년 1월 12일 미군이 뿌린 전단.
당시 미군의 피란민 통제정책이 어떻게
실행되었는지를 보여준다.
ⓒ 미국 국립문서기록관리청.

주요 보급로를 따라 이동하거나 야간에 이동하는 것을 금지하며 이 명령을 무시할 경우 사격을 가할 수 있다는 '행정명령 32호'를 공포했다.

〈사진 2-17〉의 전단은 당시 미군의 피란민 통제정책이 어떻게 실행되었는지를 보여준다. 1951년 1월 12일, 미 1군단과 미 9군단은 후퇴하는 길에 이 전단을 민간인에게 뿌렸다.[28] 그리고 1951년 2월 23일자 미 제5공군 연구조사부서에서 제5공군 팀버레이크 부사령관에게 보고한 내용에는, "미8군은 통상 아군의 전방 5~10마일 앞에 폭격선을 설정해 폭격을 요청하지만, 그곳에는 적의 주력뿐만 아니라 민간인이 많이 있다. 그러므로 폭격선을 이렇게 설정하는 것은 적절치 않아 보인다"라는 기록도 있다.

이처럼 미군은 민간인이 유엔군의 퇴로를 막지 않게 하려고 피란길을 봉쇄했다. 이에 민간인들은 전장에 갇힌 채 미군의 공중 폭격에 무방비로 노출되었다.

무차별 폭격하고 불태우는 초토화정책

1950년 후반 중국군의 개입 후 수세에 직면한 유엔군 총사령관 맥아더는 11월 5일, 미 극동공군 지휘관들에게 북한 지역의 모든 건물과 시설, 마을을 군사적·전술적 목표물로 간주하고 소각하도록 하는 '초토화정책scorched earth policy'을 지시했다. 중국군과 인민군이 주로 야간에 이동했기 때문에 미 지상군과 제5공군은 공격 목표를 찾는 데 어려움을 겪었다. 이에 미군은 중국군이나 인민군이 숨어 있으리라 추측되는 도시와 마을을 무차별 폭격하는 작전을 펼쳤다. 그런데 이 정책이 발표된 후, 북한 지역뿐만 아니라 남한 지역의 민간인 거주지도 작전 대상에 포함되었다.

1951년 1월 4일 서울에서 철수한 유엔군은 서부전선에서는 예정된 방어선으로 후퇴했다. 그러나 중부전선에서는 태백산맥을 따라 남하한 인민군이 강원도를 거쳐 충북과 경북 내륙의 소백산맥 산지로 침투해 미 10군단과 국군 3군단 관할 구역을 뚫고 방어선을 돌파했다. 인민군이 제천-단양-풍기로 이어지는 주요 공급로를 장악하면 서부전선마저도 위험에 처하게 될 상황이었으므로, 소백산 일대에는 치열한 전투가 벌어지고 미군의 초토화작전이 전개되었다.

초토화작전은 기본적으로 '지역 폭격' 전략과 연관되어 있다. 지역 폭격이라는 개념은 애초에는 일정 지역을 목표로 설정하여 집중적으로 폭격한다는 것이지만, 모든 마을을 폭격하는 것은 물리적으로 한계가 있으므로, 전술단계에는 적이 이용하고 있거나 숨어 있거나 숨어 있다고 의심되는 곳, 움직이는 사람이 발견되는 곳, 산악지대의 마을 등을 주로 대상으로 삼되, 폭격 대상의 선택은 지휘관에게 재량권을 부여하는 전략이다. 초토화작전은 공군과 해군의 공중 폭격→지상군의 포격과 총격 후 마을 진입→마을의 남은 가옥 소각 등의 합동작전으로 전개되었으며, 위력이 강한 네이팜탄[29]이 많이 사용되었다. CIA의 한 보고서에는, 1950년 6월~1953년 7월 사이에 한국전쟁에서 사용된 네이팜탄의 총량은 3만 2,357톤이며, 특히 1950년 12월 말에서 1951년 1월 말 사이 초토화작전 때 네이팜탄이 많이 사용되었다는 기록이 있다.

민간인 200명 이상이 희생된 통한의 곡계굴

미군의 초토화작전으로 충북 단양 지역에서는 1951년 1월 12일부터 1월 20일까지 약 일주일 남짓한 기간에 360명 이상의 민간인이 희생되었다. 단양은 남쪽에는 소백산이, 북쪽에는 태화산이 뻗어 있어 인민군이 산을 타고 게릴라 활동을 활발하게 벌였던 지역이었다. 1951년 1월 중순 인민군 2군단은 미 10군단, 국군 3군단 사이의 틈으로 침투하여 남하했다. 인민군의 공세에 맞서 미 7사단이 영주에서 단양으로 본부를 옮기고 인민군을 막는 데 주력했다. 이 시기 미 7사단의 최대 과제는 영주-풍기-단양-제천, 제천-영월 간 주요 보급로를 사수하는 것이었다. 이를 위해 미 육군과 미 공군은 대대적인 공중공격과 함께 지상을 소각하는 작전을 펼쳤다.

미군은 1월 12일에서 19일 사이에는 단양군 단양읍 노동리와 마조리 지역을 초토화했다. 먼저 미 제5공군 제27전투폭격단 소속 전폭기 F-51, F-80, F-84 등이 로켓으로 포격하고 기관총으로 사격했다. 그 다음에는 미 육군이 마을로 진격하여 포와 총으로 공격한 뒤, 파괴되지 않고 남아 있는 집은 인민군의 은신처가 될 수 있다는 이유로 모두 불태웠다. 미 육군의 작전은 제10군단 제7사단 소속 제32연대가 주로 담당했고, 제10군단 제7사단 제17연대, 제31연대와 제187공수연대 전투팀이 지원했다.

진실화해위원회 조사에 의하면, 이 작전으로 한국 민간인이 106명 이상 사망했다. 이 중 신원이 확인된 희생자는 80명인데, 폭격에 의한 희생자가 14명(20퍼센트), 지상군의 포격이나 총격에 의한 희생자가 62명(75퍼센트), 지상군의 마을 소각으로 인한 희생자가 4명(5퍼센트)으로 공중 폭격 피해보다 지상군에 의한 피해가 더 컸던 것으로 확인되었다. 희생자들은 자신의 거주지에서 일상생활을 하던 중 공격을 당했기 때문에 가족 단위로 사망한 경우가 많았다. 특히, 희생자 중에는 전시 특별보호 대상인 여성, 노인, 어린이가 다수 포함되어 있다.

한편, 그 무렵 단양군 영춘면 상리에 있는 곡계굴에는 마을 주민과 외지 피란민 수백 명이 머물고 있었다. 당시 단양과 제천 일대에는 5만 ~6만 명으로 추산되는 피란민이 북새통을 이루었으나, 미군은 피란민 대열에 인민군이 위장 합류하는 것을 우려해 단양군 가곡면 향산리 도로를 탱크로 봉쇄하고 그들의 이동을 막았다. 길이 막히자 혹한의 추위에 갈 곳이 없었던 피란민들은 곡계굴로 피신했다. 그런데 미 제5공군은 단양군 단양읍 노동리와 마조리 지역을 초토화작전으로 공격한 다음 날인 1월 20일, 미 육군 제7사단 제17연대가 요청하자 단양군 영춘면 용진리와 상리 일대에 대대적으로 공중 폭격을 했다. 이 폭격에는 미 6147전략통제단 소속 정찰기와 제35전투요격단 및 제49전투폭격단 예하 제7, 제9전투폭격대 소속 F-51기와 F-80기가 동원되었고, 네이팜탄 폭격과 기관총 사격이 병행되었다. 곡계굴 안에 피신해 있던 피

〈사진 2-18〉, 〈사진 2-19〉 단양 곡계굴 입구(왼쪽)와 내부 모습
생존자들은 당시 곡계굴 안쪽은 지금보다 더 넓었고 연못이 있었다고 한다.
사건이 일어난 뒤 수십 년 동안 여름에 물이 불어나고 돌과 흙이 들어가
굴 안이 좁아진 것으로 추정된다(2004. 1. 5).
ⓒ 오마이뉴스 정홍철 기자.

란민들은 미 공군기의 네이팜탄 폭격으로 대부분 불타거나 질식사했다. 피란민 일부는 굴 밖으로 나왔다가 전투기의 기관총 사격으로 사망했다. 다음은 생존자들이 당시 상황을 증언한 것이다.

당시 굴 밖에는 피란민들이 매어 놓은 가축과 가재도구 등이 있었고 주변에 눈이 쌓여 있었다. 굴까지 가는 길에는 사람들의 통행이 잦아 쌓인 눈 사이로 길이 나 있었다. 1월 20일 폭격 당일 정찰기가 왔을 때 굴 안에는 피란민 수백 명이 있었고, 굴 밖에는 15~20명 정도의 어린이들이 놀고 있었다. 굴 밖에 있던 사람들은 정찰기가 매우 낮게 떠서 도는 것을 보고 무서워서 바로 굴 안으로 들어갔다. 그들이 굴 안쪽으로 10미터 채 못 갔을 때, 폭격이 시작되었다. 굴 앞에 네이팜탄이 떨어졌고 큰불이 났으며 굴 내부로 유독가스가 들어왔다. 굴 안에 있던 사람들은 어찌할 바를 모르고 우왕좌왕하다가 일부는 굴 깊숙이 들어갔고, 일부는 굴 밖으로 나가야 산다며 밖으로 뛰쳐나왔다. 그런데 비행기가 굴 입구로 기관총 사격을 해 밖으로 나오던 피란민들도 사살했다. 피란민 일부는 굴에서 빠져나와 도랑 등에 몸을 숨겨 살아남았다. 이 폭격으로 곡계굴에 있던 피란민은 30~40명을 제외하고는 모두 사망했다. 희생자들의 시신을 처리하는 데 여러 날이 걸렸다. 끝까지 수습하지 못해 굴 안에 남아 있던 무연고 시신은 1951년 3월에 영춘면에서 주도하여 수습했다. 그러나 굴 내부에 유해 일부가 남아, 홍수가 날 때마다 여러 해에 걸쳐 마을 개울에 떠다니곤 했다(진실화해위원회, 〈단양 곡계굴 미군 폭격사건〉, 《2008년 상반기 조사보고서》, 263~270쪽).

희생된 사람 중 진실화해위원회 조사를 통해 신원이 확인된 사람은 167명이다. 그러나 무연고 희생자를 포함하면 200명 이상이 여기서 희생된 것으로 추정된다. 신원이 확인된 희생자 중에는 19세 이하 미성년자가 62퍼센트이며, 여성이 남성보다 많은 것으로 확인되었다. 당시 이곳이 전투 지역이었다고 하나 희생자 중 다수가 미성년자와 여성이라는 사실은, 미군이 민간인이 희생될 수 있다는 사실을 고려하지 않고 작전을 펼쳤음을 보여준다. 미군은 사건 발생 1주일 후 곡계굴에 와서 폭격 상황을 조사했다. 그러나 오늘날까지 별다른 후속 조치를 하지 않고 있다.

소백산 인근의 예천, 제천, 영월도 폭격

소백산 지역의 인민군 이동 경로 인근에 있는 마을 중 1951년 1월에 미군에게 피해를 본 곳은 단양 지역 외에도 예천, 제천, 영월 등이 있다.

경북 예천군 보문면 산성리사건은 미 제10군단 사령부의 지시 아래 경북 예천군 학가산 정상에서 반경 5마일 안의 지역이 초토화작전 대상이 되면서 일어났다. 1951년 1월 18일 미 제187공수연대는 예천 일대에 폭격을 요청했고, 1월 19일 제5공군 소속 6147전술통제비행편대의 정찰기와 전폭기가 동원되어 예천군 보문면 산성리를 폭격했다. 폭격은 세 차례 있었다. 이 폭격으로 예천군 보문면 산성리 주민이 다수 사망했다. 진실화해위원회는 그중 51명의 신원을 확인했다. 신원이 확인된 희생자는 남성이 18명, 여성이 33명이었으며, 10세 이하 어린이가 16명 포함되어 있었다. 폭격이 낮에 있었기 때문에 집안이나 마을에 머물고 있던 여성과 어린이들이 많이 희생된 것으로 보인다.

미군은 같은 날인 1월 19일 경북 예천군 감천면 진평리에서 영주시 봉현면 노좌리에 이르는 지역도 폭격했다. 이 폭격도 미 제187공수연대 전투대의 요청으로, 미 해군 또는 해병 F4U기와 AD기가 실행했다.

여기에서는 최소 26명의 민간인이 사망했다. 희생자들은 모두 예천군 감천면 진평리 주민과 인근의 감천면 벌방리에서 온 피란민들이다. 신원이 확인된 희생자 중 여성은 23퍼센트였고, 13세 이하 어린이는 70퍼센트를 차지했다.

남겨진 진실, 미완의 화해

진실화해위원회는 예천군 보문면 산성리사건, 단양 곡계굴사건, 단양 지역 사건(충북 단양군 노동리, 마조리 등)의 진실 규명을 결정했다. 예천군 보문면 산성리사건은 미군 폭격사건 중 진실화해위원회에서 가장 먼저 진실 규명을 결정한 사건이다. 진실화해위원회는 이 사건을 심의하면서 국제법의 일반적 원칙에 따라, 한국전쟁 당시 미군이 민간인을 학살한 사건에도 헤이그협약이나 공전규칙안이 담고 있는 국제관습법의 원칙이 적용된다고 해석했다. 이 해석은 그 후 진실화해위원회의 미군 폭격사건의 심의 기준이 되었다. 학계에서도 이 해석이 과거 청산과정에서 미군사건 진실 규명의 기준을 세우는 지침이 되었다고 평가했다. 그러나 예천군 보문면 산성리사건의 가해자인 미군의 지휘명령계통을 설명하면서, 초토화작전의 지휘명령계통이나 미군 폭격의 전략수립계통을 정확하게 지적하지 못했다는 평가를 받기도 했다.

진실화해위원회는 2009년 12월에 위원장과 위원 다수가 보수적 인사로 교체되면서 미군 사건에 대한 진실 규명 기조가 바뀌고 상당수 사건이 진실 규명 불능 또는 각하로 결정되었다. 당시 위원회는 사건을 심의할 때 미군의 오폭이나 부수적 피해로 일어난 민간인 희생은 불법적이지 않다고 규정했다. 예천군 감천면 진평리사건은 미군 측의 폭격 문서와 피해자 다수의 증언이 있음에도, 예천군 보문면 산성리사건과는 달리 미군의 국제법 위반 등 불법성 여부를 가리지 못한다는 이유를 들며 진실 규명 불능으로 결정했다. 초토화작전으로 마을 전체가 소각되고 주민이 다수 사망했으나, 해당 지역이 일종의 작전 지역이었으므로 민간인 학살이 사실상 합법적이라고 해석한 것이다.

진실화해위원회는 진실 규명을 결정한 미군사건과 관련하여 ① 한국 정부가 피해자에 대한 적절한 구제방안을 마련하고 이를 위해 미국 측과 방안을 논의하는 등 외교적 노력을 하도록 하고, ② 국가 사과와 희생자 위령사업 지원, ③ 부상 피해자에 대한 의료 지원, ④ 제적부·가족관계등록부 등의 정정, ⑤ 역사기록의 수정 및 등재, ⑥ 인권의식 강화를 위한 교육 등을 할 것을 정부에 권고했다. 그러나 진실화해위원회는 사건의 진상을 규명한 뒤 정부가 후속 조치를 하라고 권고하는 수준 이상의 권한이 없었다. 특히 미군사건의 경우 행정안전부 산하 권고처리기획단을 통해 한국 정부 및 관련 기관에 후속 조치를 하라고 권고할 수 있을 뿐 미국에 직접 권고할 수 있는 권한이 없었다. 진실화해위원회는 미국이 사과하고 사건의 책임 소재를 규명하라고 한국 외교부가 미국과 협상할 것을 권고했지만, 외교부는 이를 받아들이지 않았다. 한국 정부는 미군사건을 해결하는 일에 부정적이거나 소극적이었다.

이처럼 진실화해위원회 활동 종료 후에도 당국의 명예 회복 조치나 미국과의 보상 협상 등 후속 조치가 추진되지 않자, 사건 희생자 유족들은 특별법 제정운동을 펼쳐왔다. 예천군 보문면 산성리사건의 경우, 국회에 〈예천 산성동사건 희생자 명예 회복 및 보상에 관한 특별법안〉을 발의 중이다. 단양 곡계굴 희생자 유가족들은 1999년부터 대책위원회를 조직하고 진실화해위원회가 결성되기까지 사건의 진상 규명을 위한 입법운동을 해왔다. 2005년에는 단양 곡계굴사건 진상 규명 자료집인《한국전쟁과 통한의 곡계굴》을 발간하기도 했다. 대책위는 현재 매년 음력 12월 12일에 맞춰 위령비 앞에서 합동위령제를 지내고 있다. 그리고 단양군과 함께 〈6·25 곡계굴 민간인 폭격사건 기념사업 등 지원을 위한 특별법〉 제정을 국회에 건의하여, 한국 정부와 미국 정부가 문제 해결을 위해 적극적으로 나서서 죽은 이들의 원혼을 달래주고 유족에게 합당한 배상을 해달라고 요구하고 있다.

진실화해위원회 신청 사건을 중심으로 본 미군사건

한국전쟁기 미군에 의한 민간인 희생사건 중 진실화해위원회에 신청된 사건은 534건이다. 진실화해위원회에서 조사한 미군 사건 534건 중 진실 규명이 결정된 것은 249건이고, 진실 규명 불능으로 결정된 것은 202건, 각하로 결정된 것은 83건이다. 이처럼 미군사건은 다른 유형의 민간인 학살사건보다 진실 규명 불능으로 결정된 사건과 각하 사건의 비중이 크다.

진실화해위원회가 신청 사건을 조사하여 신원을 확인한 희생자 수는 5,292명이다(1950년 9·28수복 전 사건 4,091명, 1950년 9·28 수복 후 사건 1,201명). 그러나 위원회에 신청을 하지 못해 아직 조사하지 못한 사건도 많으므로, 이는 실제 희생자의 극히 일부에 불과할 것이다. 희생자 중에는 가족 단위로 사망한 경우가 많다. 그리고 여성과 아이, 노인의 비율이 높다. 특히, 여성 희생자의 비율은 절반에 가깝다. 미군사건은 시기별로는 한국전쟁 발발 초기부터 1950년 9·28수복 전에 발생한 '1950년 여름사건'과 1951년 1·4후퇴기 전후에 발생한 '1951년 겨울사건'으로 나눌 수 있다. 위원회에 신청된 사건 중에는 '1950년 여름사건'이 약 80퍼센트다. '여름사건'의 희생자 수는 4,000여 명에 달한다. '여름사건'에는 8월에서 9월 사이 낙동강 방어선이 형성되던 시기 경상도 일대에서 발생한 사건이 70퍼센트에 달한다. 진실화해위원회 신청 사건 중 이 시기 경상도 지역 미군사건의 희생자 수는 2,300여 명이며, 이는 진실화해위원회 신청 사건 희생자 수의 약 65퍼센트를 차지하는 숫자다.

미군사건은 공격 유형별로는, 공중 폭격, 함포 사격, 지상군에 의한 사건으로 나눌 수 있으며, 이 중 공중 폭격사건이 대부분을 차지한다. '1950년 여름사건'에서 공중 폭격으로 인한 희생자 수는 약 90퍼센트에 달한다. 피해 유형별로 보면 첫째, 피란민 대상 폭격이 많다. 전쟁이 일어난 뒤 소개 명령을 받고, 또는 폭격을 피해 자신이 살던 마을을 떠난 피란민들이 수백 명에서 수천명씩 무리 지어 강변, 해변, 들판 등 넓은 곳에 모여 피란생활을 하다가 폭격을 당해 한꺼번에 희생된 경우가 많다. 피란민 피해는 낙동강 방어선 인근 지역에서 많이 발생했다. 진실화해위원회 사건 중 이 유형의 희생자는 약 2,000명(55퍼센트)으로 추정된다. 대표적인 사건으로는 1950년 7월 26일 충북 영동군 황간면 노근리사건, 8월 16일 경북 포항 흥해읍 흥안리, 북송리사건을 들 수 있다. 둘째, 교전 지역이 아닌 전선 후방 지역에 사람들이 모이는 시장이나 마을의 큰 집을 폭격한 경우도 많았다. 진실화해위원회가 조사한 사건 중 이 유형의 희생자는 약 700여 명(20퍼센트) 정도로 추정된다. 대표적인 사건으로는 1950년 9월 10일 충남 서천 판교시장사건이 있다.

3

독재정치하의 인권탄압

1948년 8월 15일 대한민국 정부가 수립되고 초대 대통령에 이승만이 취임했다. 그러나 북진통일, 친미 반공주의의 기치를 내걸었다. 당시 국회는 정부 내 친일파 우선 숙청을 제안했으나 이승만 정권은 '인심만 선동할 뿐 백방으로 손해'라며 거부했다. 여순사건, 제주 4·3사건 등으로 혼란스러운 정치상황에서 '불순 공산분자 척결'이라는 명분으로 국가보안법이 제정, 공포(1948. 12. 1)되었다. 국가보안법이 공포된 후 20일 만에 민주애국청년동맹 가입 혐의로 최선기(25) 씨가 처음 법정에 선 후, 전국 각지에서 학생, 청년, 야당인사, 전 남로당원 등에 대한 검거 선풍이 일었다. 이승만 정권 반대세력들은 언제든 '좌익 공산분자'로 몰려 국가보안법에 의해 처벌될 수 있었다.

이승만 정권하에서 발생한 주요 인권 침해사건으로는 진보당 조봉암사건 (1958) 외 간첩 조작사건으로 최능진사건(1950), 심문규사건(1959), 양준호사건(1955) 등이 있다. 한국전쟁 중 부역 혐의 조작사건으로 김종옥 홍복동사건 (1951), 김태영사건(1949), 강정금사건(1949) 등이 있다. 그 외 국민방위군사건 (1950), 재일동포 북송저지 공작사건(1959) 등이 있다. 이 시기 발생한 인권 침해사건은 한국전쟁과 관련한 사건이 많았고, 이승만 정권이 자신들의 정치적 반대세력을 간첩으로 조작해 극형을 집행한 사건이 비교적 널리 알려져 있다.

'사사오입 개헌', '3·15대통령 부정선거'에 대한 국민적 저항에 의해 이승만이 대통령에서 쫓겨난 후, 억눌린 민중들의 자유, 민주주의, 통일에 대한 열망이 터져나왔다. 그러나 4·19혁명 후 불과 1년 만에 일어난 5·16군사쿠데타로 민중들의 열망은 가로막히고 말았다. 군사쿠데타를 주도한 박정희 군부세력은 집권과 동시에 정당, 사회단체, 노동조합에 대한 해체 명령, 언론탄압, 중앙정보부 설립을 단행했고 굴욕적 한일수교회담을 추진했다. 또 장기집권에 반대하는 학생, 지식인들을 대통령 긴급조치로 강압하는 한편, 헌법상의 노동3권 보장을 요구하는 노동자들을 공권력을 동원하여 부당하게 탄압하고 처벌했다.

이 시기 발생한 주요 인권 침해사건으로는 피학살자유족회사건(1961), 국토건설사업장 강제노역사건(1961), 대한청소년개척단사건(1962), 부일장학회 강제헌납사건(1962), 위수령, 긴급조치 관련 다수 사건 등이 알려져 있고, 간첩조작사건으로 황태성사건(1963), 이수근사건(1969), 동백림사건(1967), 남조선해방전략당사건(1968), 최복남사건(1971), 유럽 일본 거점 간첩단사건(1969), 위청룡사건(1961), 인혁당사건(1964), 민청학련사건(1974), 재일동포 간첩 조작사건, 납북 귀환어부 관련 간첩 조작사건 등이 대표적이다. 그 외에도 동아일보 등 언론탄압사건, 전향공작사건, 춘천 강간살인 고문조작사건(1972), YH노조·청계피복노조·반도상사노조·동일방직노조·원풍모방노조 등 다수의 노동탄압사건 등이 있다.

1979년 박정희가 중앙정보부장 김재규에 의해 살해된 후, '민주화의 봄'이 다시 찾아왔으나 12·12쿠데타, 5·18항쟁 등 혼란기를 틈타 권좌에 오른 전두환 신군부세력은 5·16 직후를 방불케 하는 광범위한 인권탄압을 자행했다. 야당, 재야 등 정치적 반대세력에 대해 정치활동 금지 조치, 언론 통폐합, 사회정화를 빙자한 삼청교육대 등 사회적 공포 분위기 조성, 노조활동 탄압, 각종 간첩 조작사건 등 민주주의와 인권의 암흑기가 5공화국과 1980년대 내내 계속 이어졌다.

이 시기 대표적인 인권 침해사건으로는 삼청교육대사건(1980), 언론통폐합사건(1980), 사북항쟁(1980) 등이 있다. 간첩 조작사건으로는 재일동포, 납북 귀환어부 관련 사건들이 다수를 이루고 있고 그 외 국가보안법 위반사건으로 아람회사건(1981), 전민학련 전민노련사건(1981), 오송회사건(1983) 등이 대표적이다. 특히 1980년대에는 학생운동, 노동운동, 군 관련 의문사사건이 크게 늘어났다. 의문사사건 가운데 위법한 공권력이 개입된 것으로 진실 규명된 사건으로 김상원사건(1986), 남현진사건(1991), 문영수사건(1982), 신호수사건(1986), 안상근사건(1985), 임성국사건(1985) 등이 있다. 해방 이후 한국사회는 좌우 이념 대립과 분단, 맹목적인 반공주의에 바탕을 둔 독재정권의 고문조작으로 수많은 인권 탄압사건이 있었다. 앞서 든 사건들은 그 빙산의 일부에 불과하다.

1964년 발생한 '인민혁명당사건'의 경우처럼, 몇몇 조작사건은 발생 당시 고문에 의한 사건조작 의혹이 사회쟁점으로 부각되는 경우도 있었으나 권력과 공안기관들의 언론 탄압에 의해 일반에게 널리 알려지는 일은 드물었다. 1970년대에 들어 대학과 노동조합, 종교계에서 고문 폭력에 대한 성명서 발표가 꾸준히 있었지만, 역시 언론검열에 의해 사회적으로 확산되기는 어려웠다. 국내보다는 오히려 국외에서 1974년 인혁당 재건위사건 등 고문조작사건에 대한 언론보도가 활발했고 엠네스티 등 국제 인권기구들이 끊임없이 항의하기도 했다.

1980년대에는 공안사건·시국사건이 양적으로 크게 늘어나면서 공권력에 의한 인권 피해자들의 목소리를 더 이상 억누르기 힘든 상황에 이르렀다. 고문조작사건의 피해자들은 각종 수기, 공판진술, 호소문, 선언문, 탄원서, 성명서,

진상보고서, 고문사례집 등을 통해 고문 조작의 실상을 적나라하게 폭로했다. 대표적인 사건으로서 10·27법난(1980), 전민노련·전민학련사건(1980), 부림사건(1981), 오송회사건(1983), 민청련 김근태 의장 고문사건(1985), 부천서 성고문사건(1986), 박종철 고문치사사건(1987), 박정환 생매장 고문사건(1989) 등이다. 이 가운데 김근태사건, 부천서 성고문사건, 박종철 고문치사사건은 국내뿐만 아니라 국제적으로 한국의 고문 실상이 널리 알려지는 계기가 되었다. 1990년대에 들어 고문수사 관행이 완전히 사라지지는 않았지만 민주화의 진전에 따라 공안수사기관들은 무차별적인 고문을 계속할 수 없었다.

2000년대에는 국가 과거사 조사기구로서 〈의문사진상규명위원회〉, 〈진실화해를 위한 과거사정리위원회〉 등이 설립되어 각종 과거 인권 침해사건에 대한 재조사와 진실 규명 작업이 이어졌다. 이들 기구들의 재조사 결과, 그동안 은폐되어왔던 고문 등 인권 침해사건들이 속속 확인되었다. 2008년 9월 26일 당시 이용훈 대법원장은 "권위주의 체제가 장기화되면서 법관이 올곧은 자세를 온전히 지키지 못해 헌법의 기본적 가치나 절차적 정의에 맞지 않는 판결이 선고되기도 했다"며 권위주의 시기 시국사건 가운데 불법 구금과 고문 등 재심 사유가 있는 224건을 국회에 보고하기도 했다. 2007년경부터 최근까지 한국 법원에서는 과거 고문 피해자들에 대한 재심과 무죄판결이 이어지고 있고, 국가배상이 진행되고 있다.

01

시국사건

1-1. 진보당과 조봉암사건

경찰과 육군 특무대 손잡고 간첩으로 몰아

서울시 경찰국은 민의원 총선거를 4개월 앞둔 1958년 1월 9일 "김달호 金達鎬, 박기출朴己出, 조규희曺圭熙, 이동화李東華 등이 사회주의제도로 개혁하고 정부를 변란할 목적하에 진보당을 창당 조직하고, 북한 괴뢰 집단과의 협상으로 무력 재침의 선전구호인 평화통일 공작에 호응하여 정부 전복을 기도하고 있다"는 '국가보안법 위반 피의사건 인지보고'를 했다. 이어 1월 12일에는 조규희, 윤길중尹吉重, 김달호, 이동화 등 진보 당 간부들을 체포하고, 1월 14일에는 조봉암을 국가보안법 위반 혐의 로 체포했다.

서울시 경찰국은 1958년 1월 24일 서울지방검찰청에 조봉암을 비롯 한 진보당 간부 10인의 간첩 및 국가보안법 위반 사건을 송치하고 검찰 은 2월 16일 진보당 간부들을 기소했다. 조봉암은 간첩죄·국가보안법 위반 및 무기 불법소지, 당간사장 윤길중은 국가보안법 위반 및 간첩 방조, 그 밖의 간부들 박기출·김달호·신창균申昌均·조규희·이명하李明

河·조규택曹圭澤·전세룡全世龍·이상두李相斗·권대복權大福, 그리고 진보당 강령을 기초한 민혁당 정책위원장 이동화 등은 전원 국가보안법 위반 혐의였다.

검찰은 기소장에서 ① 진보당의 평화통일론은 남한의 적화통일을 위한 방편으로 대한민국의 존립을 부인하는 것이다, ② 수탈 없는 경제정책 등 진보당의 선언문·강령 및 정강정책은 북한 노동당의 정책과 상통하는 내용으로 대한민국 헌법을 위반한 불법단체라 했다.

조봉암에 대해서는 ① 박정호朴正鎬 등 당시 남파되었다가 검거된 간첩과의 접선 내지 간첩의 공작 목표가 진보당의 지원이라는 것, ② 재일조총련朝總聯에서 파견한 정우갑鄭禹甲과의 밀회, ③ 북한 당국 산하의 이른바 조국통일구국투쟁위원회 김약수金若水에게 밀사를 보내 평화통일 추진을 협의한 사실, ④ 북한 노동당이 동양통신 외신부 기자이자 진보당의 비밀당원인 정태영鄭太榮을 통해 진보당에 대한 강평서를 보낸 사실 등을 열거, 간첩 혐의를 추가했다.

조봉암은 혐의 내용을 모두 부인했다. 그러나 진보당사건 관계자들의 기소 직후인 1958년 2월 20일 민간인에 대한 수사권이 없는 육군 특무부대가 조봉암의 간첩 혐의를 추가하는 양이섭梁利涉(양명산梁明山)사건을 발표했다. 양이섭은 일제하 신의주형무소에서 조봉암을 알게 되었는데 1955년 미군 첩보기관에 고용되어 남북교역상 역할을 맡아 두 차례 북한을 내왕했으며, 1956년 1월부터는 육군 특무정보기관HID 요원으로 채용되어 역시 남북한교역상 자격으로 1957년 10월까지 10차례 남북을 내왕한 인물이었다.

수사 당국은 양이섭이 HID 요원으로 남북을 내왕한 기간 동안 북한 노동당 정보위원회의 조종을 받아 북한 당국과 조봉암 사이의 비밀연락을 담당하고 공작금을 조봉암에게 전달했다고 했다.

조봉암과 진보당의 탄생

1889년 강화도에서 태어난 조봉암은 일제강점기에 일본, 소련, 상해 등지에서 조선 독립과 해방을 위해 박헌영 등과 사회주의 활동을 했다. 조선공산당 당원으로 모스크바에 파견되어 조선공산당 창당 보고를 하기도 했던 조봉암은 해방 직후인 1946년 2월 〈존경하는 박헌영 동무에게〉라는 서신에서 사실상 조선공산당과 결별을 선언하고 평화통일과 독자적인 사회민주주의적인 정치노선을 모색했다. 1946년 7월 좌우합작위원회가 구성되고 10월 좌우합작 7원칙이 발표되자 그는 이를 지지하는 뜻을 표명하기도 했다. 1947년 2월 1일 조봉암은 과거 화요파 동지였던 김찬, 배성룡 등과 조선민족독립전선 결성준비임시위원회를 구성하여 "좌우익 정객들의 반민족적 편향을 극복하고 민족의 자주독립을 완수하기 위하여 혁명적 애국자를 중심으로 민족의 통일전선을 결성코자" 했다.

이후 그는 1948년 5·10 최초의 국회의원 총선거에서 인천부 을 선거구에 무소속으로 출마하여 4만 6,647표 가운데 1만 7,620표를 얻어 당선되었고 이승만 정권 때 초대 농림부장관을 역임하기도 했다.

한국전쟁이 한참이던 1951년 10월 조봉암은 일제 때 만들어져 해방 이후에도 존속했던 농회 조직을 바탕으로 한국농민회의를 창립하고 의장에 선출된다. 이외에도 중도파나 혁신계, 족청계와 노동조합 관계자들을 중심으로 '자유사회당'이라는 비밀서클을 조직했다. 그러나 이승만은 1951년 12월 이영근을 비롯한 50여 명을 연행하는 '대남간첩단사건'을 발표하여 조봉암의 신당 조직 중심부에 대한 탄압을 가했다.

조봉암은 1952년 8월 5일 2대 정부통령선거에서 대통령후보로 출마하여 "나는 계급독재사상을 배격한다. 공산당 독재도, 자본가와 부패분자의 독재도 이를 강고히 반대하고 민주주의체제를 확립하려 한다"는 정강을 내걸고 11.3퍼센트의 득표율을 기록하면서 패배했다. 하지만 그는 이 선거를 통해 이승만에 대항하는 정치인으로 부각되었다.

한국전쟁이 끝난 지 2년 후인 1955년 9월 1일 조봉암, 서상일, 장건상, 정화암, 최익환, 윤길중 등 40여 명의 진보적 민족주의자와 혁신계 인사들이 새로운 혁신정당을 모색하기 위한 간담회인 '광릉회합'을 열어 진보정당 창당을 합의했다. 1955년 10월 24일 진보당 결성 제1차 추진준비위원회가 개최되고 그해 12월 22일 조봉암, 서상일, 박기출, 이동화, 김성숙金成璹, 박용희, 신숙, 신백우, 양운산, 장지필, 정구삼, 정인태 등 12명의 발기인 명의로 "진정한 혁신은 오로지 피해를 받고 있는 대중 자신의 자각과 단결 위에서만 실현될 수 있다는 것을 깊이 인식하고, 관료적 특권정치, 자본가적 특권경제를 쇄신하여 진정한 민주 책임정치와 대중 본위의 균형 있는 경제체제를 확립할 것을 기약하고 국민 대중의 토대 위에서 선 신당을 발기하고자 한다"는 '진보당 발기 취지문'을 발표했다. 더불어 "1. 공산독재는 물론 자본가와 부패분자의 독재로 이를 배격하고 민주주의체제를 확립하여 책임 있는 혁신정치의 실현, 2. 생산 분배의 합리적 통제로 민족자본의 육성, 3. 민주우방과 제휴하여 민주세력이 결정적 승리를 얻을 수 있는 조국통일의 실현, 4. 교육체제를 혁신하여 국가보장제를 수립"한다는 '강령 초안'을 내세웠다.

1956년 5·15정부통령선거에서 민주당의 신익희 후보가 급서하면서 자연스럽게 야당의 대통령후보는 조봉암으로 단일화되었다. 조봉암은 전체 유효투표자의 30퍼센트인 216만 표를 얻는 성공을 거둔 뒤 이를 바탕으로 마침내 11월 10일 정식으로 진보당을 창당했다. "진보당이 걸어갈 길은 뚜렷합니다. 공산독재도 자본주의 독재도 다 같이 거부하고 인류의 새 이상인 진보주의의 진리를 파악하고 만인이 다 같이 평화롭고 행복스럽게 잘 살 수 있는 복지사회를 건설하는 것입니다"라는 조봉암의 말처럼 진보당은 사회주의와 자본주의의 이념과 노선과는 다른 '제3의 길'을 표명했다. 진보당은 1956년 12월 9일 경남도당 결성대회를 시작으로 1957년 4월 15일 서울시당 결당대회, 1957년 7월 18일 전남도당 결성대회, 1957년 10월 전북도당 결성대회를 여는 등 지방당 조직을 확대하여 전국적으로 세력을 확장해갔다. 이에 이승만 정권은 정치적 위협을 느꼈다.

결국 1958년 1월 13일 4대 총선을 5개월 앞두고 '진보당사건'이 터지면서 조봉암을 비롯한 핵심 간부들이 모두 구속되었다. 또한 중앙당 사무실의 수색, 당원 명부 등 각종 서류 압수 등 진보당에 대한 전면적인 수사 착수로 당 활동은 마비되었고, 결국 공보실은 2월 25일 진보당의 등록을 취소했다. 진보당은 서울고등법원에 진보당 등록취소의 행정처분 취소신청을 내기도 했으나, 대법원의 최종 판결에서 기각되었다.

1심선 무죄 ⋯ 재판 파동 끝에 대법원서 사형 선고

진보당사건의 1심 재판은 서울지방법원에서 재판장인 유병진柳秉震 부장판사의 주재로 1958년 3월 13일 1회 공판이 시작되어 7월 2일 21회 선고공판에 이르기까지 5개월에 걸쳐 진행되었다. 재판과정에서 조봉암의 혐의 중 경찰이 수사한 간첩과의 접선 등 모든 혐의는 사실이 아님이 판명되었다. 다만 양이섭은 기소 사실을 모두 시인했다. 조봉암은 양이섭으로부터 돈을 받은 사실은 시인했으나, 그 돈이 북한으로부터 왔다는 것은 몰랐으며 북한과 내통했다는 검찰의 공소는 터무니없는 것이라고 혐의 사실을 모두 부정했다.

이에 따라 재판부는 조봉암·양이섭에게 국가보안법 위반죄를 적용, 징역 5년을 선고하고 그 밖의 진보당 간부들에게는 무죄를 선고했다. 재판부는 또한 진보당의 평화통일론이 헌법을 위반했다는 공소 사실을 인정할 근거가 없다고 했다. 재판부의 1심판결은 이승만의 의도와는 달리 너무 가벼운 형이었다. 이에 수사 당국은 거세게 반발했다. 반공 청년단을 자처하는 청년들이 법원청사에 난입하여 "친공 판사 유병진을 타도하라", "조봉암을 간첩 혐의로 처벌하라"고 외치며 난동을 부려 사법사상 초유의 재판 파동이 일어나기도 했다.

2심 재판은 서울고등법원의 김용진金容晉 부장판사의 주재로 1958년 9월 4일부터 10월 25일까지 진행되었다. 서울고등법원에서 열린 2심 재판에서 주목할 만한 사실은 양이섭의 진술 번복이다. 양이섭은 자신과 조봉암의 간첩 혐의는 조봉암을 제거하기로 한 국가 방침에 협조해야 살아남을 수 있다는 특무대의 회유와 협박에 의한 허위 자백이라고 진술했다. 그는 공소장에 나오는 북한 정보위원회의 도표는 8·15 광복 직후 북한에 있을 때 알았던 공산당 관계자와 북한의 선전책자에서 읽은 사실들을 토대로 특무대가 작성한 것이며, 간첩행위는 모두 조작된 각본에 따른 것이라고 설명했다. 양이섭은 조봉암에게 제공한 자금출처도 모두 제시했다.

그러나 2심 재판부는 양이섭의 번복 진술을 완전히 무시했으며, 또 변호인단이 요구하는 양이섭의 번복 진술에 따른 증거조사를 채택하지 않았다. 재판부는 조봉암의 국가변란 목적 진보당 결성 및 간첩 혐의와 양이섭의 간첩죄 혐의에 대해 원심을 파기하고 사형을 선고했다. 판결문은 조봉암의 혐의 중 경찰 측이 제시한 ① 북한의 김약수에게 밀사를 보내 평화통일을 협의한 사실, ② 남파간첩과의 접선, ③ 조총련 정우갑과의 밀회, ④ 정태영이 북한 노동당의 강평서를 작성, 제출했다는 점 등의 혐의는 증거가 없다고 했다.

그러나 국시國是를 위반한 평화통일론을 제창한 사실과 양이섭을 통해 북한 당국과 연락하면서 자금을 얻어 쓰고 간첩활동을 했다는 점은, 그 증거에 비춰볼 때 유죄라고 했다. 진보당 간부들에 대해서는 1심의 무죄를 뒤엎고 국가보안법 위반죄를 적용하여 전원에게 유죄를 선고했다. 재판부는 평화통일론은 국시에 위반되며, 진보당의 선언문·강령 및 정책 등이 북한 노동당의 주장과 상통한다는 검찰 측의 공소 사실을 인정하여 진보당은 결사의 목적이 불법이었다고 규정했다. 진보당사건은 마침내 대법원으로 이송되었다.

변호인단은 상고이유서에서 조봉암에게 간첩죄를 적용한 2심 판결은 양이섭의 특무대 및 1심 진술만을 근거로 한 공소 사실을 그대로 인정한 것이며, 이는 공범자의 자백만이 유일한 증거일 때 증거능력이 없다는 형사소송법의 증거법칙을 위배한 판결이라고 주장했다. 특히, 양이섭의 번복 진술을 확인하는 보강 증거를 조사하지 않았으며, 검찰은 양이섭의 2심 진술을 허위라고 단정할 수 있는 어떠한 증거도 제시하지 못했다고 지적했다. 상고이유서는 또 양이섭의 1심 진술을 인정한다 하더라도 조봉암이 양이섭에게 넘겨준 것은 이미 공표된 진보당의 간부 명단일 뿐 대한민국의 기밀을 알리거나 북한 당국을 위해 활동한 단 한 건의 사실도 제시되지 않았음을 상기시켰다.

3심 재판은 재판장 김세완金世玩 등 5인의 대법관에 의해 1959년 2월

27일 이루어졌다. 조봉암에게는 대법원이 다시 판결을 하여(파기자판破棄自判) 사형을 선고했으며, 양이섭에게도 상고를 기각하여 사형을 확정했다. 진보당 간부들에게는 2심을 파기하고 1심과 동일한 법률 판단을 내려 무죄를 선고했다.

조봉암은 대법원 판결에 대해 재심을 청구했으나 1959년 7월 30일 대법원(재판장 백한성白漢成)은 이유 없다고 기각했다. 이승만 정권은 조봉암의 재심 결정 전날인 7월 29일 양이섭의 사형을 집행하고, 재심 기각 결정 다음날인 7월 31일 조봉암의 사형을 집행했다.

한국전쟁 후 최초의 '진보정치' 싹이 꺾이다

조봉암의 죽음과 진보당의 궤멸로 평화통일론 등 통일정책에 대한 공개적인 논의가 사라졌고 진보 정치운동은 거세되었다. 그러나 조봉암과 진보당의 진실에 대한 논의는 줄곧 제기되었다.

진실화해위원회는 2006년 7월 4일 조봉암의 장녀 조호정으로부터 진실 규명 신청을 받아 '진보당과 조봉암사건'에 대한 조사를 시작했다. 이후 1년여 만인 2007년 9월 18일 "이 사건은 '평화통일'을 주장하는 조봉암이 1956년 5·15 대통령선거에서 200여 만 표 이상을 얻어 이승만 정권에 위협적인 정치인으로 부상하자 조봉암이 이끄는 진보당의 1958년 5월 민의원 총선 진출을 막고 조봉암을 제거하려는 이승만 정권의 의도가 작용하여 서울시경이 조봉암 등 간부들을 국가변란 혐의로 체포하여 조사했고, 민간인에 대한 수사권이 없는 특무대가 조봉암을 간첩 혐의로 수사에 나서 재판을 통해 처형에 이르게 한 것으로 인정되는 비인도적·반인권적 인권유린이자 정치탄압사건"이라고 진실 규명을 결정했다.

〈사진 3-1〉 조봉암사건 고등법원 판결 장면
1958년 10월 25일 고등법원에서
조봉암에게 사형을
언도하는 모습.

〈사진 3-2〉 조봉암사건 대법원 판결 장면
1959년 2월 27일 대법원 대법정에서
재판장 김세완이 조봉암에게
사형을 선고하는 모습.

이와 함께 다음과 같은 권고를 했다.

"국가는 특무대가 수사과정에서의 불법감금 등 인권 침해를 한 것과 검찰과 법원이 임의성 없는 자백에 의한 기소 및 유죄 판결로 국민의 생명권을 박탈한 것에 대하여 피해자와 유가족에게 총체적으로 사과하고 화해를 이루는 등 적절한 조치를 취하는 것이 필요하다. 국가는 위법한 확정 판결에 대하여 피해자와 유가족의 피해를 구제하고 명예를 회복시키기 위해 형사소송법이 정한 바에 따라 재심 등 상응한 조치를 취하는 것이 필요하다. 조봉암이 일제의 국권 침탈 시기에 국내외에서 일제에 항거하고 독립운동을 하다가 복역한 사실이 인정됨에도 불구하고 이 사건 사형 판결로 인하여 독립유공자로 인정받지 못한 것인 만큼, 국가는 조봉암을 독립유공자로 인정하는 것이 상당하다."

마침내 2011년 1월 20일 대법원은 죽산 조봉암에 대한 재심에서 무죄판결을 내렸다. 이로써 1952년, 1956년 대통령선거에 출마하여 이승만에 대항했던 조봉암과 진보당에 대한 '간첩죄'는 조작이요, 이승만 정부의 정권 연장을 위한 정치적 의도였음이 밝혀졌다.

1-2. 《민족일보》 조용수사건

4·19혁명 이후 혁신운동·통일 논의 활발

1960년 4·19혁명으로 이승만 정권이 붕괴한 후 허정을 내각 수반으로 하는 과도정부가 구성되었다. 과도정부는 내각책임제와 양원제를 골자로 헌법을 개정하고 총선거를 실시하기로 하여 7월 29일 민의원과 참의원 동시선거가 실시되었다. 이 선거를 전후하여 여러 혁신정당이 창당되어 233개 민의원 선거구 가운데서 사회대중당은 121개, 한국사회당은 18개, 혁신동지총연맹은 13개 선거구에 후보를 내보냈다. 혁신정당들은 평화통일론을 선거의 쟁점으로 부각시켰고, 민주당도 평화통일 추구를 공약으로 내세웠다. 이 시기에는 중립화 통일론이 국내에 소개되었고 그해 8월 15일 북한에서도 '남북연방제안'을 제의하는 등 통일 논의가 본격적인 정치문제로 등장했다. 투표 결과 233개 지역구 중에서 민주당은 175명이 당선되었으나 혁신계에서는 민의원 5명에 참의원 2명 등 모두 7명의 당선자를 내는 데 그쳐 열세를 면치 못했다. 조용수도 사회대중당의 공천을 받아 경북 청송에서 민의원에 출마했으나 낙선했다.

1960년 9월 3일에는 7·29선거에서 참패한 혁신정당, 사회단체들이 모여 민족자주통일중앙협의회(이하 민자통) 준비위원회를 발기하고 9월 30일 민자통을 결성하여 '자주·평화·민주'의 3대 원칙에 입각한 통일방안을 발표했다. 또한 유엔총회 참석 후 귀국한 국회부의장 서민호 등은 통일방안의 획기적 발상 전환을 역설했다. 사회 각계에서 통일방안이 활발하게 논의되기 시작했다.

통일 논의는 대학가에서도 활발하게 제기되었다. 서울대학교에서는 1960년 11월 1일 서울대학교 민족통일연맹(민통련) 발기인 대회가 열려 통일에 매진한다는 선서를 채택했고, 경희대·성균관대 등에서도 민통련 또는 민족통일연구회가 발족되거나 결성준비위원회가 구성되는 등 4월혁명에 주도적으로 참여했던 대학생들이 대거 통일운동에 나섰다. 1961년 5월 3일 서울대 민통련은 대의원총회에서 남북학생회담을 제의하는 결의문을 채택, 발표했고, 5월 5일에는 민족통일전국학생연맹 결성준비위원회가 발족되면서 남북학생회담 제의를 적극 지지하는 결의문과 공동선언문을 채택했다.

민주당 정부는 이런 활동에 대해 '용공분자'라고 하며 "학생들의 주장은 허용될 수 없다"고 반박했다. 반면, 혁신정당들과 민자통 등에서는 일제히 적극 지지를 표명했고, 1961년 5월 13일 민자통의 주최로 서울운동장에서 '남북학생회담 환영 및 통일촉진 궐기대회'를 개최, "가자, 북으로! 오라, 남으로! 만나자, 판문점에서!" 등의 플래카드를 들고 시가행진을 벌였다.

이처럼 당시는 정치계, 재야단체, 대학가를 중심으로 시작된 통일방안을 둘러싼 논의가 사회 전반으로 번져가던 시기였다. 7·29선거 후 혁신계 정치인들은 두 가지 과제를 적극 추진했다. 첫째는 혁신계 정치세력을 하나로 통합하고, 둘째는 혁신계를 대변할 신문을 창간하는 것이었다. 《민족일보》의 탄생은 그러한 활동의 산물이었다. 창간과정에서 자금조달에 주도적 역할을 담당한 조용수는 대표이사를 맡았고, 최근우(한국사회당 당수), 서상일·윤길중(통일사회당), 고정훈(혁신당 당수), 이종률(민족민주청년연맹 고문) 등이 취체역(이사)으로 참여하여 서울 정동에 있는 월간지 희망사의 건물과 시설을 인수, 사옥을 마련하고, 1961년 2월 13일 창간호를 발간했다.

《민족일보》는 창간하자마자 통일문제, 한미 경제협정문제, 반공법문제 등 당시 한국 사회에서 초미의 관심사로 대두한 문제와 관련한 논설과 기사를 게재함으로써 진보적 성향을 드러냈고, 큰 인기를 얻었다. 당시 매일 3만 5,000부가량 발행했는데 이는 당시의 주요 신문이었던 《동아일보》, 《조선일보》에는 미치지 못했지만 짧은 시기에 비하면 단숨에 많은 독자를 확보한 것이었다.

《민족일보》의 창간은 미국 측에서도 예의주시했고 신문 창간 사흘

후인 1961년 2월 16일 주한 미국대사관은 국무부에 개혁세력의 신문
이 만들어졌다고 보고했다(《주한 미국대사관이 국무부로 보낸 전문(1961.
2. 16)》, Central Decimal Files 795B.00, RG59, National Archive at College
Park, Maryland, U.S.A.).

5·16 주도세력이 소급법 제정

1961년 5월 16일 군사쿠데타가 일어나 서울과 전국의 주요 도시를 장
악했다. 쿠데타 세력은 기본정책으로 혁명공약 6장을 발표하고 전국에
비상계엄을 선포하여 금융 동결, 공항 및 항구 봉쇄, 의회 해산, 전 각
료 체포령을 내렸으며, 군사혁명위원회를 설치, 입법·사법·행정권 등
일체의 정권을 접수한다고 발표했다. 군사혁명위원회는 의장(장도영 중
장)과 혁명 5인위원회(박정희 소장, 채명신 준장, 윤태일 준장, 송찬호 준장,
김동하 예비역 소장)를 중심으로 한 정치·경제·문화·정보·행정의 각 분
과별 부서로 구성되었다.

1961년 5월 19일 군사혁명위원회는 국가재건최고회의로 개칭하고
의장에 장도영 중장, 부의장에 박정희 소장을 선출했다. 부문별 통치조
직으로 행정, 내무, 공안 등 14개 분과를 두고, 각 분과위원으로는 현역
군인을 임명했다.

1961년 6월 6일 국가재건최고회의는 〈국가재건비상조치법〉을 제정,
공포했는데 동법 제22조를 통해 국가재건최고회의가 5·16 이전이나
그 이후의 반국가행위, 반민족적 부정행위자 또는 반혁명행위자 등을
수사, 심판하기 위해 특별법을 제정하고 이 형사사건을 처리하기 위해
혁명재판소와 혁명검찰부를 둘 수 있도록 했다.

이 규정에 의해 국가재건최고회의는 1961년 6월 21일 〈혁명재판소

및 혁명검찰부조직법〉을 제정하여 혁명재판소가 〈특수범죄 처벌에 관한 특별법〉 및 〈부정축재 처리법〉에 규정된 죄에 관한 사건을 심판하도록 하고, 6월 22일 〈특수범죄 처벌에 관한 특별법〉을 제정하여 그 부칙에 '3년 6개월을 소급 적용할 수 있다'는 반헌법적 내용을 두었다.

조용수와 《민족일보》 탄생

조용수趙鏞壽는 1930년 경남 함안 출신으로 대구 대륜중학교를 마치고 연희전문 정경학부에 입학했다. 그는 한국전쟁이 발발한 이후인 1951년 9월 일본으로 건너가 메이지대학明治大學 경제과에 편입하여 학업을 계속했다. 1953년 5월 메이지대학에서 개최된 한국학생동맹 정기총회에서 문화위원으로 선출되었고, 민단 기관지인 민주신문사와 국제타임

특수범죄 처벌에 관한 특별법

특별법은 5·16 이전 또는 이후에 반국가적·반민족적 부정행위 또는 반혁명적 행위를 한 자를 처벌한다는 목적으로 1961년 6월 22일 국가재건최고회의에서 제정하여, 법률 633호로 공포한 것으로 〈국가재건비상조치법〉에 근거를 둔 것이다. 이 특별법은 선거에 관한 살인, 상해 등, 특수 밀수, 국사 또는 군사에 관한 독직, 반혁명행위, 특수 반국가행위, 단체적 폭력행위 등 여섯 가지 유형의 위반자를 처벌하기 위해 제정했다. 이 법은 공포한 날로부터 3년 6개월 전의 행위에 대해서까지 적용 가능하게 한 소급입법이다. 혁명재판소는 이 법에 의거해 다룬 사건이 대부분 제6조 특수 반국가행위혐의 사건이었다. 동법 제6조(특수반국가행위)는 "정당·사회단체의 주요 간부의 지위에 있는 자로서 국가보안법 제1조에 규정된 반국가단체의 이익이 된다는 정情을 알면서 그 단체나 구성원의 활동을 찬양, 고무, 동조하거나 또는 기타의 방법으로 그 목적 수행을 행위를 한 자는 사형, 무기 또는 10년 이상의 징역에 처한다"라는 조항이었다.

스사 논설위원으로 활동했다.

이후 이승만 독재체제에 저항했던 조봉암이 사형선고를 받은 후인 1959년 4월 일본 도쿄에서 만들어진 조봉암 구명 탄원서명운동위원회에서 활동했다. 이때 조용수는 조봉암의 비서 출신인 이영근李榮根을 만났다.

이영근은 1919년 충북 청원 출신으로 일제강점기 항일운동에 참여했고 1944년 여운형이 만든 건국동맹과 해방 직후 건국준비위원회에 참여했다. 그는 1951년 조봉암 국회부의장을 중심으로 한 신당 창당 사무국의 책임자로 일하던 중 '대남간첩단사건'의 혐의자로서 구속 기소되었다가 병보석으로 석방된 후, 1958년 조봉암의 진보당사건이 발생하자 일본으로 밀항했다. 이영근은 1951년 당시 조봉암이 신당을 창당하는 데 관여했는데, 이승만 대통령이 진보계 정당 창당을 방해하기 위해 특무대로 하여금 자신과 치안국 정보수사과장 김용, 치안국 교육과장 이일범 등을 엮어 대남간첩단사건을 공작하도록 한 것이라고 주장했다(이영근, 〈진보당 조직에 이르기까지, 그 업적을 되돌아본다〉, 정태영·오유석·권태복 엮음,《죽산 조봉암 전집》제4권, 세명서관, 1999, 266쪽).

이 사건의 재판은 1952년 5월 부산지방법원에서의 1차 재판에서 시작하여 10년이 더 지난 1962년 6월 8일 서울고등법원에서 궐석재판으로 형이 선고되었다. 간첩 혐의에 대해서는 1심에서 선고된 무죄가 확정되었고, 국가보안법 등 혐의에서 징역 3년이 선고되었다. 이후 이영근은 한국민족자주통일동맹을 창립하여 민단과 총련 어느 쪽에도 치우치지 않은 중립적 입장에서 평화통일운동을 전개했다. 1990년 5월 14일 이영근이 사망하자 5월 24일 대한민국 정부는 "민족지《통일일보》를 창간, 대조총련 투쟁과 재일교포의 법적 지위 향상에 기여했다"는 공적으로 대한민국 국민훈장무궁화장을 서훈했다.

한편 이 무렵 일본에서는 '재일조선인귀환사업'이 북한과 일본 그리고 재일본조선인총연합회(총련) 사이에 진행되어 1959년 12월 첫 번째 '송환'이 시작되었는데 당시 조용수는 민단의 입장에서 북송 반대투쟁을 펼치기도 했다.

조용수는 1960년 4·19혁명 직후인 6월 15일 고국을 떠난 지 10년 만에 홀연히 귀국했다. 그는 사회대중당 창당준비대회에 참석했고 7·29 총선 때 경북 청송에서 출마했으나 낙선했다. 당시 사회대중당을 비롯하여 한국사회당, 혁신동지총연맹 등이 7·29총선에 후보자를 내세웠으나, 정치지형은 보수 대 진보세력으로 나타났고 민주당과 사회대중당 간의 대결 국면으로 진행되었다. 결국 사회대중당 등 혁신세력은 민의원에 윤길중 등 5명, 참의원에 이훈구 등 3인의 당선에 그쳐 득표율은 각각 6.6퍼센트, 3.3퍼센트에 지나지 않았다.

조용수는 1961년 11월 다시 일본으로 건너갔다. 그는 도쿄에서 《통일조선신문》을 만들고 있던 이영근을 만나 일반 대중들에게 '혁신'의 내용을 알릴 수 있는 신문의 필요성을 새삼 절감했다. 그는 이영근 등 재일조선인의 도움을 받아 3,000여만 환의 자금을 마련하여 그해 말 서울로 돌아왔다. 선거 이후 혁신계는 패배의 원인, 책임 등의 문제로 분열될 조짐을 보였다. 이때 조용수는 패배의 가장 큰 원인이 혁신계의 목소리가 일반 대중들에게 제대로 전달되지 않은 것이라고 판단하여 혁신계를 대변할 신문 창간을 제안했다.

신문의 제호와 대표자 선정을 둘러싸고 혁신계 내부의 논란이 있었다. 대표자로 윤길중이 거론되었으나 전체 혁신계를 대변할 수 없다는 반론이 제기되어 결국 당시 32세의 조용수가 사장으로 선정되었다. 신문의 제호는 대중신문 등이 논의되었으나 《민족일보》로 결정되었다. 1961년 1월 25일 조용수는 자본금 5,000만 환의 주식회사 민족일보사를 등록하고 사장으로 취임했다. 마침내 1961년 2월 13일 《민족일보》 창간호가 발행되었다.

"조총련계 자금 받아 북한 활동 고무, 동조" 혐의

그러나 5·16쿠데타 세력은 1961년 5월 18일 사장 조용수 등을 연행하고 치안국은 같은 해 5월 22일 〈민족일보와 동사 사장 조용수 일당들의 죄상 및 그 배후관계〉라는 문건을 발표했다. 당시 신문들은 5월 23일자에 치안국의 발표문을 그대로 보도했다.

22일 조 치안국장은 《민족일보》와 동사 사장 조용수 외 일당들의 죄상 및 그 배후관계를 다음과 같이 발표했다.

전기 조 외 일당은 지난 61년 1월에 간첩사건으로 병보석 중 일본으로 도피한 바 있던 전 조봉암 비서관 이영근(47)의 지령하에 평화통일방안을 주창하면서 혁신계 지도자와 혁신계 정당 및 기관지 발간에 열중해왔다. 전기 이영근은 일본 조총련계로부터 소위 정치자금 약 2억 환을 국내에 도입하여 혁신계 지도자인 장건상 등에게 자금을 공급하여 괴뢰 집단에서 주장하는 평화통일을 선전하여 사회주의 노선을 밟도록 국내 혁신세력을 규합해왔다. 특히 혁신정당 기관지인 《민족일보》를 4294년(1961) 2월 11일 발간하고 약 12억 환의 불법 도입자금으로 전기 조용수(민족일보사장)와 안신규(민족일보 감사역) 등이 주동이 되어 국내 혁신계 정당의 기관지 발간을 계획하고 민족일보사의 논설위원 모 외 수 명과 야합하여 괴뢰집단이 지향하는 목적 수행에 활약해왔다. 이들 일당 중 장건상과 조용수 안신규와 해성물산 사장 윤계성, 남방물산 전무 마영호 등은 이미 체포하고 나머지는 계속 체포에 노력할 것이다(《동아일보》 1961년 5월 23일).

이어 공보처장관은 1961년 5월 27일 《민족일보》의 폐간을 통고했다. 1961년 7월 23일 혁명검찰부는 《민족일보》 사장 조용수를 비롯하여 송지영(고문), 이종률(상무이사·편집국장), 안신규(상임감사), 정규근(상무이사), 양수정(편집국장), 전승택(총무부 국장), 김영달(업무국장), 조규진(기획부 사원), 이상두(논설위원·경북대 강사), 이건호(논설위원·고려대 교수), 양실근(선원), 장윤근(무직) 등 13명을 "한국의 중립화 및 정치적 평화통일에 앞선 남북협상과 경제·서신의 교류 및 학생회담 등을 적극 찬동하고 추진하라는 사설·논설·기사 등을 게재, 발행함으로써 북한의 활동을 고무, 동조했다"는 혐의로 기소했다.

혁명재판소 심판부(1심)는 조용수에게 〈특수범죄 처벌에 관한 특별법〉 제6조를 적용하여 "사회단체의 주요 간부로서 《민족일보》 사설 등을 게재하여 북한의 활동을 고무, 동조했다는 이유로 8월 28일 사형을 선고했고, 동년 10월 31일 혁명재판소 상소심판부(2심)는 "사회단체 간부를 적용한 것은 잘못이나 정당의 주요 간부"라는 이유를 내세워 상소를 기각하고 3심의 기회를 박탈한 채 조용수, 감사 안신규, 논설위원 송지영에게 사형, 이종률·전승택·김영달·조규진·장윤근에게 무죄, 그 외 5명의 피고인에게는 5년에서 10년의 징역형을 선고했다. 당시 국제언론인협회, 세계신문인협회 등 국내외 언론인들의 구명운동과 국내 각계의 진정과 호소로 송지영과 안신규는 대법원에서 무기징역으로 감형되었으나 조용수는 끝내 사형되었다.

한국 근현대사에서 가장 가혹한 언론탄압

《민족일보》 폐간 및 조용수 사형사건은 한국 언론사에서 가장 가혹한 언론통제 사례의 하나로 평가된다. 한국 언론사에서 많은 언론인이 필화를 겪었지만 신문이 폐간되고 그 신문의 발행인이 처형당한 예는 《민족일보》 사건뿐이다. 《민족일보》는 "민족의 진로를 가리키는 신문, 부정과 부패를 고발하는 신문, 노동대중의 권익을 옹호하는 신문, 양단된 조국의 비원을 호소하는 신문"이라는 4가지 사시社是를 통해 지향점을 밝혔다. 그러나 1961년 5·16쿠데타 세력으로 인해 1961년 5월 19일 92호를 마지막으로 폐간되고 30대 초반의 젊은 조용수 사장도 같은 해 12월 20일 사형당했다. 그 후 45년이 지난 2006년 11월 진실화해위원회는 조용수의 동생 조용준이 신청한 이 사건에 대해 "5·16 주도세력이 아무런 법적 근거도 없이 불법으로 설치한 국가재건최고회의에서 〈국가재건비상조치법〉, 〈혁명재판소 및 혁명검찰부 설치법〉 및 〈특수범죄 처벌에 관한 특별법〉을 제정한 것은 근대 입헌국가에서 법리적으로 성립할 수 없고 국민주권주의 및 입헌민주주의에 정면으로 배치背馳되는 것으로 용인될 수 없다. 위 특별법이 제정 이전 행위에 대해 3년 6개월까지 소급, 적용토록 한 것은 소급입법 금지의 원칙에 위배되며, 혁명재판소를 2심제 재판으로 제한한 것은 국민의 기본권을 중대하게 침해한 것이다"라고 진실 규명과 재심 권고를 결정했다.

2008년 1월 16일 서울중앙지방법원은 재심에서 '북한의 활동에 동조했다'는 〈특수범죄 처벌에 관한 특별법〉 위반 혐의로 사형선고가 확정되었던 조용수에게 무죄를 선고했다. 이로써 4·19혁명 직후 남북협상, 남북교류, 중립화 통일, 민족자주통일 등을 내세웠던 《민족일보》와 그 발행인 조용수 사장은 반세기 만에 국가배상 판결을 받아 명예를 회복했다.

〈사진 3-3〉 조용수
재판을 받고 있는《민족일보》조용수 사장
* 출처: 《동아일보》 2008. 1. 17.

〈사진 3-4〉 민족일보사건 재판 장면
북한의 활동을 고무, 동조했다는 혐의로 기소된
민족일보사건 관련자들의 재판 모습.
* 출처: 민주화운동기념사업회 사료관.

1-3. 황태성사건과 박정희

제5대 대통령 취임식을 사흘 앞둔 1963년 12월 14일 오전 9시 20분경 서대문형무소에 수감 중이던 황태성은 군 앰블런스에 실려 인천 교외의 어느 골짜기로 끌려가 사형당했다. 그는 사형이 집행되기 전 "민족의 완전 자주독립과 남북통일 만세"를 삼창했다고 한다. 당시 황태성은 1963년 7월 2일 육군고등군법회의에서 열린 파기 환송심에서 사형을 판결 받고 대법원에 상고했으나 1963년 10월 22일 상고가 기각되어 사형이 확정되었다. 황태성은 이에 불복하고 1963년 11월 2일 재심을 신청했으나 재심 결정이 나기도 전에 황태성에 대한 사형을 집행했던 것이다. 황태성이 사형되고 난 지 9개월이 지난 1964년 9월 3일 서울고등법원은 황태성의 재심 청구를 기각하는 판결을 내렸다.

황태성을 둘러싼 논란은 1963년 10월 5대 대통령선거에서 박정희와 대권을 겨루었던 민정당의 윤보선 후보가 유세과정에서 박정희가 총재로 있는 공화당이 간첩 황태성의 자금으로 사전조직되었다고 한 말이 신문 톱기사를 차지하면서 널리 알려졌다.

황태성과 박정희는 과연 어떠한 관계였나? 박정희는 만주군관학교와 일본육군사관학교를 졸업하고 관동군 장교로 복무하다가 해방이 되자 귀국하여 조선경비군사관학교(육군사관학교 전신)에 들어가 육군 장교로 복무했다. 그는 1948년 여순사건 진압과정에서 군 내부 좌익에 대한 대대적인 숙군肅軍 작업이 진행되면서 '남로당 군사총책'으로 사형 구형에 무기징역을 선고받았으나 남로당 조직체계와 명단을 제공하고 풀려났으며, 이후 한국전쟁 당시 정보장교로 활약했다. 박정희가 남로당에 가입한 계기는 1946년 대구 10월 항쟁에서 그의 형 박상희가 경찰의 총에 사살된 것이었다. 이후 박정희는 박상희의 딸 박영옥의 남편, 즉 조카사위인 김종필과 함께 1961년 5·16쿠데타를 일으켰다.

5·16군사쿠데타가 발생하자 북한에 있던 황태성은 "박정희(국가재건최고회의) 의장과 남북통일문제를 협의하겠다"고 노동당에 제안했다. 황태성은 1961년 8월 30일 서울에 잠입하여 남한에 살고 있는 조카딸을 만났다. 박정희의 대구사범학교 동창 출신 교수도 접촉했다. 황태성은 자신의 편지를 박정희의 형수인 조귀분에게 전달했으나 1961년 10월 20일 중앙정보부에 체포되었다. 황태성은 자신은 "간첩이 아니라 남북의 통일을 협의하러 온 밀사"라고 주장했으나 그는 결국 처형되고 말았다.

황태성과 박상희·박정희 형제

황태성은 1906년 경북 상주 출신으로 1921년 경성공립 제1고등보통학교(현 경기고)에 입학했으나 1924년 일본인 교장 배척운동에 주도적 역할을 하다 퇴학 처분을 받았다. 1925년에는 연희전문학교(현 연세대학교) 상과에 입학했으나 그해 10월 항일학생운동과 관련해 또다시 퇴학 처분을 받았다. 항일운동 과정에서 황태성은 당대 지식인들 사이에 주류적 사상이었던 사회주의를 받아들였고, 1927년 경북에 신간회 김천지회 산하 김천청년동맹의 집행위원과 《조선일보》 김천지국 기자로도 활동했다. 1929년 11월 광주학생운동과 관련되어 구속되는 등 일제하 사회주의 계열의 독립운동가였다.

그는 경북 칠곡 출신인 박정희의 친형 박상희와 오랜 친구였다. 황태성이 언제부터 박상희와 친분이 있었는지는 알 수 없지만 일제 고등경찰 자료에 의하면 1927년 5월 16일 조선사회단체중앙협의회 창립대회 때 황태성은 김천의 금릉金陵청년회 대표로, 박상희는 선산의 구산龜山구락부 대표로 참석했다. 그러니까 황태성과 박상희는 일제하 '서울파' 사회주의운동과 맥을 같이한 인연으로 가깝게 지냈던 것으로 보인다. 황태성은 김천 출신으로 대구 신명학교를 졸업하고 1929년 근우회 김천지회장으로 활동하던 조귀분을 박상희에게 소개하여 결혼에 이르게 되었다.

1945년 해방 직전 황태성과 박상희는 여운형의 건국동맹에서 활동했다. 해방이 되자 황태성은 조선공산당에서 활동했고, 박상희는 건국준비위원회 구미지부를 창설하고 1945년 11월 전국인민위원회대표자회의에 경북 선산군 대표 3인 중 1인으로 참가했다. 이후 1946년 대구 10월 항쟁을 계기로 황태성은 월북했으나, 박상희는 구미경찰서를 공

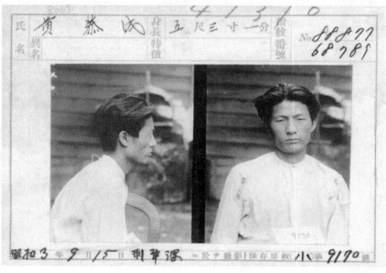

⟨사진 3-5⟩ 황태성
1928년 9월 15일 치안유지법 위반사건으로 체포된 황태성 사진.
경기도 경찰부 형사과에서 촬영한 것이다.
＊ 출처: 국사편찬위원회.

격하는 과정에서 경찰의 총에 맞아 사망함으로써 서로 운명을 달리했
다. 이 사건 이후 박정희는 형 박상희의 친구인 이재복의 추천으로 남
로당에 가입한 것으로 보인다.

월북한 황태성은 북한에서 무역성 부상(서리)을 지냈다. 그러나 1950
년대 후반부터 남로당 계열 숙청과 맞물리면서 관직에서 밀려나 있었
다. 이후 5·16쿠데타 직후인 1961년 8월 30일 내려와서 박정희와 김종
필을 만나 남북협상과 통일에 대한 논의를 하려고 했으나 결국 체포되
어 간첩 혐의로 처형되고 말았다. 이 과정에서 황태성이 박정희와 김종

〈사진 3-6〉 황태성 일가
윗줄 오른쪽에서 세 번째가 황태성, 그 오른쪽이 매제 임종업,
두 번째 줄 맨 오른쪽이 황태성의 누이이자 임종업의 처 황경임.
임종업은 1933년 2월 치안유지법 위반사건으로 2년형을 선고받고 1935년
1월 무렵 출옥했다. 이 사진은 그의 출소 직후 찍은 가족사진이다.
* 출처: 《민족21》, 2001년 6월호.

필을 만났는지 여부에 대해서는 논란이 있다. 사건 당시 미국 CIA 요원이었던 래리 베이커는 "박정희와 황태성이 3번이나 만났다"고 증언을 한 바 있다. 이 내용은 재미 언론인 문명자의 저서 《내가 본 박정희와 김대중》에 소개된 바 있다.

레드 콤플렉스 벗으려 서둘러 처형

황태성은 고등군법회의에서 조선노동당중앙당 부위원장 이효순에게 "노동당에서 허용한다면 내가 직접 월남하여 박정희 의장을 접촉하고 남북통일 문제를 협의할 용의가 있으니 당에서는 이 점을 연구하라는 점을 고하면서 자신의 남파를 건의했다"고 진술했고, 또한 1961년 7월 하순 이효순으로부터 "1) 전 황해도 은율군 인민위원회 부위원장이던 자가 남한으로부터 국제무역협회 명의의 편지를 휴대하고 입북했다, 2) 그 편지 내용에 의하면 남북협상은 하되 그 조건은 경제·문화·인사 등 교류에 국한하자, 3) 장소는 서해안 휴전선 남북 섬 1개씩을 선정하고, 4) 각 대표단은 영관급으로 구성하고, 5) 서울과 평양에 각각 대표단을 둔다"는 내용의 '남북협상안'을 듣고, 황태성은 "협상안 제의기관이 국제무역협회라 했으나 혁명정부가 관여하지 않고는 불가능한 것이고, 박 의장을 잘 아는 동무가 검토하는 것이 여하한지 토의하고 자신이 직접 월남하여 박 의장에게 그 진의를 타진할 것을 건의했다"고 진술했다.

러시아 극동문제연구소 한국학 과장을 역임한 트카첸코에 따르면 "1961년 8월에 남한 군부정찰(주: 군 정보요원, 혹은 밀사라는 의미―원문 그대로)을 통하여 북측에 편지가 전달되었는데 편지에는 '나라 평화통일 문제를 의논하기 위하여 교섭하자'는 내용이 내포되어 있었다. 회담은 황해(서해)의 한 섬에서 각 측 장교 2명과 서기로 구성된 대표단 사이에 진행할 것이 제의"되었고, "이 모든 사정을 참조한 북한 지도부는 교섭에 동의했다. …… 남한 장교들은 나라 최고지도부의 지시로 교섭에 나섰으며 그 명의로 4가지 사항으로 된 행동방침 …… 1. 서울과 평양에 양측 상설 군사대표부를 설치하며, 2. 남과 북이 통상관계를 맺으며, 3. 시민들의 38선 자유통행을 보장하며, 4. 우편교환을 회복할 것 등"(《월간조선》1992년 7월호)이 제출되었다.

또한 《조선일보》(1992. 6. 21)에 따르면, 1961년 8~9월부터 서해 용매도와 황해도 해주에서 10여 차례 남북한 비밀 정치회담이 있었음이 당시 육군 첩보부대장 이철희의 발언을 통해 확인되고 있으며 당시 정치회담에 파견된 남한 측 대표 김석순金錫淳 씨 사진을 게재한 바 있다. 김종필도 "황은 협상을 위해 내려왔다. 내가 그를 만난 적이 있다"고 증언해 황이 김일성의 밀사였다는 사실을 뒷받침하고 있다. 이러한 사실은 2001년 8월 17일 방영된 MBC의 〈이제는 말할 수 있다: 박정희와 레드 컴플렉스—황태성 간첩사건〉에도 상세히 언급되어 있다.

당시 박정희, 김종필은 5·16군사정변으로 집권했지만 국가재건최고

바딤 트카첸코В. П. Ткаченко

구 소련 공산당중앙위 국제부 부부장으로 1957~1961년 평양주재 소련대사관의 정치파견관, 러시아 과학아카데미 극동문제연구소 한국학 과장 역임. 또 《민족21》 3호(2001년 6월호)에는 1961년 남북한 비밀협상 당시 남측 수석대표였던 강성국(2001년 당시 75세, 캐나다 거주) 씨를 인터뷰했는데, 그는 "1961년 9월 말부터 1962년 8월경까지 북측 지역인 용매도, 불당포 등지에서 8차례 비밀회담이 진행"되었고, 9월 28일 1차 회담에서는 "대표 요원 교환, 문화교류, 인사교류, 경제교류 등 4개항으로 된 의제를 합의했다"고 증언한 바 있다.

회의 내부 권력문제가 정리되지 않았으며, 미국은 박정희 등을 '민족주의자'로 의심했고 특히 박정희의 남로당 경력이 부담스러운 상황이었다. 중앙정보부장 김종필은 황태성이 북한의 밀사로 남하하여 박정희와 접촉하고자 한 사실 자체를 언론에 알리지 않았으며, 중앙정보부 파견 경찰을 자신으로 변장시켜 접촉시켰다고 한다. 김종필은 박정희에게 황태성이 남한에 온 사실도 기초조사를 마친 뒤에야 보고했다.

황태성을 도운 조카사위 권상능, 동향 후배 김민하 등 3명 모두 군 검찰에 기소돼 재판을 받았다. 1961년 10월 20~24일경 중앙정보부에 연행되어 조사받은 후, 고등군법회의에 송치되어 1961년 12월 27일 중앙비상고등군법회의에서 황태성은 반국가단체 구성 및 활동 혐의로 사형을 선고받고, 신청인 권상능과 김민하는 각 징역 15년과 10년을 선고받았으나, 고등군법회의(2심)에서 황태성에 대한 항소는 기각되고 권상능, 김민하에 대한 원판결이 파기되고 반공법상 편의 제공으로 각 징역 2년, 1년 6월을 받았다.

① 1심: 사형(1961. 12. 27. 보통군법회의)

1심을 맡은 육군보통군법회의는 1961년 12월 27일 황태성에게 "(반국가단체) 간부 또는 지도적 임무에 종사한 자는 사형, 무기 또는 5년 이상의 징역에 처한다"는 국가보안법 1조 2호를 적용해 사형을 선고했다. 권상능과 김민하는 반공법(편의 제공) 위반 혐의로 각각 징역 15년과 10년을 선고받았다.

② 2심: 사형(1962. 9. 11. 고등군법회의)

황태성은 자신이 간첩이 아니라 "남북협상을 위하여, 또한 남한 정부를 돕기 위하여 밀사의 형식으로 왔다"는 등의 이유로 항소했으나, 2심을 맡은 육군고등군법회의는 1962년 9월 11일 항소를 기각했다. 다만 2심 군법회의는 권상능, 김민하의 형량을 각각 징역 2년과 1년 6개월로 감형했다.

③ 3심: 파기환송(1963. 1. 31. 대법원)

황태성은 다시 항소했고, 3심은 민간인 판사로 이뤄진 대법원이 맡았다. 대법원 전원합의체는 1963년 1월 31일 "법 적용이 잘못됐다"며 황태성에 대한 사형 판결을 파기했다. 1, 2심 군법회의는 황태성이 월북한 뒤 북한에서 무역성 부상이었던 점, 노동당 중앙위원이었던 점 등 14개 사실을 근거로 "반국가단체를 구성하고 간부 또는 지도적 임무에 종사했다"고 판단한 바 있다. 그러나 대법원은 황태성이 1955년 9월 무역성 부상을 그만뒀고 이어 1956년 3월 노동당 중앙위원직도 사임한 사실을 근거로 법 적용이 잘못됐다고 판단했다. 즉 '반국가단체의 지도적 임무'에 대해 사형까지 내릴 수 있도록 한 1961년 당시의 국가보안법을 적용해서는 안 되며, '반국가단체의 수괴라 할지라도 무기징역 이상을 선고하지 못하게 한 1950년대의 국가보안법을 적용해야 하므로 사형선고는 법 적용을 잘못한 오류라는 취지였다.

④ 파기환송심: 사형(1963. 7. 2. 고등군법회의 파기환송심)

그러나 군 검찰은 공소장을 변경해 형법 98조의 간첩죄를 국가보안법과 함께 적용했다. 간첩죄는 사형까지 선고할 수 있었다. 1963년 7월 2일 파기환송심을 맡은 육군고등군법회의는 이런 논리로 대법원의 파기환송 취지를 무시하고 재차 황태성에게 사형을 선고했다.

실정법 위반 근거 있는데도 재심 기각

1963년 박정희는 5·16군사정변 이후 천명했던 민정이양 원칙을 부정하고 민주공화당 대통령후보로 나섰다. 제5대 대통령 선거전이 한창이던 1963년 10월 9일 야당인 민정당 윤보선 측 폭로로 이른바 '황태성사건'이 부각되었다. 일제하부터 대구 출신의 사회주의자 황태성이 박정희의 대구사범 시절 스승이자 박정희의 형 박상희와 절친한 친구라는 점에서 그 의혹은 증폭되었다. 야당 측은 황태성사건을 박정희의 좌익 전력과 연결시켜 '색깔론'으로 몰고 갔다. 이로 인해 1963년 대통령선 거에서 박정희는 사상문제로 곤욕을 치르기도 했다.

황태성은 2주일 후인 1963년 10월 22일 대법원에서 사형 확정판결(대법원 파기환송심 상고심)을 받는다. 그 후 12월 14일 전격적으로 사형에 처해졌다. 판결 후 불과 52일 만의 일이다. 황태성의 처형은 5·16쿠데타 이후 남로당 출신인 박정희가 그가 존경했던 형 박상희의 친구 황태성을 처형함으로써 그의 내면에 잠재해 있던 '레드 컴플렉스'를 벗어나려는 시도였다고 보는 편이 타당하다고 여겨진다.

황태성의 조카사위인 권상능은 2006년에 11월 진실화해위원회에 당시 중앙정보부가 황태성을 '간첩'으로 몰아 정치적으로 사형시켰다고 주장하며 황태성의 '밀사密使' 여부 등에 대한 진실 규명을 요청했다. 그러나 진실화해위원회는 2010년 소위원회에서 황태성사건이 "재심 사유가 없다"면서 기각했다. "위원회는 역사적으로 중요한 사건으로서 진실 규명사건에 해당한다고 인정할 만한 상당한 근거가 있고 진실 규명이 중대하다고 판단되는 때에는 이를 직권으로 조사할 수 있다"는 진실화해위원회법 제22조(진실 규명 조사 개시) 3항에 의거하여 조사 개시를 직권으로 할 수 있음에도 이를 시행하지 않았던 것이다.

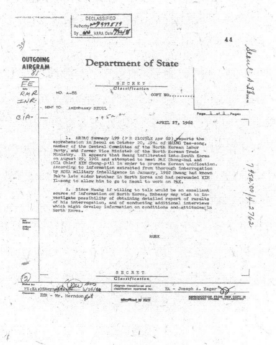

〈사진 3-7〉 황태성
1963년 9월 27일
중앙정보부가 공개한
황태성의 사진.

〈사진 3-8〉 CIA 비밀문서
한국주재 CIA가
러스크 미 국무장관에게 보낸
비밀문서.

황태성은 1961년 10월 20일 중앙정보부에 연행되어 1961년 12월 1일까지 43일 동안 불법구금되어 있다가 고등군법회의에 송치, 기소된 것으로 확인되기 때문에 이는 형법 제124조의 불법감금죄, 형사소송법 제420조 7호, 제422조의 재심사유에 해당된다. 또한 황태성이 간첩이 아니라 김일성이 보낸 '특사'라고 하는 분명한 증거가 있다. 이는 형사소송법 제420조 5호(명백한 새로운 증거 발견)에 따른 재심 사유인 것이다.

이러한 사실은 바딤 트카첸코의 진술(《월간조선》, 1992년 7월호)과 《조선일보》(1992. 6. 21)에 언급된 '남북한 비밀정치회담이 있었다'는 사실에서 확인될 수 있다. 또 1962년 4월 27일 한국주재 CIA가 미국 국무장관 러스크David Dean Rusk에게 보내는 비밀문서에 따르면 황태성이 "한국의 통일을 증진시키기 위하여 박정희와 김종필 중앙정보부장을 만나려고 시도했다"고 보고하고 있다. 이러한 사실은 형사소송법 제420조 5호(명백한 새로운 증거 발견)에 따르더라도 재심 사유가 될 수 있음이 명확하다.

1-4. 인혁당사건과 민청학련사건

1960년대 봇물 터진 '공안사건'

1960년 4·19 이후 민주주의를 지향하는 사회운동단체인 민주민족청년동맹(민민청), 통일민주청년동맹(통민청), 민족자주통일중앙협의회(민자통) 등이 조직되었다. 그러나 1961년 5·16군사쿠데타가 일어나면서 쿠데타 세력은 4·19 이후 조직된 민자통, 민민청, 통민청, 교원노조, 사회당 등 정당, 사회단체의 주요 인물들을 예비검속하여 투옥했다. 또한 〈특수범죄 처벌에 관한 특별법〉 등을 제정한 후 무려 3년 6개월을 소급 적용하여 4·19 이후 분출하던 학생, 언론, 교사, 노동계, 혁신정당의 통일운동 등 민주적 요구들을 억압했다.

이후 박정희 정권은 굴욕적 한일회담에 대한 학생들의 반대투쟁이 거세지며 군사정권 퇴진 요구까지 나오자 1964년 6월 3일 계엄령을 선포하기에 이르렀다. 위기에 직면한 군사정권은 해결책으로 1964년 8월 '인혁당사건'을 발표하여 학생 시위의 배후에 북괴의 지령을 받고 국가변란을 기도한 대규모 지하조직 '인혁당'이 있다고 발표했다. 이른바 '1차 인혁당사건'이었다.

중앙정보부는 김형욱이 4대 중앙정보부장으로 1963년 7월부터 1969년 10월까지 무려 6년 3개월을 재임하는 동안 박정희시대 '공작정치'의 주역으로서 무소불위의 권력을 행사했다. '인혁당사건'을 비롯하여 '동백림사건'(1967년 7월 8일), '통일혁명당사건', '남조선해방전략당사건'(1968년 8월 24일 발표), '유럽·일본거점간첩단사건'(1969년 5월 14일) 등은 김형욱 재임 중에 발생한 주요 사건이었다.

동백림사건은 국정원 과거사건 진실 규명을 통한 발전위원회(이하 국정원과거사위)에서 조사에 착수하여 2006년 1월 국정원 자체 보유자료 3만 4,000여 매 등 방대한 자료와 사건 피해자와 당시 중앙정보부 수사관 등의 면담 등에 의거, 상세한 결과를 밝힌 바 있다. 이에 따르면 동백림사건은 1967년 6·8선거 이전에 수사가 본격화되었고 수사계획서에 부정선거 대응 차원임을 입증할 만한 단서가 없는 점으로 보아 '사전기획 조작설'은 사실이 아니지만, 결과적으로 '3선 개헌과 장기집권의 초석'을 만드는 데 기여했고 유럽 거주 관련자에 대한 불법연행, 조사과정에서의 가혹행위, 간첩죄의 무리한 적용, 범죄 사실의 확대·과장 등은 모두 잘못된 것임을 밝혔다.

또 남조선해방전략당사건은 1968년 8월 24일 중앙정보부가 통혁당 사건과 같이 발표했는데, 그에 따르면 통혁당이 "재일조총련 국내 지하 조직인 가칭 남조선해방전략당과 접선, 막대한 공작금을 지원받아 조총련계인 동해상사와 유사한 위장기업체의 설립을 획책했다"(《동아일보》1968. 8. 24)고 했다. 그러나 중앙정보부는 최종적으로 남조선해방전략당은 통혁당과 무관하다고 판단하고 이를 분리하여 검찰에 송치했다. 진실화해위원회는 2006년 3월 20일 신청을 받아 2008년 4월 8일 조사를 시작해 2009년 4월 6일 진실 규명을 결정했다. 진실화해위원회의 조사 결과 이 사건 또한 중앙정보부가 권재혁 등 13인을 불법 구금하여 고문과 가혹행위에 의해 허위 자백을 받아내어 '남조선해방전략당'이라는 '반국가단체'를 구성, 가입했다는 범죄 사실을 조작했음을 밝혔다. 이 전략당사건은 2014년 5월 16일 대법원에서 무죄판결이 내려져서 사형당한 권재혁을 비롯해 이일재, 이강복 등 13인은 사법적으로 복권되었다.

1969년 5월 14일 중정부장 김형욱은 또 하나의 '간첩사건'을 발표했다. '유럽 및 일본을 통한 북괴간첩단사건'이었다. 이 사건은 현직 공화당 국회의원 김규남과 영국 캠브리지대 법학박사 박노수가 관련된 사건으로서 당시 언론은 "건국 이래 국회에 직접 침투한 간첩사건은 제헌국회 이래 두 번째"라고 보도할 정도였다. 이 사건도 2006년 11월 22일 진실화해위원회에 접수, 2008년 6월 3일 조사가 개시되었는데, 2009년 10월 13일 진실 규명이 결정되어 중앙정보부가 박노수, 김규남 등을 불법구금하여 가혹행위, 허위자백 등을 통해 과장되게 간첩죄를 적용하여 사형 등 유죄판결을 받게 한 사실을 확인했다. 지난 2015년 12월 29일 대법원은 재심에서 '유럽간첩단사건'으로 사형당한 박노수 교수(당시 39세)와 김규남 의원(당시 43세)에 대해 사형집행 43년 만에 무죄를 확정했다.

'1·2차 인혁당사건'과 중앙정보부

5·16쿠데타로 집권한 박정희는 1963년 12월 17일 대통령에 취임한 직후 한일국교 정상화를 위한 한일회담을 추진했다. 그러나 박정희 정권이 추진하던 한일회담은 일제의 식민지 지배에 대한 대가로 일본으로부터 차관을 받는 등 굴욕적인 외교라는 비판이 거세게 제기되었다. 1964년 3월 23일 김종필 공화당 의장이 일본 도쿄에서 오히라大平 외상과 만나 한일회담 일정에 합의한 것으로 알려지면서 한일회담을 반대하는 시위가 일어났다. 1964년 3월 24일 서울대 문리대생 500여 명의 가두시위를 시작으로 고려대, 연세대 등 학생 4,000여 명이 김종필의 즉시 귀국을 요구하며 시위를 벌였다. 이와 같이 1964년 봄은 한일회담을 대일 굴욕외교로 규탄하는 움직임이 전국을 휩쓸고 있었다.

갓 출범한 박정희 정권은 이 같은 사태를 정권을 위기로 몰아가고 국가안보를 위태롭게 하는 것으로 판단하여 그해 6월 3일 비상계엄령을

동백림東白林(동베를린)사건

1967년 7월 8일 중앙정보부는 "동백림을 거점으로 삼아 북괴에 드나들면서 간첩활동을 한 학계 문화계 언론인 공무원을 중심으로 한 대규모 간첩사건을 적발, 수사 중"《조선일보》 1967. 7. 9)이라고 밝혔다. 김형욱 중앙정보부장은 "이 사건을 통하여 밝혀진 북괴 망원網員과 임 박사林博士 등의 주모자로부터 포섭된 자와 그 대상자는 학계 언론계 문화계 저명인사 등 각계각층에 걸쳐 광범위하게 침투되어 있는데, 그 총수는 194명에 달하고 있으며 입건 또는 구속 수사 중에 있는 자는 107명"《조선일보》 1967. 7. 9)이라고 발표했다. '건국 이래 최대의 간첩사건'으로 보도된 '동백림東伯林을 거점으로 한 북괴 대남적화공작단사건'(동백림사건)의 시작이었다.

선포하고, 군대를 동원, 시위 진압에 나서고 포고령을 발표해 모든 언론을 사전 검열했다. 1964년 6월 3일 계엄이 선포된 후 1964년 7월 29일 계엄이 해제되기까지 56일간 1,120여 명이 검거되고 348명이 구속되었다.

이후 8월 14일 당시 중앙정보부장 김형욱은 기자회견을 통해 "북괴의 지령을 받고 대규모 지하조직으로 국가 변란을 획책한 인민혁명당사건을 적발, 일당 57명 중 41명을 구속하고 16명을 수배 중에 있다"라고 인민혁명당사건(이하 1차 인혁당사건)의 수사 경위를 발표했다. 이 사건의 피의자로 도예종(40·무직), 양춘우(29·무직), 이재문(31·대구매일신문 기자), 정도영(39·합동통신 조사부장), 전무배(33·서울신문 기자), 박중기(29·한국여론사 취재부장), 박현채(30·서울대 상대 강사), 허작(31·국교 교원) 김중태(24·서울대 정치 4), 김정강(25·서울대 정치 3), 서정복(24·서울대 철학 4), 현승일(21·서울대 정치 4), 김정남(22·서울대 정치 3), 김도현(21·서울대 정치 4), 김승균(26·성대 동양철학 4) 등이 구속되었다.

중앙정보부에서 예심을 마친 사건 피의자들은 8월 17일 검찰에 송치, 서울지방검찰청 공안부 검사들의 수사를 받았는데, 검찰 내부에서도 의견이 대립되었다. 서울지검 공안부 검사(이용훈 부장, 김병리, 장원찬, 최대현)들은 20일간의 수사를 통해 구속연장 만료일인 9월 5일, 증거상으로는 도저히 기소할 수 없다는 결론을 내리고 기소장에 서명하는 것을 거부했다. 그들은 "관련자들이 북괴의 지령을 받고 불온단체를 조직했다는 혐의는 하나도 없다"면서 "양심상 도저히 기소할 수 없으며 공소를 유지할 자신이 없다"고 항명의 경위를 밝혔다. 최대현 검사를 제외한 3명의 검사는 기소 거부와 함께 사표까지 제출했다. 당황한 김형욱 중앙정보부장은 당시 신직수 검찰총장에게 인혁당사건을 반드시

기소하도록 압력을 가했다. 결국 서울지검 서주연 검사장이 구속 마감일의 숙직 담당이었던 정명래 검사로 하여금 기소장에 서명하게 함으로써 피의자들을 구속했다.

하지만 인혁당사건의 기소 여부를 둘러싼 검찰 내부의 갈등과 피의자들의 고문설 등으로 인해 국회에서 정치쟁점으로 번졌다. 특히 피고인의 변론을 맡았던 한국인권옹호협회장 박한상 의원이 "도예종 등 26명의 피고인 대부분이 중앙정보부에서 발가벗기운 채 물과 전기로 참을 수 없는 심한 고문을 당했다"고 폭로함으로써 사회적 파문이 일어났다. 이에 인혁당 피의자들을 기소한 검찰은 서울고검 한옥신 검사에게 재수사하도록 지시했다.

재수사 결과 검찰은 1964년 10월 구속기소한 26명 중 14명의 공소를 취하하고 석방했으며, 그 나머지 12명과 추가로 구속한 양춘우楊春遇 등 13명에 대해서만 공소장 죄목을 국가보안법 위반에서 반공법 위반으로 변경하여 재판을 계속했다. 이로써 피고인들은 '국가변란 기도 혐의'는 벗고 "북괴를 고무, 찬양했다"는 반공법 위반 혐의로 재판을 받아 1965년 1월 20일 열린 1심 선고공판에서 도예종(징역 3년)·양춘우(징역 2년)를 제외하고 나머지는 무죄판결을 받았다. 재판부는 이들 11명에 대해 "피고인들이 서클을 구성하여 가입한 사실은 인정되나, 북한의 남북통일 방안에 동조되는 인민혁명당 강령심의위원회에 참여한 사실이 없다"는 점을 받아들였다. 이 두 피고에게는 반공법 4조 1항을 적용, 북한의 통일방안에 동조한 혐의가 인정되어 각각 3년과 2년의 징역형을 선고했다.

이와 같은 판결에 대해 검찰이 항소심을 제기했고, 1965년 5월 29일 2심 선고 공판에서 재판부는 원심을 파기, 도예종에게 징역 3년, 양춘우 등 6명에게 징역 1년, 김금수金錦守, 이재문, 임창순, 김병태, 김경희, 전무배 등 6명에게 징역 1년, 집행유예 3년을, 박중기, 박현채, 정도영 등 3명에게 징역 1년을 각각 선고했다. 1965년 9월 21일 대법원은 상고를 기각하여 형이 확정되었다.

1차 인혁당사건은 발생한 지 10년이 지난 1974년 다시 재현되었다. 박정희 정권은 1969년 대통령의 3선 연임을 허용하는 '3선 개헌안'을 날치기로 통과시켜 1971년 대통령에 세 번째 연임을 했다. 또한 박정희 정권은 1972년 12월 27일 영구집권을 위해 유신헌법을 제정했다. 유신헌법은 53조(긴급조치권)와 54조(계엄선포권)에 의거한 긴급조치 1호(1974. 1. 8)부터 9호(1975. 5. 13)의 발동으로 구체화되었다.

그러나 유신체제에 반대하는 반체제 데모가 잇따르고 일부 언론인, 교수, 종교인, 재야인사들이 유신체제에 반대하는 '개헌청원 100만인 서명운동'을 벌이는 등 유신정권에 저항했다. 마침내 유신정권은 '대통령 긴급조치'를 선포하고 이 조치에 위반한 자들을 비상군법회의에서 처단하려 했다.

1974년 4월 3일 민청학련 명의의 선언문이 대학가에 뿌려지는 것을 신호로 서울대, 이화여대 등에서 일제히 반정부 시위가 벌어졌다. 이들이 채택한 선언문의 명의는 '전국민주청년학생총연맹'(민청학련)으로 되어 있었는데 박정희 정권은 '긴급조치 4호'를 통해 민청학련과 관련된 모든 활동을 불법으로 규정했다. 1974년 4월 3일 선포된 대통령 긴급조치 제4호는 민청학련사건 관련자를 처벌하기 위한 것으로 "이 조치에 위반한 자는 법관의 영장 없이 체포, 구속, 압수, 수색하여 비상군법회의에서 심판, 처단한다"고 규정했다.

이어 1974년 4월 25일 '1차 인혁당사건' 당시 검찰총장이었던 신직

수는 중앙정보부장이 되어 '인혁당 재건 및 민청학련사건'을 발표했다. "북한의 지령을 받은 인혁당 재건위 조직이 민청학련의 배후에서 학생 시위를 조종하고 정부 전복과 노동자, 농민에 의한 정부 수립을 기도했다"는 엄청난 내용이었다. 그는 "이른바 '민청학련'의 정부 전복 및 국가변란기도사건 배후에는 과거 공산계 불법단체인 인민혁명당 조직과 재일조총련계의 조종을 받은 일본 공산당원과 국내 좌파 혁신계 등이 복합적으로 작용"하여 "정부 전복 후 공산계열의 노농정권 수립에 이르기까지의 과도적 통치기구로서 '민족지도부'의 결성을 계획하기까지 했다"고 발표했다.

이 사건으로 무려 1,024명이 연루되어 253명이 구속, 송치됐는데, 이 가운데 인혁당 관련자 22명, 민청학련 관련자 27명 등 180여 명이 긴급조치 4호, 국가보안법, 내란예비음모, 내란선동 등의 죄명으로 비상보통군법회의에 기소됐다. 1974년 1월 대통령 긴급조치 제2호에 의해 설치된 비상보통군법회의는 1974년 7월 서도원, 도예종, 송상진, 우홍선, 하재완, 이수병, 김용원 7인에 대해 사형선고를 내렸다. 또 8명 무기징역, 4명 징역 20년, 3명 징역 15년을 선고받았다. 이후 그들의 항소는 모두 기각되었고 1975년 4월 8일 대법원에서 사건 관련자들은 인혁당을 재건하려는 지하 비밀조직을 만들어 국가전복을 기도했다는 혐의로 사형판결이 확정되었다. 사형을 선고받은 7명과 민청학련 관련자 여정남 등 모두 8명은 형 확정 18시간 만인 다음날 새벽 4월 9일 사형 집행되었다.

스위스 제네바에 본부가 있는 국제법학자협회에서 1975년 4월 9일을 '사법사상 암흑의 날'로 규정하는 등 이 사건은 유신체제하의 대표적인 인권침해사건으로 꼽히고 있다.

'인혁당사건'의 진실 규명과 의미

인혁당사건이 조작되었으므로 인혁당 관련자들은 아무런 활동을 하지 않은 것 아닌가라는 의문이 제기될 될 수 있다. 이와 관련 인혁당재건 위사건으로 구속되었던 전창일은 "인민혁명당이란 실체는 없었다. 하지만 시국관을 같이하는 동지들의 모임, 즉 서클은 있었다. 그 서클이 한일협정을 반대하며 굴욕외교를 성토하는 운동에 참가하는 의로운 학생운동을 지지 성원했던 것 또한 사실이었다"고 회고했다.

도예종도 인혁당사건 법정진술에서 판사가 "인민혁명당이라는 조직을 만든 것이 사실인가?", "인민혁명당이라는 이름은 어떻게 해서 나오게 된 것인가?"라는 질문에 "아니다. 우리의 모임은 당 조직이 아니다. 다만 시국관을 같이하는 동지들끼리 가끔 모여 토론하고 정세에 대한 견해와 정보도 교환하는 친교 서클모임이다", "언제인가 우리들이

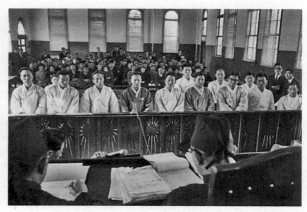

〈사진 3-9〉 인혁당사건 공판
1964년 12월 3일 인혁당사건 제2회 공판 모습. 앞 줄 맨 오른쪽이 도예종.
* 출처: 《한겨레신문》 2011. 11. 14.

4·19묘지에서 모여앉아 영령들을 추모하며 자연스럽게 토론한 적이 있다. 그 토론에서 누군가 '오늘의 한국 정세하에서 가장 올바른 정당이 생긴다면 그 정당의 이름은 어떻게 지어져야 알맞을까?'라고 질문했다. 이 질문에 대해 몇 가지 답이 나왔는데, 그중 한 가지 답이 인민혁명당이다. 그것은 월남이 우리처럼 국토가 분단돼 있고 남과 북 동족간에는 통일하려고 염원하고, 남쪽에서는 외세에 의존해 정권을 유지하고 있는 예속 정권과 싸우는 민중에 기반을 두고 있는 당이 바로 인민혁명당이기 때문에 더욱 그렇다는 것이었다"고 답변했다.

2005년 12월 7일 국정원과거사위원회는 이들 사건이 박정희 대통령의 개입 아래 정부에 의해 과장, 조작되었다고 발표했다. 이들 사건은 박정희 정권이 각각 민정 이양 직후와 유신체제 출범 직후 학생들의 반독재 민주화운동 가운데 가장 치열하거나 진보적인 입장을 견지한 경우 북한과 직접 연결되거나 조총련 등 국외 공산계열의 배후조종을 받

〈사진 3-10〉 인혁당사건 공판
1964년 12월 3일 인혁당사건 제2회 공판 모습. 맨 오른쪽이 도예종.
* 출처: 《서울신문》 2012. 9. 12.

는 반국가단체로 몰고 간 대형 공안사건이라고 규정했다. 또한 대통령과 중앙정보부장에 의해 사건의 실체가 매우 과장되었고, 짜맞추기 수사로 이 단체를 무리하게 반국가단체로 만들었으며, 이 과정에서 고문이나 가혹행위가 자행되었다고 발표했다.

이후 2007년 1월 23일 서울 중앙지방법원의 재심에서 '인혁당재건위사건'으로 '사법살인'된 도예종, 서도원 등 8인에 대해 무죄를 선고했다. 2015년 5월에는 '1차 인혁당사건' 또한 재심에서 무죄판결이 났다. 이로써 '1, 2차 인혁당사건'은 법적으로 모두 무죄판결을 받게 되었다.

2010년 3월 진실화해위원회에서도 '1차 인혁당사건'에 대해 중앙정보부가 수사과정에서 범한 불법 구금, 가혹행위, 사건조작에 대해 사과하고 화해를 이루는 등 적절한 조치와 위법한 확정판결에 대해 피해자와 그 가족의 피해와 명예를 회복시키기 위해 형사소송법이 정한 바에 따라 재심 등 이에 상응한 조치를 취할 것을 권고했다.

이후 '2차 인혁당사건'으로 희생된 8인의 유가족은 국가를 상대로 하는 배상소송을 벌여 600억 원에 달하는 배상금을 받았다. 유가족들은 일부 배상금을 희사하여 '4·9통일재단'을 설립했다. 그러나 최근 대법원은 배상금이 과다 지급되었다고 반환하라는 판결을 내렸다. 수십 년 동안 '간첩'이라는 이름으로 이 사회에서 소외된 채 숨죽이며 살아갔던 유가족들이 국가폭력의 희생에 대한 피의 대가로 받은 배상금을 다시 빼앗아가려는 상황이 벌어진 것이다. 여전히 과거청산과 피해자에 대한 온당한 보상이 이루어지지 않고 있음을 보여주는 사례다.

02

간첩
조작사건

1953년 7월 27일 체결된 정전협정으로 한국전쟁은 멈췄지만 남북한 간에 정상적인 외교가 가능해진 것은 아니었다. 전쟁과 외교 사이의 공백을 채운 것이 간첩이었다. 적대국가 사이에서 상대측에 대한 정보수집활동은 일면 당연한 것이기도 하다. 그러나 분단이 낳은 오랜 반공독재 시절 동안 우리에게는 국가안보라는 이름으로 '간첩'을 조작했던 어두운 역사가 있다. 국민의 지지와 신뢰를 받지 못하는 정권이 '국가 안보'라는 미명하에 실제로는 정치적 반대세력을 탄압하고 '정권 안보'를 위해 무고한 시민을 간첩으로 조작하곤 했던 것이다.

공안 수사기관들에 의해 조작되어 발표된 것임에도 언론보도를 통해 마치 진실처럼 알려졌고, 간첩조작사건의 피해자들이나 그 가족들은 최하 징역 7년이라는 간첩죄의 멍에를 진 채 우리 사회에서 완전히 격리, 배제되었다.

은폐되었던 진실은 민주화의 진전과 함께 조금씩 세상 밖으로 드러났다. 1987년 6월 항쟁 이후 공안 수사기관들의 반인륜적인 고문·가혹행위가 세상에 알려지면서 조작된 시국사건, 간첩사건들에 대한 재조명이 시작되었다. 일부 고문 피해자들과 양심수 후원단체들의 폭로에서 시작된 진실 규명의 목소리는 1990년대 들어 조금씩 확산되었고, 마침내 2000년대 들어 국가 차원의 진실 규명 작업이 시작되었다.

2007년 대법원이 자체 과거사 정리 차원에서 검토한 1972~1987년 사이 시국·공안사건 판결 가운데 불법구금과 고문 의혹 등 재심 사유가 있는 것으로 파악한 사건이 224건이었는데, 이 가운데 간첩조작 의혹사건은 141건이었다. 국가정보원의 〈과거사건 진실 규명을 통한 발전위원회 보고서〉에 의하면, 1970년대부터 1980년대까지 간첩사건으로 검거된 인원이 1,021명이었다. 그런데 사법부가 자체적으로 고문과 불법구금 등 재심 사유가 있을 것으로 판단한 공안사건의 규모가 이와 같이 검거 간첩의 상당 부분을 차지한다면 매우 심각한 문제가 아닐 수 없다.

간첩조작의 문제점은 무엇보다 피해 당사자에게 회복 불가능한 육체적·정신적 상처와 사회적 고통을 준다는 점이다. 나아가 당사자뿐만

〈사진 3-11〉
제일동포 유학생 간첩사건 기사
1980년대 빈발했던 재일동포 유학생
간첩사건을 다룬 《동아일보》 기사.
* 출처: 《동아일보》 1984. 10. 13.

아니라 가족이나 친지, 주변인들에게 주는 피해도 매우 심각하다. 공포
와 불신을 은밀히 확산시킴으로써 공동체의 토대를 파괴한다. 또한 국
가기관이 일개 시민을 상대로 무자비한 국가폭력을 가해 허위 사실을
조작했다는 것은 국가의 도덕성과 신뢰성에 근본적인 불신을 초래하는
것이며, 국민의 생명과 안전 보호라는 국가의 존립 근거를 허무는 반국

북파공작원 심문규 이중간첩 조작사건

심문규는 육군첩보부대HID 북파공작원으로 1955년 9월 동료 대원 6명을 인
솔하여 북한에 침투했다가 북한에 체포되었다. 그는 약 1년 7개월 동안 북한
에 머물면서 다시 '대남간첩'으로 교육받고 남파되었다. 그는 1957년 10월 6
일 의정부 쪽으로 남하한 직후(10월 8일) 육군첩보부대에 바로 자수했다. 그러
나 당시 법령상 수사권한이 없는 육군첩보부대는 심문규를 무려 563일 동안
불법구금하여 수사하고 군 검찰은 군사법원에 위장자수, 간첩죄 혐의로 기소
했다. 군사법원은 심문규에 대한 재판권이 일반 법원에 있음을 알았음에도
군사기밀 등을 이유로 아무런 법적 근거 없이 심문규에 대해 사형선고를 하
여 1961년 5월 25일 대구교도소에서 사형이 집행됐다. 그리고 그의 죽음은
아무에게도 알려지지 않았다.

암흑 속에 있던 이 사건의 진실 규명을 위해 애타게 뛰어다닌 사람은 바로 심
문규의 아들이었다. 이 사건 재조사 과정에서 1956년경 심문규를 북파한 육
군첩보부대가 심문규와 연락이 두절되자, 당시 초등학교에 입학한 그의 아들
에게 "아버지를 만나게 해주겠다"며 산을 타는 훈련, 전투 수영 등 공작원 교
육을 시켜 북파하려 했음도 밝혀지게 되었다. 1961년 심문규가 사형 집행되
고 난 후에도 국방부는 이를 가족에게도 알리지 않았으며, 가족은 2006년 4
월에 가서야 그 사실을 알게 되었다.

2009년 진실화해위원회는 심문규사건에 대해 진실 규명 결정과 함께 재심을
권고했다. 그리고 2012년 10월 22일 심문규에 대한 형사재심 법정에서 법원
은 "사법부가 본연의 역할을 다하지 못한 점에 대해 재판부가 죄송함과 안타
까움을 가지지 않을 수 없다"며 50여 년 만에 무죄를 선고했다.

가적 범죄행위가 아닐 수 없다.

간첩사건이 발생하는 빈도나 정부 당국이 대대적으로 '간첩사건'을 발표하는 시점은 독재정권이 정치적으로 위기에 처할 때 집중되는 경향이 있었다. 이를테면 1975년경 발생한 재일동포유학생 간첩단조작사건의 경우, 그즈음 유신 독재체제에 저항하는 학생운동이 확산되기 시작하고, 국제적으로도 인권문제 등으로 한국 독재정권이 외교적으로 고립되는 등 위기에 처했을 때 발생했다. 1975년 11월 22일 '1차 재일동포 모국유학생 간첩단사건' 수사 발표 당시 중앙정보부 수사국장 김기춘은 "최근 수년 간 대학가에서 벌어졌던 데모가 북괴 간첩의 배후조종에 의한 것임을 증명한 케이스"라며 대학가의 반정부운동을 '모국유학생 간첩의 배후조종'에 의한 것으로 매도했다. 이후 1980년대 다수 발생했던 재일동포 모국유학생 간첩조작사건 역시 전두환 정권이 광주학살에 대한 국제적 비난에 직면하고 국내에선 학생운동 등 반독재운동이 점차 확산되는 위기 국면에서 발표되었다는 공통점이 있다.

여기서는 그동안 국가 차원의 여러 과거사 조사기구가 밝혀낸 간첩조작사건을 월북가족 관련, 일본 관련, 납북 귀환어부 관련 등 피해 유형에 따라 대표적 사례를 살펴보고 간첩조작의 반인권적 본성과 실태를 이해하도록 한다.

2-1. 연좌제의 희생양들—월북가족 관련 간첩조작사건

1950년 발발한 한국전쟁은 수많은 이산가족을 낳았다. 북한은 한국전쟁 시기와 그 이후, 특히 1960년대까지 남쪽에 가족이나 친인척, 학교

동문 등 연고가 있는 사람들을 대거 남파했다. 남파된 이들은 남쪽의 가족과 친척, 동창생을 만나고 통일의 당위성, 북한 정권의 정통성이나 사회발전상 등을 선전했고 일부는 남쪽 연고자들과 함께 월북하여 북한 사회를 보여주기도 했다.

그러나 1951년부터 1969년 사이 북에서 내려온 간첩들은 5일을 넘기지 못하고 검거되는 경우가 많았다. 국가정보원 자료에 의하면, 당시 이 기간에 적발된 간첩이 3,360명이었는데, 남파 당일부터 4일째 되던 날까지 검거된 숫자가 1,068명으로 3분의 1 정도였다. 검거 간첩의 3분의 2 이상은 활동 기간이 6개월을 넘지 못했다. 당시 공안수사기관들은 간첩을 검거하면 북에서 내려온 가족을 간첩으로 신고하지 않은 그들의 남쪽 연고자들을 수사했다. 문제는 이 수사과정에서 한국전쟁 시기 동안 월북했던 가족을 차마 간첩으로 신고할 수 없었다는(불고지) 이유만으로 그 일가족과 친척들이 간첩으로 조작된 경우가 적지 않았다는 점이다.

사법살인으로 이어진 울릉도간첩단 조작사건

1974년 3월 15일 중앙정보부가 발표한 이른바 '울릉도간첩단'은 대표적인 사례다. 한국전쟁 때 죽었다고 알려진 집안의 장남이 1962년 어느 날 갑자기 나타나 울릉도에 살던 형제, 친척을 만난 후 다시 북으로 돌아간 사실이 있었는데 이 사실이 10여 년이 지난 1974년 3월 중앙정보부에 의해 적발되어 대규모 간첩단사건으로 조작된 것이다. 이 사건으로 울릉도에 거주하지 않는 이들을 포함해 32명이 구속 처벌되었다. 그중 전영관, 전영봉, 김용득 등 3명은 재심의 기회도 얻지 못하고 간첩죄로 1977년 12월 5일 사형이 집행되었다.

〈사진 3-12〉 울릉도간첩단 조작사건 무죄 판결

울릉도간첩단 조작사건 피해자들은 2014년 형사 재심재판에서 사건 발생 후

40년 만에 간첩죄 무죄판결을 받았다.

＊출처: 인권의학연구소.

〈사진 3-13〉

울릉도간첩단 조작사건 기사

1975년 울릉도간첩단 조작사건을 보도한

《경향신문》 기사.

＊출처: 《경향신문》 1974. 3. 15

진실화해위원회의 조사 결과, 울릉도사건 연루자들은 아무런 영문도 모른 채 끌려간 경우가 대부분이었다. 이들은 짧게는 이틀부터 길게는 한 달여 동안 중앙정보부 지하실에 영장 없이 불법 구금된 상태에서 잠 안 재우기, 구타, 물고문, 무릎 뒤에 각목 넣고 밟기, 가족에 대한 고문 협박 등을 당한 끝에 간첩행위를 허위 자백했던 것으로 드러났다.

울릉도사건 피해자들은 수년에서 십여 년의 장기 징역형을 받았고, 풀려난 피해자들은 고향을 떠나 뿔뿔이 흩어졌다. 어린 자녀들은 연좌 제에 의해 영문도 모른 채 간첩의 자식으로 비난받고 취업에서 차별받 는 등 정상적인 사회생활을 누리지 못했다.

사건 발생 이후 35년이 흘러 2010년 진실화해위원회의 재조사와 진 실 규명 결정이 있었고, 2014년에는 40년 만에 열린 형사 재심재판에 서 피해자들은 간첩죄 무죄판결을 받음으로써 억울함을 일부라도 풀 수 있게 되었으나 이미 사형 집행된 3명의 생명은 돌이킬 수 없었다.

1981년 전남 진도에서 발생한 박동운 씨 일가 간첩단사건도 울릉도 사건과 비슷한 경우였다. 이 사건은 월북했던 아버지가 남파되어 아들 을 만났다는 혐의만으로 그 아들을 비롯한 일가족을 국가안전기획부 (안기부) 지하실에 60일 동안 불법구금한 채 가혹한 고문을 가해 간첩으 로 몰아 처벌한 사건이었다.

2-2. 납북 귀환어부의 누명

납북 귀환어부란 동해나 서해상에서 조업을 하던 중 북한 경비정에 납치 당하거나 태풍 또는 안개 등으로 인해 방향을 잃고 북한 지역으로 넘어가는 바람에 수일에서 수년까지 억류되었다가 귀환한 어부들을 말한다.

분단이 되었지만 휴전선 철조망이 바다까지 이어진 것은 아니어서 해상에서 고기잡이로 생계를 잇는 어부들이 남북의 경계를 부지불식간에 월경하는 것은 1970년대까지 드문 일이 아니었다. 당시 남과 북의 정권은 각자 납북어부들을 체제 유지에 이용했다. 납북된 어부들을 상대로 북한은 장황한 체제 선전을 했고, 남한과 미군 역시 귀환어부들을 상대로 북한에 대한 정보와 자료를 수집했다.

반공투사에서 고정간첩으로

진실화해위원회의 조사에 의하면 1954년부터 1987년 4월까지 북한에 납북된 어선과 선원은 모두 459척 3,651명으로 그중 27척 403명이 북한에 억류되어 있었다.

북한은 1960년대 무렵부터 사회주의체제의 우월성 선전 등 정치적 목적을 이루는 데 남한 어부들을 이용하려고 했고 어로 작업 중 월선한 어부뿐만 아니라 때로 경비정을 동원하여 남한 해상까지 내려와 어선들을 끌고 가는 일도 있었다. 북한은 어로 작업 중 북한 해상으로 넘어온 남한 어부들을 장기간 평양여관 등에 모아놓고 쌀밥과 고기반찬 등을 대접하면서 산업시설 견학 등을 통해 북한 체제의 우월성을 교육시켰다. 북한 당국은 이들이 남한에 내려가면 북한에서 보고 느낀 것들이 주민들 사이에 알려지고, 그러면 동조자들이 생겨나 유사시 북한에 유리한 역할을 할 것이라고 기대했다. 이에 대응하여 당시 남한 정부도 납북 귀환어부에 대해 그동안 용인해오던 태도를 버리고 강력한 규제와 처벌을 가하기 시작했다.

1968년 11월 9일 대검 공안부는 어로저지선을 넘는 어부는 수산업법 위반으로, 군사경계선을 넘는 어부는 반공법 위반으로 모두 구속하라고 지시했다. 같은 해 12월 25일에는 어로저지선을 넘어 조업 중 두 번 이상 납북된 어부에게는 반공법과 국가보안법을 적용하여 사형을 구형하라고 지시했다. 납북 귀환어부에 대해 간첩 혐의를 두고 불온시한 것은 이즈음부터다.

수사보고서와 공소장, 판결문의 오탈자까지 모두 동일

1969년 5월 강원경찰국이 작성한 문건에 의하면 "고성경찰서장은 심문 경찰관에 대한 지휘감독으로 간첩 색출에 전력을 경주할 것이며, 간첩을 색출하는 심문관에게는 상당한 보로금(1건 당 당시 금액으로 약 15만 원)을 지급할 계획인 바, 본 취지를 주지시켜 심문에 철저토록 하라"고 기재되어 있다. 납북 귀환어부 수사를 담당한 경찰관들에게 성과에 따라 상당한 보상금이 주어졌음을 유추할 수 있는 부분이다.

당시 반공법상 탈출죄로 처벌을 받은 납북 귀환어부들의 송치 의견서와 공소장 그리고 판결문에는 천편일률적으로 "북한 해상에 조기가 많다는 것을 알고서 한탕하여 내려오자고 서로 모의한 후 북방한계선을 월선하여 조업을 하다 북한 경비정에 피랍되었다"고 기재되어 있었다. 수사과정에서 아예 납북 귀환어부들이 고의로 월북한 것으로 둔갑되었던 것이다. 심지어 수사기관과 검찰의 송치 의견서, 공소장, 사법부의 판결문 중엔 오탈자까지 모두 동일한 경우가 발견되기도 했다. 당시 수사과정이나 사법절차가 얼마나 부실했는지 여실히 드러나는 대목이다.

또한 당시 재판과정을 기록한 대부분의 공판기록을 꼼꼼히 살펴보면, 당시 피고인들이 공소 사실을 부인하는 내용이 다수 기재되어 있으며, 항소이유서 등에는 담당 수사관들의 고문과 구타 등을 견디지 못해 허위 자백을 했다고 호소한 경우가 비일비재하다. 피해자들의 증언에 따르면, 검찰에서 수사기관의 고문 폭행 사실과 허위 자백을 주장하면 검찰은 다시 수사기관에 보내 조사를 받게 하겠다는 말로 피해자들을 공포와 불안에 빠뜨렸다고 한다. 결국 피해자들은 '정의의 최후 보루'라는 법정에서 고문·가혹행위 사실을 폭로했지만 당시 판사들 중 어느 누구도 피해자의 간절한 목소리에 귀기울이는 이가 없었다.

경찰·검찰·법원의 합작품

진실화해위원회 조사 결과, 박정희 정권의 강경 처벌방침에 따라 당시 수사 경찰관들은 승진과 보상금에 눈이 멀어 납북 귀환어부 피해자들을 구금시설도 아닌 여인숙이나 여관 등에 장기 불법구금하고 구타 등 가혹행위를 가해 "북한 해상에서 조업을 했다"는 허위 자백을 받아내어 검찰에 송치했다. 검찰은 어부들이 고의로 월선하지 않더라도 그 가능성을 인식하기만 했으면 위법이라는 허황한 논리를 들어 기소했다. 법원 역시 "반국가단체가 지배하는 지역으로 들어간다는 인식만 있으면 그 범의는 충분히 인정되는 것이고, 이러한 범의 외에 따로 반국가단체의 지배하에 들어가기 위한 목적 의사나 이동상태의 계속을 필요로 한다고는 볼 수 없으므로 납북어부들의 월선행위는 고의성 여부를 불문하고 반공법 소정의 탈출죄를 구성한다"고 판결했던 것이 드러났다.

납북되었다가 귀환하여 처벌을 받지 않았거나 단순히 수산업법 위반으로 처벌을 받았던 어부들 그리고 탈출죄 등으로 처벌을 받았던 어부들 가운데 많은 사람들은 귀환 후 짧게는 1년 후 길게는 20여 년이 지나 다시 간첩으로 처벌을 받았는데 진실화해위원회에서 확인한 사건만

96건이었다.

납북 귀환어부 간첩조작사건의 증거는 대부분 자백뿐이다. 그런데 법원은 피고인들이 법정에서 수사기관의 구타나 고문 등 가혹행위로 인해 허위 자백을 한 것이며 사건이 조작되었다고 주장함에도 불구하고 "검사에게도 고문을 받았나요?"라고 물어 피고가 "아니오"라고 대답하면 검사가 작성한 피의자 신문조서를 증거로 유죄로 판결했다. 또한 1983년 발생한 납북어부 정영 씨 사건의 경우와 같이 수사기관에서의 고문을 주장할 뿐만 아니라 검사 작성 피의자 신문조서의 임의성을 적극 부인하면, 형식적으로 수사관을 증인으로 출석시켜 "구타 등 가혹행위를 한 사실이 있나요"라고 형식적으로 물은 후 수사관이 "없습니다"라고 대답하면 그대로 유죄의 증거로 사용했다.

한편 납북 귀환어부 간첩조작사건에서 법과 양심에 따른 사법부의 판단이 얼마나 중요한지가 1986년 7월 납북어부 김성학 씨 사건의 판결에서 단적으로 나타났다. 당시 수원지방법원 성남지원의 한 판사는 김성학사건에 대해서 고문으로 조작되었다는 피고인의 자백 외에 간첩활동을 했다는 다른 물증이 없다며 무죄를 선고했는데, 그 이후 납북 귀환어부 간첩사건은 단 한 건도 발생하지 않았다.

'불가촉천민'으로 살아야 했던 가족들

진실화해위원회는 2009년 3월 26일부터 같은 해 7월 20일까지 '2009년도 기초사실조사'를 실시했는데, 여기에 납북 귀환어부들의 피해 사실도 포함됐다.

조사 결과, 처벌을 받고 석방된 납북 귀환어부들은 대부분 반공법 위반자로 낙인찍혀 취업 제한, 거주 이전 제한, 수사기관의 감시 등을 당해야 했다. 뿐만 아니라 수사기관원들이 동향 파악이라는 이유로 친척이나 친구, 마을 주민들까지 조사하는 통에 이들이 접촉을 꺼려 귀환어부들은 마치 '불가촉천민'인 양 취급됐으며, 그들의 자녀들까지 연좌제 탓에 변변한 직장도 구하지 못하는 곤욕을 겪어야 했다.

또한 간첩으로 처벌된 납북귀환어부들 중 상당수는 진실화해위원회에 미처 진실 규명 신청을 하지 못한 경우가 많다. 간첩으로 조작되어 억울하게 처벌을 받았다고 주장하는 납북귀환어부들 중 진실화해위원회에 진실 규명을 신청하지 않은 사람들은 대부분 "진실화해위원회 존재 자체를 몰랐다"고 호소하며 "지금이라도 구타, 물고문, 전기고문 등을 통해 간첩으로 조작한 내 사건도 진실을 규명해 달라"고 요구했다.

진실화해위원회는 납북 귀환어부 관련 간첩사건 96건 중 17건(신청사건 10건과 직권조사 7건)은 진실을 규명했고, 18건은 재심사유와 사건 조작 개연성을 확인했으며, 61건은 조사하지 못했으나 판결문 등을 확인한 바 진실 규명 사건과 거의 동일한 양태라고 결론지었다.

2-3. 조국이 버린 사람들—재일동포 유학생 간첩조작사건

국가정보원의 〈과거사건 진실 규명을 통한 발전위원회 보고서〉에 따르면, 검거된 간첩은 1950년대와 1960년대에 1,674명으로 정점을 이루다가 1970년대와 1980년대는 681명, 340명으로 격감하고 1990년대(1990~1996)는 114명으로 줄어든 것으로 나타난다.

이를 유형별로 살펴보면, 1960년대 이전 검거 간첩의 대다수를 차지하는 직파간첩(북한에서 직접 남파된 간첩)은 1970년대 들어오면서 격감하는 추세를 보인다. 반면 일본 등을 통한 이른바 우회간첩은 1970년 대와 1980년대에 크게 증가했다. 예를 들면, 1984년의 경우 전체 33명 의 검거 간첩 가운데 23명이 일본 관련 간첩이고, 1986년은 26명 가운 데 20명이 일본 관련 간첩이었다.

일본 관련 간첩사건이 빈발한 1970년대와 1980년대에는 한국에서 취업차 일본에 가거나, 일본에 거주하는 친척들에게 경제적 도움을 받 기 위해 일본에 다녀오는 경우가 드물지 않았다. 재일동포들도 유학, 고향방문, 기술연수, 투자 등의 목적으로 한국을 방문하는 경우가 많 았다. 한데 당시 일본에선 공산당이 합법적으로 활동하는 등 사상·표 현의 자유가 보장되어 있었다. 1970년대와 1980년대 일본에서는 조총 련과 같은 친북단체, 그리고 남과 북의 체제를 모두 비판적으로 대했던 양심적 인사들의 활동도 활발했다.

일본 관련 간첩조작사건은 한국에서 일본을 방문한 유형, 반대로 일 본에서 나고 자란 재일동포 2, 3세들이 한국을 방문하는 유형이 있다. 일본 방문 후 간첩으로 조작된 경우, 대부분의 피해자들은 일본 사회 와 재일동포 사회의 특성을 잘 알지 못한 채 취업, 연수 기간 중 자연스 럽게 친척, 직장동료 등 재일동포를 만나 대화를 나누고 경제적 도움을 받아 귀국했을 뿐이었다. 그러나 이러한 단순 행위는 귀국한 후 공안수 사기관들의 조사과정에서 조총련 간부를 만나 한국 정부를 비난하고 북한을 옹호했다는 터무니없는 혐의가 덧씌워져 잠입·탈출, 금품 수 수, 지령 수수, 기밀 탐지 등 간첩행위로 둔갑되었다.

1980년 5월 10여 일간 연수 및 시찰 목적으로 일본에 가서 재일동포 친척을 만나고 돌아와 생활하던 중, 1983년 3월 안기부 남산분실로 끌 려가 50여 일간 지하 조사실에 감금된 채 고문·가혹행위를 당하고 간첩죄로 징역 7년형을 선고받은 오주석 씨의 경우가 대표적이다. 그 외에도 1980년대에는 차풍길 씨 간첩조작사건, 곽종대·김해봉 씨 국가보안법 위반 조작사건, 김상순 씨 간첩조작사건, 김철 씨 간첩조작사건, 최양준 씨 간첩조작 사건, 하원차랑 씨 간첩조작사건 등 사업이나 생계를 위해 일본을 다녀온 후 고문·조작을 통해 간첩 누명을 쓰고 중형을 선고받는 일이 잦았다.

조국을 배우러 왔다가 간첩으로 몰려

또 다른 일본 관련 간첩조작사건의 희생자는 재일동포 모국 유학생들이었다. 1970년대와 1980년대 한국의 독재정권은 조총련계 동포들의 모국 방문과 민단계 재일동포 2, 3세들의 모국 유학을 적극 권장했다. 당시 정부는 일본 동포사회에서 재일민단에 대한 우호적 환경을 조성하는 한편, 모국 유학을 통해 2세들의 민족교육과 정신을 함양한다는

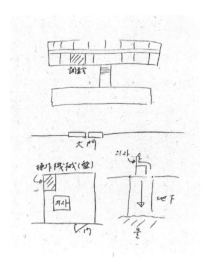

〈그림 3-1〉
보안사의 고문기구
재일동포 고문 피해자가 그린
보안사 수사분실의
'엘리베이터식 의자 고문기구'.[30]

명분을 내세웠다. 하지만 공안수사기관들은 한국 사정에 어두운 재일 동포 모국 유학생들을 대상으로 '간첩수사 근원 발굴공작'을 비밀리에 시행하고 있었다.

당시 검거된 재일동포 모국 유학생들의 경우 예외 없이 재일민단 소속의 한국 국적을 가진 재일동포 2, 3세들이었다. 친북 조총련에 가입, 활동한 사람은 없었다. 이들은 한국의 국가보안법과 반공법, 이념 대립과 같은 실정에 어두운 반면, 태어나고 자란 일본에서의 사상·표현의 자유에 익숙하고 일본 사회의 민족차별에 대한 반감으로 강한 민족의식을 가지고 있었다.

당시 보안사 등 공안수사기관들은 모국 유학생들 가운데 특별히 민족의식이 강하거나 한국어를 잘하는 경우, 그리고 일본에서 유신 반대나 통일운동을 했던 경력이 있는 경우 간첩 혐의자로 지목하고 이들 주

〈표 3-1〉 재일동포 재심무죄사건 연도별 피해자 수

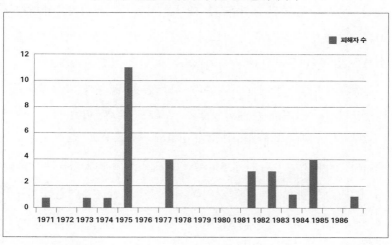

＊ 출처: 필자 임채도가 작성.

위에 몰래 '협조망'(감시자)을 두고 장기간 감시했다. 공안수사기관들은 장기간 감시, 사찰에도 간첩행위의 결정적 증거를 확보하지 못하면 결국 수사 대상자를 직접 연행하여 고문수사를 진행했다. 이 과정에서 때로는 전혀 근거 없는 모함이나 제보로 엉뚱한 학생이 사찰 대상자가 되어 간첩으로 조작되기도 했다.

장기간의 불법구금과 잔혹한 고문의 결과, 일본에서의 민족차별을 거부하고 조국을 배우기 위해 유학을 온 행동이 '간첩지령'에 따른 '잠입·탈출죄'가 되고, 방학 때 시골 친척집에 가보니 수세식 화장실이 없었다는 말이 '기밀탐지죄'가 되고, 북한에 산업시설이 발달했다는 말이 '고무·찬양죄'가 되었다.

수사기관에서 고문, 협박으로 강요된 자백은 이후 검찰에서도 번복되기 어려웠다. 마지막 희망을 걸고 법정에 선 피해자들의 잇따른 고문 피해 주장에도 불구하고 당시 재판부는 고문 의혹과 논리적 모순으로 가득 찬 허위 자백을 그대로 유죄의 증거로 인용했다. 이 시기 발생한 재일동포 모국 유학생 간첩사건은 대부분 사법부의 독립적이며 양심에 따른 재판이 아니라 정권의 필요에 따라 조작된 사건을 사법부가 '법의 이름'으로 묵인, 동조한 것에 불과했다는 비난을 피할 수 없었다.

진실화해위원회의 진실 규명 이후 2015년 11월 현재까지 재일동포 간첩조작사건 피해자 중 재심을 통해 무죄로 판결된 피해자는 29명에 이른다. 전체 피해자에 비하면 극히 일부에 불과하지만 매우 의미 있는 숫자다. 현재 재일동포 간첩조작사건 피해자들 가운데 일부는 일본에서 재일한국인양심수동우회 등 여러 자조단체를 만들어 여전히 피해의식에 사로잡혀 은둔해 있는 간첩조작 피해자들을 찾아다니면서 재심을 통한 피해 구제를 위해 노력하고 있다.

재일동포 간첩조작사건에 대한 재심과 무죄판결

진실화해위원회 활동이 종료된 2010년을 전후하여 많은 간첩조작사건 피해자들이 법원에 과거의 억울한 유죄판결에 대해 재심을 신청했다. 한국 법원의 경우, 당시까지 재심 사유를 매우 엄격하게 제한하고 있었기 때문에 재심을 통해 무죄판결을 받는 일은 극히 드물었다. 그러나 진실화해위원회 등 여러 과거사 위원회의 진실 규명 결정에 대해 법원은 '재심 사유'로 받아들여 재심을 개시하고 무죄판결을 잇달아 선고했다. 재일동포 간첩조작사건의 경우, 2015년 10월 현재 28명이 재심을 신청하여 그중 22명이 무죄판결을 확정 받았고, 나머지 6명이 재심 진행 중에 있다.

재일동포 유학생으로 국내 대학에 재학 중 간첩으로 고문, 조작된 이종수 씨에 대한 형사재심 재판에서 법원은 다음과 같이 무죄를 선고하고 과오를 사과했다.

이 사건은 재일동포 유학생을 간첩으로 조작하기 위하여, 민간인에 대한 수사권이 없는 보안사가 안기부 명의로 피고인을 불법 연행하여 39일간 강제구금한 상태에서 고문으로 자백을 받아내고, 그로 인해 피고인이 약 5년 8개월간 아까운 청춘을 교도소에서 보낸 사건이다. 재외국민을 보호하고 내국인과 차별대우를 하여서는 안 될 책무를 지고 있는 국가가 반정부 세력을 억누르기 위한 정권 안보 차원에서 일본에서 태어나고 자라 한국어를 잘 못하여 충분한 방어권을 행사할 수 없는 것을 악용하여 재일동포라는 특수성을 무시하고, 오히려 공작수사의 대상으로 이용한 것이 이 사건의 본질이다. 이에 우리 사법부는 권위주의 통치시대에 위법, 부당한 공권력의 행사로 심대한 피해를 입은 피고인에게 국가가 범한 과오에 대하여 진정으로 용서를 구하면서, 형사소송법 제440조, 형법 제58조 제2항에 의하여 이 판결의 요지를 공시하기 바란다.
－서울고등법원 2010. 7. 15. 선고 2009 재노42 판결(서울고등법원 제10형사부, 재판장 이강원, 백승엽, 반정모)

2016년 8월 14일 재일동포 간첩조작사건 피해자들은 옛 서대문형무소 자리에 과거 사건의 진실을 알리는 '역사전시실-재일동포 양심수, 고난과 희망의 길'이라는 작은 공간을 열었다.

인권의
사각지대

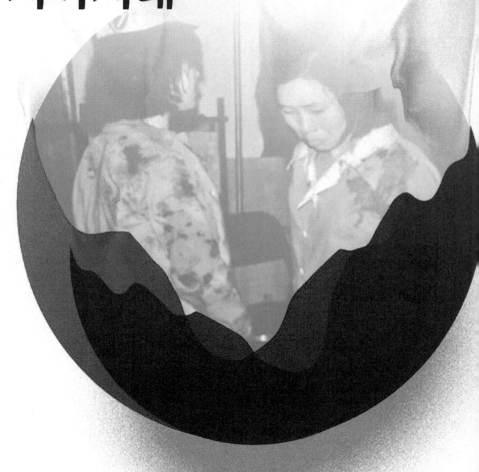

3-1. 녹화사업·강제 징집사건

박정희·전두환 독재정권은 1964년 한일회담 반대시위, 1971년의 교
련 반대시위, 1972년 이후 유신 반대운동, 1980년대 학생운동 등 반정
부 민주화운동에 참여한 대학생들을 대상으로 강제 징집, '녹화사업'
을 실시했다. 여기서 '강제 징집'은 학생운동에 참여한 대학생 가운데
제적·정학·휴학 등 이른바 특수 학적 변동자들을 병역법이 정한 절차
를 거치지 않고 당사자의 의사와 무관하게 강제 입대시킨 것을 말한
다. 이 과정에서 국방부·내무부·문교부 등 정부 각 부처가 역할을 분
담했다.

또 '녹화사업'은 국군보안사령부에서 강제 징집된 인원과 정상 입대
자 가운데 학생운동 전력자 등을 대상으로 1982년 9월부터 1984년 12
월까지 '군내 좌경오염 방지' 명목하에 개인별 심사를 통해 운동권 가
담 활동사항을 조사하고, 대상자의 생각과 이념을 바꾸도록 하는, 이른
바 '순화純化' 업무를 진행하며, 순화된 것으로 판단되는 병사들에게 출
신 대학의 학생운동 첩보를 수집해 오도록 '프락치 활동'을 강요한 것

을 말한다.

제5공화국 전두환 집권 시기에 집중 시행된 강제 징집, '녹화사업'은 피해 당사자 및 가족들을 비롯해 학원과 정치권의 강력한 문제 제기로 세상에 알려졌다. 야당과 학생들은 정권이 학생운동을 억압하기 위한 수단으로 국방의 의무를 악용했고, 국민의 기본권인 신체의 자유와 양심의 자유를 침해했다고 주장했다.

2006년 국방부 과거사진상규명위원회에 의해 파악된 강제 징집자는 모두 1,152명이다. 국방부 과거사진상규명위원회 조사 결과, 강제 징집을 주도한 기관은 국군보안사령부(보안사)였다. 보안사 심사과는 1982년 9월 6일 신설되어 1984년 12월 19일 해체될 때까지 강제 징집자 921명과 비특수 학적 변동자(학생운동 출신 정상 입대자 및 관련 민간인) 271명 등 총 1,192명을 대상으로 녹화사업을 수행했던 것으로 드러났다.

강제 징집은 1980년 77명, 1981년 230명, 1982년 371명, 1983년 461명으로 늘어나다가 1984년에는 13명으로 급감했다. 대학별로는 서울대가 254명으로 가장 많고, 다음은 고려대 165명, 성균관대 105명, 경북대 37명, 전남대 29명, 강원대 28명 등이었다. 강제 징집자를 대상으로 녹화사업을 실시한 인원을 대학별로 보면, 서울대가 199명으로 가장 많고, 다음은 고려대 137명, 성균관대 79명, 경북대 30명, 강원대

〈표 3-2〉 강제 징집·녹화사업 대상자 피해 규모

구분	대상자 수	비 고
강제징집	1,152명	이 가운데 921명 '녹화사업' 실시, 231명은 미실시
녹화사업	1,192명	강제징집자 921명, 정상입대자 247명, 관련 민간인 24명 포함

* 출처: 국방부 과거사위, 〈강제 징집·녹화사업 조사결과보고서〉.

24명, 전남대 15명 등으로 나타났다.

집에서 자다가 영문도 모른 채 강제 징집

강제 징집은 주로 시위 현장이나 학생운동에 참여하던 중 경찰 등 수사기관에 의해 연행되어 수사를 받다가 강제로 입대지원서를 내고 징집된 경우가 많았고, 학생 시위가 예상되는 시기에 사실상 '예비검속' 수준에서 집에서 아무런 영문도 모른 채 강제 징집된 경우도 있었다. 당시 문교부나 대학 당국이 보안사, 안기부, 경찰 등의 협조를 얻어 운동권 학생들을 선별, 관리하면서 '지도휴학'이라는 이름으로 병무청에 통보하여 강제 징집당하는 경우도 적지 않았다.

예를 들어 1981년 1월 발생한 '무림사건', 같은 해 5월의 '야학연합회사건'(11명), 7월의 '학림사건'(24명), 같은 해 11월 9일 고려대 '문무대사

학림·무림사건, 문무대사건

1980년 12월 11일 서울대 시위에서 '반파쇼 학우투쟁선언'이라는 제목의 유인물이 뿌려졌고, 이를 계기로 많은 학생들이 구속되었는데 관계기관이 안개처럼 정체를 알 수 없다 하여 이들을 '무림霧林'이라 명명했다. 또 1980년 9월부터 '전국민주학생연맹'을 구성해 과감한 시위 전술, 대학 간 연대투쟁 등을 통해 학생운동 내의 전위조직 건설을 시도하고 '민주노동자연맹'과 결속해 조직적인 투쟁을 전개하려고 시도한 학생운동 그룹을 약칭 '학림'이라 불렀다.

1981년 11월 9일 문무대에 입소한 고려대생들이 병영 집체훈련에 반대하는 노래를 부르고 구호를 외치자 한 장교가 구타했고, 이에 학생들이 애국가 대신 교가를 부르는 등으로 저항했다. 이 사건으로 109명이 한꺼번에 징계(19명 제적, 1명 무기정학, 89명 지도휴학)를 당하고 강제 징집되었다. 이를 세칭 '문무대사건'이라 부른다.

건'(109명), 1981년 11월 28일 연세대 교내시위(정성희 포함 15명), 1982년 11월 6일 종로 연합가두시위(이윤성 외 20명) 등 대규모 학생운동 사건과 관련된 학생들이 집단적으로 강제 징집되었다.

선후배·동기들을 감시하는 프락치 강요

녹화사업 대상자들은 당시 소속 부대를 떠나 보안부대에서 1주일 또는 그 이상 고립되었기 때문에 주변의 어떠한 도움도 받지 못하는 처지였다. 공포와 불안 상태에서 강제 징집 피해자들은 자신의 양심에 반하는 진술을 강요당하고, 생각과 이념을 바꾸고, 나아가 반성문까지 작성하도록 강제 받았다. 특히 학생운동 관련 서클활동 등에 대해 조사받으면서 동료, 선후배들의 활동사항을 진술하게 되어 죄책감 등으로 심한 자괴감에 시달리기도 했다.

강제 징집 피해자들은 대학 운동권 서클 동정을 파악하고 시위계획 등에 관한 첩보를 수집하며 학생운동 조직을 파악하기 위한 '프락치 활동'을 강요받았다. 양심에 반하는 프락치 강요 행위는 피해자들에게 동료들을 배신해야 한다는 큰 정신적인 압박을 주었고, 결국 6명의 강제 징집 학생이 목숨을 잃는 비극을 낳았다.

강제 징집·녹화사업과 관련하여 학생 사망, 당사자의 반발 등 여러 부작용이 나타나고 정치문제가 되자 집권세력은 1984년 11월 13일 강제 징집을 금지했고, 이어 1984년 12월 19일 보안사 내 심사과가 해체되면서 녹화사업도 형식적으로는 사라졌다. 그러나 학생운동 출신자들을 군대에서 별도 관리하면서 정권에 비판적인 대학생들을 감시, 탄압하는 사례는 이후에도 지속되었으며 군대 민주화를 요구하는 사병들의 양심선언은 1990년대까지 이어졌다.

국방부 과거사진상규명위원회의 강제 징집·녹화사업 피해조사 사례

성균관대 학생 남〇〇은 한 쪽 눈에 시력이 없음에도 강제 징집되었다가 3개월 만에 의병 전역했고, 서울대 학생 이〇〇은 육안으로도 식별이 가능할 정도로 소아마비 장애가 있었음에도 강제 징집되었다. 성균관대 학생 박〇〇은 보충역 편입 대상자임에도 강제 징집되어 보충대 신체검사에서 불합격 판정을 받아 경찰서로 되돌아왔으나 경찰서에서 며칠 대기시킨 후 다시 형식적인 신체검사를 거쳐 현역 입대했다. 그 외 강제 징집되어 군복무 중 사망한 이윤성(성균관대)은 2대 독자이고, 정성희(연세대)는 만19세 이하로 입영 연령이 되지 않는 등 현역 입영 대상이 아니었음이 확인되었다.

1981년 4월 11일 광주민주화운동 관련자로 구속되었다가 재판 과정에서 석방 후 강제 징집된 조선대 학생 송〇〇은 "군대 내에서 군복을 입고 있는 사람을 상대로 한 녹화사업은 그 자체가 대단히 비인간적이다. 조사 대상자는 출구도 없이 자기 스스로를 방어할 수단이 하나도 없는 상태이기 때문에 일반적으로 국가에 의해 가해지는 폭력을 감내해내면서 자기의 양심과는 어긋난 행동을 강요받기 때문에 그 정신적 피해는 상상 이상이다. 오죽하면 내 인생에서 지우고 싶은 시절이 되었겠는가? 그리고 제대 후 대학에 복학한 이후에도 관련자들은 군대 시절 이야기를 그 누구와도 하지 않는다. 사회생활을 하는 지금도 절대로 군대 이야기를 하지 않는다"고 증언했다.

녹화사업 피해자들은 보안사 요원으로부터 구타 등 가혹행위를 당하기도 했는데, 교내 서클활동과 관련하여 강제 징집된 고려대 학생 김〇〇은 아래와 같이 증언했다.

처음 2일 동안은 잠을 전혀 재우지 않으면서 조사를 했는데 그 과정에서 고〇〇은 저에게 양손을 책상 위에 올리라고 한 후, 손가락 사이에 볼펜을 끼우고 눌러대면서 고문했습니다. 제가 그 고통으로 인해 비명을 지르자, 고〇〇 곁에 있던 누군가가 제 입에 수건을 집어넣어 소리를 지르지 못하도록 했으나 제가 계속해서 비명을 지르자 지켜보던 누군가가 제 입에 발을 집어넣었습니다. 그 과정에서 제 손가락은 진물이 흘러내리고 피멍이 들었으며 그런 고문은 〇〇분실에 도착한 후, 약 2일 동안 지속적으로 진행되었습니다.

3-2. 노동조합 탄압사건

1960년대 이후 한국은 압축적인 근대화·경제성장을 이루었다. 국가주도하 원조 차관과 국내 자원의 강제적 집중 배분으로 재벌 중심, 수출 중심, 대외 의존 중심의 경제구조가 뿌리내리면서 한국 경제는 단기간에 폭발적인 외형적 성장을 구가할 수 있었다. 그러나 성장만능주의를 앞세운 급속한 경제성장의 이면에는 저곡가정책에 따른 농민들의 희생과 도시 임금노동자들의 저임금, 장시간 노동, 사회 전체의 빈부격차 심화라는 짙은 그늘이 있었다.

특히, 한국 노동운동은 국가의 기업 편향적 경제정책과 극우 반공주의 일변도의 정치 환경에 의해 자주적인 성장이 가로막혀왔다. 한국노총이라는 노동조합 단체가 있었으나 정부의 입장만을 대변하는 '어용 노동조합'이라는 비난을 받고 있었다. 대부분의 어용 노조들은 정부를 대신하여 노동자들의 자주적 노동운동을 가로막는 역할을 수행하고 있었다.

1970년 11월 13일 서울 청계천 노동자 전태일의 분신은 비인간적 노동환경과 무권리 상태에 놓인 노동자들의 현실을 드러내는 계기가 되었다. 전태일의 죽음은 노동자들의 자각을 촉발했고, 참혹한 노동현실에 대한 지식인들의 현실 참여를 불러일으켰다. 그러나 1970년대와 1980년대 자주적 노동조합운동은 정권의 노동운동 탄압, 기업주의 노조 불인정, 경찰과 공안기구들의 노조 파괴 공작에 직면하면서 많은 어려움을 겪었다.

노동자들의 권리와 노동운동에 대한 국가의 위법하고 부당한 탄압의 진상이 가해 주체인 국가에 의해 밝혀진 경우는 국가정보원의 〈과거사건 진실 규명을 통한 발전위원회)(이하 국정원 과거사위원회)와 진실화해위원회의 진실 규명 조사가 처음이다. 여러 문제에도 불구하고 이들 국가기구에 의한 조사는 주로 피해자 측 자료들에 의지했던 한계를 극복하고 그동안 접근조차 불가능했던 국가 내부 자료들을 통해 노동탄압의 총체적인 양상과 구조를 탐색할 수 있었다는 점에서 의의가 크다. 진실화해위원회가 규명한 노동기본권 및 인권침해사건은 주로 1970년대부터 1980년대 중반까지의 주요 노동조합 탄압사건들(청계피복, 반도상사, 동일방직, 콘트롤데이터, 서통, 한일도루코, 무궁화메리야스, 원풍모방, 태창메리야스, 남화전자)이다.

이들 노조 탄압사건을 크게 '노조 설립 및 노조 민주화 과정', '노조활동 과정', '공권력에 의한 노조 와해 과정' 그리고 '블랙리스트에 의한 기본권 침해'로 나누어 살펴본다.

노조 설립 및 노조 민주화

1961년 5·16쿠데타로 집권한 박정희 정권은 중앙정보부(이하 중정)를 통해 그해 8월 한국노동조합총연맹(한국노총)의 설립을 주도했고, 노총 간부들을 회유, 협박, 구속하면서 한국노총을 통해 노동운동을 엄격하게 관리, 통제했다. 국정원 과거사위원회 보고서는 "중정이 한국노총 조직 결성을 주도했고, 중정이 통제할 수 있는 구성원들로 한국노총 간부들을 끊임없이 육성하고 관리했으며, 한국노총 위원장 선거와 각 산별위원장 선거에 직접 개입하여 중정이 지명하는 자가 위원장에 당선되도록 각종 물리력과 협박, 회유 등의 공작을 통해 무력화시켰다"고 지적하고 있다.

당연히 노조 설립과 '어용노조'의 민주화 과정은 이와 같은 중정과 경찰, 회사의 공작과 탄압에 의해 얼룩졌다. 청계피복노동조합의 경우, 1970년 11월 13일 전태일 열사의 분신 이후 같은 해 11월 27일 83개 사업장 560명의 조합원으로 노조가 설립되었다. 그러나 중정은 노동청 간부를 시켜 거액을 제시하면서 전태일의 모친 이소선 여사를 매수, 회유하려는 등 노조 설립을 방해했다.

반도상사노동조합의 경우, 1974년 2월 26일 노동자들이 "폭행 사원 처벌하라", "중식 차별문제 해결하라", "기숙사 시설 개선하라", "강제 잔업 철폐하라", "취업규칙 내걸어라", "임금인상 60퍼센트 지급하라" 등의 요구사항을 적은 호소문을 내걸고 16시간 농성을 했다. 농성 이후 회사는 주동자들에 대해 부서를 옮기거나 사직을 강요하는 한편, 남성 노동자들을 중심으로 어용노조를 만들기 위해 어용 섬유노조와 공모했고, 1974년 3월 5일 노조 창립대회에서는 회사 측 직원을 노조지부장으로 선출하려다가 발각되어 이에 항의하는 농성이 벌어지기도 했다. 중정은 농성이 일어난 최초 시점부터 적극 개입했다. 중정은 인천산업선교회의 여성노동자 지도자모임에서 노동법과 노동조합 교육을 받은 이른바 의식화된 여성 노동자들을 농성 주도자로 파악하고, 인천산업선교회와 노동자들을 분리시켜 이른바 순화하는 공작을 벌여나갔다.

원풍모방(구 한국모방)노동조합의 경우도 1967년 당시는 회사 측의 지원을 받아 당선된 노조지부장이 주도하던 어용노조였다. 이에 1972년 4월경 퇴직자를 중심으로 '퇴직금 받기 투쟁위원회'가 조직되어 회사 측에 항의했고, 1972년 7월경에는 어용노조에 대항하여 '한국모방 노동조합 정상화 투쟁위원회'가 결성되었다. 1972년 8월 9일에는 8시간 파업농성을 승리로 이끌면서 1972년 8월 17일 대의원대회에서 지동진이 노조지부장으로 선출되어 힘겹게 노조 민주화를 이루었다.

무궁화메리야스노동조합 역시 이전 수차례 노동조합을 설립했으나 번번이 회사의 방해와 탄압으로 무력화된 경험이 있었다. 1976년 11월 치밀한 준비 끝에 노동조합이 설립되자 회사는 조합원들에게 변소 청소를 시키거나 노조 간부에게 대놓고 빨갱이라고 욕설을 퍼붓기도 했다. 어려움을 견디지 못한 노조 간부들이 스스로 사퇴하거나 회사를 그만두는 일도 벌어졌다. 그러던 중 1977년 5월 18일 민주파 노조분회장이 선출되면서 본격적으로 노동조합 활동이 진행되었지만 회사는 분회장에게 사퇴를 요구했고, 이를 거부하자 도둑으로 누명을 씌워 형사처벌을 받도록 하는 등 지속적인 감시와 탄압을 시도했다.

동일방직노조에서는 1978년 2월 21일 대의원대회 개최 당일인 새벽 6시경 밤샘 작업을 마치고 투표를 위해 줄을 지어 나오던 조합원들을 향해 어용 섬유노조와 회사 측의 사주를 받고 화장실 앞에 숨어 있던 대여섯 명의 남자 조합원들이 똥물을 투척하는 엽기적 사건이 발생하여 큰 사회적 파장을 일으키기도 했다. 회사 측은 이에 항의하던 124명 노동자들을 해고했다.

남화전자노동조합의 경우, 노총이 도리어 노조 설립을 방해하는 어처구니없는 일이 일어났다. 1980년 1월 8일경 노조 설립과정에서 노총은 "계엄상황이기 때문에 노조를 설립할 수 없다. 집회 신청을 내면 계엄사령부에서 회사로 연락을 하여 너희를 해고시킬 것"이라며 협조를 거부하다가 나중에는 회사 사장에게 전화하여 노조 설립을 막으려 했다. 1980년 1월 15일 회사는 상여금을 지급한다는 명분으로 노동자들을 퇴근시키지 않고 서울남부경찰서 정보과 형사, 회사 간부, 노동부 관악사무소 근로감독관들이 참관하는 가운데 화학노련 간부를 데리고 와서 어용노조를 결성함으로써 노동자들의 자주적인 노조 결성을 가로

막았다.

서통노조의 경우, 노동조합을 준비하던 중 회사에 발각되어 1980년 3월경 회사 측이 주동자들을 명동 본사로 강제 발령하는 등 노조 결성을 방해했고, 1980년 5월 14일경에는 섬유노조와 짜고 비밀리에 어용노조의 결성을 시도했다. 노동자들은 당시 밤새 대책회의를 했고, 바로 다음날 새벽 기숙사 옥상에 모여 농성을 시작했다. 1,200여 명의 노동

도시산업선교회

1964년 5월 기독교계 예장, 기장, 감리교, 성공회 대표가 모여 실무자들 사이에 정보를 교환할 목적으로 '한국도시산업선교연합회'가 결성되었다. 1969년 5월 '영등포도시산업선교연합회', 1971년, '인천도시산업선교협의회' 등 1970년대 이후 산업선교는 주로 서울(영등포, 구로공단, 동서울), 인천, 청주 등에서 활발하게 활동했다.

노동자 회원을 모집하여 권리의식과 노동조합에 대한 초보적인 교육을 실시하고, 개별적인 노동자들의 문제를 해결해주기도 했다. 당시 '소그룹 활동'을 통해 여성 노동자들을 조직했는데, 같은 회사, 같은 부서의 노동자들을 7~10명 단위로 조직하여 스스로 문제를 인식하고 문제를 해결하도록 하는 교육방식을 취했다. 이러한 소그룹 활동을 통해 어린 여성 노동자들은 객지 생활의 외로움을 달래는 한편, 소속감을 회복하고 공동체 의식을 통해 노동문제에 대한 인식을 공유하고 이들 스스로 직접 노동조건 개선투쟁에 참여했다. 이러한 소그룹 활동은 후에 노동조합의 조직에서도 강력한 뿌리로 작용했다.

이처럼 도시산업선교회는 노동자들의 지지와 신뢰를 받으면서, 특히 경인지역을 중심으로 그 영향력이 확대되었고, 1970년대와 1980년대 원풍모방, 동일방직, 반도상사, 콘트롤데이타 등의 노조 결성과 민주화 과정을 적극 지원했으며, 삼원섬유, 대일화학, 동남전기, 태광산업, 유림통상 등에서의 노조 결성과 민주화 과정에, 해태제과, 롯데제과, 방림방적 등에서도 8시간 노동제와 체불임금 지불 요구 투쟁에 주요한 역할을 담당했다.

자가 농성에 참여한 가운데 근로조건을 개선하고 섬유노조와 야합하여 회사 주도하에 결성하려던 어용노조를 해체하고 민주노조 결성을 인정하라는 요구는 3일간 이어졌고, 1980년 5월 17일 밤 10시경 우여곡절 끝에 노조 결성식을 치를 수 있었다.

한편, 1970년대 노동조합운동은 주로 섬유 면방, 전자업종 여성노동자 중심으로 활발하게 전개되었는데 이들의 활동에는 도시산업선교회(약칭 도산)와 가톨릭노동청년회JOC 등의 지원이 큰 역할을 했다. 이들 종교단체는 노동자 소그룹 단위활동 조직을 통해 공동체 의식과 노동자로서의 자의식 성장, 노조 설립과 노조 민주화를 지원하고 한국 노동문제를 국제사회에 알리는 데 기여했다.

폭력까지 동원한 노조활동 방해

노조활동에 대한 방해, 탄압은 다양한 형태로 이루어졌다. 노조간부 불법연행, 노조활동 감시, 도시산업선교회 탄압, 노동대책회의를 통한 공권력의 부당 개입 등이 대표적 사례들이다.

1976년 7월 동일방직 노조원 알몸시위사건은 경찰의 노조간부 불법연행에 항의, 농성하는 과정에서 경찰이 농성장을 폭력으로 진압하자 어린 여성 노조원들이 "여자들이 옷을 벗으면 경찰도 우리에게 손을 대지 못할 것이다. 우리 모두 옷을 벗자"라면서 저항한 사건이다.

진실화해위원회 조사에서 당시 경찰관은 "동일방직사건은 중정에서 회사에 주재하다시피 했고, 경찰은 중정의 심부름을 한 것에 불과했다. 당시 상부에서는 이미 농성 해산에 대한 지침이 내려져 있는 상태였고, 동일방직 농성은 청와대까지 보고가 된 것으로 알고 있다. 당시 동일방직에서 농성을 하면 바로 해산을 시켜서 다른 사업장이나 특히 공단에 악영향이나 파급효과를 차단했다. …… (나는) 동일방직을 담당하면서 동향보고서를 올리는 정도의 역할을 했고, 경찰조차도 결정권이 없었고, 모든 보고서가 중정이나 청와대에 보고되어 그들에 의하여 정책적·정치적 결정이 내려졌으며, 경찰은 그 결과에 따라 상황을 유지하거나 결정을 집행하는 정도의 역할을 했다"고 증언했다.

그 외에도 진실화해위원회의 조사 결과, 경찰과 중정은 노조 간부와 그 가족들을 일상적으로 감시하고 미행했는데, 이들의 동향 파악을 위해 조합원, 회사 관계자, 기숙사 사감, 통반장 등을 비롯한 유급 망원(감시자)을 활용한 사실도 확인되었다. 이들로부터 수집된 정보는 경찰,

 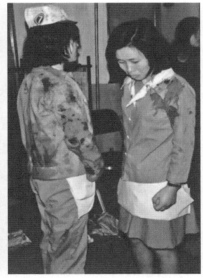

〈사진 3-14〉, 〈사진 3-15〉 동일방직 노동자 테러사건
1978년 2월 21일 회사 측에 매수된 남성노동자 4명이 동일방직 대의원선거 투표장을 기습, 여성노동자들에게 똥물을 퍼붓고 조합원들을 집단폭행했다.
* 출처: 동일방직 해고노동자 복직추진위원회.

중정, 보안사, 노동부 등 관계기관에 지속적으로 보고되었다. 특히 중정은 이들 관계기관 간의 정보업무 조정권한을 내세워 주도권을 행사했음도 드러났다.

또한 중정, 경찰, 노동부 등은 노동자들과 도시산업선교회, 가톨릭노동청년회JOC로 대표되는 종교인들을 격리시키기 위해 도시산업선교회를 반국가단체로 규정하고 도산 제거와 도산계 노조 와해방침을 세운 후 이들 관계자들에 대한 내사, 연행, 감시 등의 정보활동을 지속적으로 했고, 해당 사업장의 노사분규에 끊임없이 개입했다.

당시 언론 역시 도시산업선교회를 극단적으로 불온시하는 편파 허위보도를 쏟아냈으며, 중정은 도산 소속 목회자들과 노동자들을 불법 연행하여 수사했다. 경찰, 노동부 관계자는 노조 조합원들에게 도산에 가지 못하도록 강요했고, 비노조원들에게 도산 규탄 궐기대회를 개최하라는 등의 협박을 했으며, 도산계 노조 및 도산계 조합원 명단을 작성하여 배포하여 노동기본권과 종교의 자유, 양심의 자유를 심각하게 침해했다.

박정희 정권은 1979년 8월 YH무역 여성 노동자들의 신민당사 농성투쟁을 배후 조종했다는 이유로 목사, 교수, 시인 등을 구속하고, '산업체에 대한 외부세력 침투실태 특별조사반'을 구성하여 노조활동 교육지원단체를 '불순··용공'으로 모는 한편 체제 전복을 기도했다고 매도하기도 했다. 그러나 실상을 보면, 자주적 노조에 대한 외부의 지원은 노동자들의 기본권이나 노조 설립 등에 관한 기초적인 교양 수준에 그친 반면, 경찰이나 중정 등 국가권력의 노동 탄압은 강력한 물리력과 언론 홍보를 동원한 매우 체계적이며 강력한 것이었다.

진실화해위원회의 입수 자료 가운데 노동부 관악사무소 명의의 (주)

서통노조 정상화추진 관계관회의(1981. 12. 22)라는 자료에 의하면, 회의 안건으로 "노동조합 정상화추진위원회 구성문제, 해고자 사후 대책"을 주요 내용으로 노동조합 정상화 추진위원회 구성 시기, 소집권자 추대 서명, 대의원선거 실시, 소집일자 등 세세한 노조 업무까지 노동부가 개입, 조정, 결정하고 있었다. 특히 (주)서통노조 정상화기획(안)은 '각 부서별 건전한 인물 선정, 조합원 스스로 추진위원회를 구성하도록 유도하고, 대회소집권자 지명 요청에 필요한 조합원 3분의 1 이상의 서명날인을 받아 서울시에 대회소집권자 지명요청서를 제출하고, 그 사이에 대의원선거에 필요한 선거관리규정 등을 작성하여 선거를 준비, 대의원대회가 구성될 때까지 위 추진위원회가 선거를 관리'하도록 하는 등의 절차를 논의하고, 예상되는 문제점에 대해 토론하고, 그에 따른 대책은 회사·남부경찰서·노동부·서울시 등이 각각 역할 분담하는 내용으로, 공권력이 노조활동에 체계적으로 불법 개입한 사실이 확연히 드러난다.

공권력에 의한 노조 와해

1980년 전두환 신군부는 5·17비상계엄령을 전국으로 확대한 후 행정·사법 업무를 조정·통제하는 국가보위비상대책위원회(약칭 '국보위')를 설치하고 이른바 '노동계 정화 조치'를 실행했다.

국방부 과거사진상규명위원회의 〈삼청교육대사건 진상조사보고서〉(2006)에 의하면, 국보위는 노조업무 감사 결과에 의해 12명을 노조 간부직 및 직장에서 해고 조치했으며, 자체 정화로는 노조 간부직 사퇴 후 소속 직장 복귀 44명, 해직 233명, 지역노조 해체 조치 정화지침에 따라 노조 간부를 소속 직장에 복귀시켰고, 삼청교육대에 28명을 입소시켰다. 또 노동조합 간부를 계엄사 합동수사본부에 연행, 조사한 후 순화교육에 입소시켰으며, 노조활동을 계속할 경우 삼청교육대에 보내 겠다고 협박하여 정상적인 노동조합 활동을 할 수 없게 만든 사례도 있 다고 발표했다.

노동청도 1980년 11월 4일 노총 및 산별노조에 '정화된 노동조합 간 부의 노조활동 금지' 제하의 공문(노조 1454-28934)을 시달하여, 정화된 노동조합 간부(사퇴자 포함)가 노동조합 활동 또는 소속 사업장 노동조 합 간부들과의 접촉으로 자파 조직의 재결합 또는 영향력을 행사하여 조직 분규를 조장시키는 등 아직까지 노조활동에 직·간접적으로 간여 하고 있는 사례가 있으니, 정화된 자가 각 시도협의회나 사업장 노조에 참여하는 행위가 없도록 조직 관리를 철저히 하도록 지시하기도 했다.

한일도루코, 콘트롤데이터, 서통, 원풍모방, 반도상사들의 노조 지부 장 및 부지부장은 국보위의 노동계 정화 조치에 의해 1980년 10월경 노조 지부장직을 강제로 박탈당하고, 강제 사직을 당하거나 상급 노조 로부터 조합원 제명 통지를 받고, 해고당했다. 이들은 그해 12월경 경찰 서, 보안사 서빙고분실, 계엄사 합동수사본부 등으로 불법 연행되어 구 금된 후 고문과 가혹 행위를 당한 뒤 강제 사직서를 썼고 그중 일부는 다시 삼청교육대로 끌려가기도 했다.

'블랙리스트'로 재취업도 방해

블랙리스트Black List는 노동조합 활동 과정에서 해고되거나 도산계 근 로자 및 노조로 분류되어 공권력의 순화 및 동향 감시 대상으로 관리 되었던 명단이었다. 블랙리스트는 개별사업장 및 공단, 경찰, 노동부 등 관계기관 간에 상호 교류하며 재작성되는 등의 과정을 거쳐 그 규모가 점점 증가하여 대상자의 재취업 과정에서 취업 제한 명단으로 활용되었으며, 정보기관 등으로부터 일상적인 동향 감시의 자료로도 활용되었다.

1978년 124명의 동일방직 해고자 명단이 전국 사업장에 배포된 바 있고, 그 이후 노조활동 관련 해고자 등 노동운동가들의 명단을 회사, 경찰, 노동부, 중정(안기부) 등에서 취합, 작성, 배포하여 노동운동 탄압의 수단으로 삼았다. 그 결과 동일방직 노조간부는 물론, 1979년 YH노조의 신민당사 농성사건과 1980년 노동계 정화 조치 이후 수많은 노조간부들이 강제로 사퇴하거나 퇴사 조치 당했다. 1980년 12월 한일도루코 및 무궁화메리야스 노조 간부 해고, 1981년 1월 청계피복노조 해산, 1981년 3월 반도상사 노조 해고 및 노조 해산, 1981년 7월 남화전자 폐업, 1981년 12월 서통노조 간부 구속 및 해고, 1982년 3월 콘트롤데이터 노조원 해고 및 폐업, 1982년 10월 원풍모방 노조원 해고 및 구속, 1983년 태창메리야스 노조원 해고 등 1978년부터 1983년까지 소위 민주노조에 대한 구속, 연행, 해고가 집중적으로 발생했고, 노조원들은 예외 없이 블랙리스트에 올라 취업은 물론 가족관계와 사회생활에 심각한 피해를 입었다.

국정원 과거사규명위원회의 입수자료 〈해고 도산 근로자 관리현황〉[25](1984. 1. 10)에 의하면, 안기부는 1983년 10월 25일 노동부를 동원하여 중앙 노동대책 실무관계관회의를 개최, 681명의 관리대상을 A급 28명, B급 97명, 계 125명으로 축소했다. 안기부는 125명의 A, B급 관리대상자에 대해 차등적인 관리지침을 마련하고 매분기 1회씩 중앙 노동대책 실무관계관회의를 열어 관리 대상자 동향분석, 등급 재분류 작업을 실행했다. 이 관리지침에 의하면, A급 28명에 대해서는 사업장 접근 철저 차단, 위장취업 시 즉각 해고, 사실상 행동반경을 도산회관으로 제한하고 B급 97명에 대해서는 사전에 취업 제한(자영업 유도), 위장취업 발견 시 보직 변경 및 순화, 순화 불가능 시는 해고 조치한다고 적시되어 있다.

블랙리스트에 의한 피해는 심각했다. 서통노조원 이○○은 "서통에서 해고된 이후 구로동 근처에서 해고자들을 만났는데, 어디선가 남부경찰서 형사가 나타나 연행된 일이 있었다. 그 때 형사는 여기는 얼씬도 하지 말고 다시는 그런 일을 하지 않겠다는 각서를 쓰라고 강요했고, 결국 각서를 쓴 뒤에야 경찰 연락을 받고 시골에서 올라오신 어머니에게 끌려 내려갔던 일이 있었다. 그 이후 생계문제 때문에 수차례 이곳저곳 원서를 냈는데, 취업이 되지 않았다"고 증언했다.

또 콘트롤데이터 노조원 이○○는 "회사가 철수한 뒤 열 군데 정도 다른 회사에 입사지원서를 넣었으나 취업하지 못했는데 나중에 알고 보니 노조활동을 했던 간부 및 조합원들도 블랙리스트 때문에 취업이 안 되었다"라고 말한다.

원풍모방 노조원 정○○도 "분산된 조합원들은 각자 생계유지를 위해 직장을 찾아 나섰으나 가는 곳마다 원풍모방에 다녔다는 이유로 취업이 거부되거나 해고되는 사태가 속출했다. 또 다른 노조원 신○○은 충남 직물공장에 출근했다가 경찰의 추적으로 발각되어 해고되었고, 동생은 대한모방에 1차 시험에 합격했으나 언니가 원풍에 다녔다는 이유로 취업이 거절되었다. 이○○ 역시 수원 제일모직에 출근한 지 3일 만에 원풍모방 출신이라는 이유로 해고당했다. 거의 대부분의 조합원들이 원풍모방 근무 경력이 발각되면 바로 해고를 당했다"고 증언했다.

합법적인 노동조합 활동에 대한 방해, 탄압과 블랙리스트 작성은 그 자체로 헌법상에 보장된 노동권에 대한 심대한 침해에 해당한다. 지금까지 살펴본 1970~1980년대 권위주의 정권에 의한 노동조합 탄압의 사례는 빙산의 일각에 지나지 않는다. 그 정확한 피해 규모는 아직도 완전히 밝히지 못하고 있고 피해자들에 대한 명예 회복과 정당한 배상은 현재까지도 요원한 상황이다.

3-3. 전향공작사건

근대 인권 개념의 핵심이 사상과 양심의 자유, 표현의 자유에 있다고 말하는 이유는 자유로운 개인의 생각과 의지야말로 건강한 공동체의 토대이며, 개인들의 정치적 신념의 자유와 다양성을 보장하는 데에서 민주주의가 시작될 수 있기 때문이다. 민주주의 국가에서 양심과 사상의 자유를 헌법상 기본권으로 보장하는 것도 같은 이유이며, 양심과 사상의 자유는 "정신적 기본권 중 가장 근원적인 것"이며, "최상급의 기본권"이라고 정의되기도 한다.

'사상 전향'이란 개인이 가진 특정의 가치, 신념체계를 다른 성향의 가치, 신념체계로 바꾸는 것을 말한다. 이 과정이 개인의 자유의지에 따른 것이 아니라 타인에 의해 강제된다면 심각한 인권침해가 발생한다.

일제하 독립운동가들을 탄압하던 전향공작

우리나라에서 '전향공작'은 개인의 정치적 사상·신념을 폭력적 수단을 동원하여 국가가 의도한 방향대로 바꾸는 일련의 사상탄압이자 인권침해 행위를 뜻한다. 이 전향공작은 일제하 독립운동가들을 대상으로 일

제가 자행한 사상 탄압에서 비롯된 것이었다.

일제는 1925년 12월 치안유지법을 시행하면서 진보적 사회운동뿐만 아니라 민족해방운동도 탄압했으며, 1933년 12월부터는 치안유지법 위반 수형자를 전향자, 준전향자, 비전향자로 분류하여 관리하다가 1936년 12월 〈조선사상범 보호관찰령〉을 시행하여 조선총독부 보호관찰소를 설치하는 등 사상범에 대한 감시를 법제화했다. 또 1941년 2월 〈조선사상범 예방구금령〉을 공포하여 조선총독부 보호교도소를 설치한 후 치안유지법 위반자를 일반사회와 격리시켜 사상의 개선과 교정을 실시하는 등 황국신민화를 강력히 실시했다.

전향공작은 해방 후에도 정권에 반대하는 지식인이나 사회주의자들을 탄압하는 수단으로 독재정권에 의해 지속되었다. 1956년 10월 29일 제정된 〈가석방심사규정〉(법무부령 제19호) 제7조 2항은 "국가보안법 위반 등 수형자에 관하여는 특히 그 사상의 전향 여부에 대하여 심사하고 필요한 때에는 전향에 관한 성명서 또는 감상록을 제출하게 하여야 한다"고 규정함으로써 전향서 작성을 제도화했다.

4·19혁명이 끝난 직후 전국 각 교도소에 수감 중이던 좌익수에 대한 감형조치로 무기수(간첩죄로 형을 선고받은 경우 제외)는 20년으로 감형되었고, 15년 이하의 유기형을 선고받은 사람 중 전향자는 모두 석방되었으며, 비전향자는 잔여 형기의 3분의 1~3분의 2가 감형되기도 했다.

그러나 5·16군사쿠데타 이후 비전향 좌익수 800여 명을 대전교도소에 수용하면서 이들에 대한 관리와 전향공작은 한층 조직적이고 강력하게 이뤄지기 시작한다. 그리고 그 실행은 새로 창설된 중앙정보부가 주도적인 역할을 담당하게 된다.

독재정권에 의해 부활된 전향공작

박정희 정권은 1964년 1월 11일 '좌익 수형자의 사상전향 심사방안 추가 지시'를 통해 "전향심사에 각 지구 중정 관계관을 참여시켜 전향심사의 효과적 운영을 기하도록 할 것"이라고 지시하여 중정이 본격적으로 전향공작에 직접 참여하기 시작했다. 이 문건은 비전향 수형자에 대한 전향 공작 5단계를 제시하고 각 단계별 필요한 조치를 자세하게 규정하고 있다.

1단계는 '반성촉구 단계'(10일 내지 15일간)로 입소일부터 독거 수용, 범죄 내용과 전향 의사 등을 담은 교무과의 사상동향서 작성, 보안과의 동정 기록 작성, 소장 면접 등을 실시한 후 이를 교무과와 보안과가 종합, 분석하여 공작방안을 수립한다. 2단계는 '전향공작 단계'(3개월 내지 4개월간)로 월 2회 이상 전방(감방을 옮김)하고 혼거와 독거를 병행하며 사회 저명인사, 소장, 교무과장, 보안과장 등의 세뇌교육을 실시한다. 3단계는 '공작 결과 및 동정 파악 단계'(1개월간)로 혼거 중인 다른 재소자로부터 동정을 파악하는 등 광범위한 동정 기록을 작성하여 세뇌 결과를 취합한다. 4단계는 '전향 심사 단계'(10일 내지 20일간)로 교도소 관계자와 중정 관계관이 참여하는 심사를 하고, 전향 동기와 앞으로의 각오 등을 담은 전향서를 제출하게 한다. 5단계는 '전향문 발표 단계(10일 내지 20일간)로 재소자 전체 모임 또는 교도소 내 방송을 통해 발표한다는 것이다.

또 1973년부터는 〈좌익 수형자 전향공작전담반 운영지침〉이라는 제목의 법무부 예규가 시달되고 대전, 대구, 광주, 전주 등의 교도소에 전향공작전담반(이하 전담반)이 구성되면서 비전향 수형자에 대한 전향공작은 보다 체계화되어 강력하게 진행되었다. 더욱이 1975년 7월 16

일에는 사회안전법이 제정됨으로써 비전향자들은 전향하지 않고서는 감옥을 벗어날 수 없게 되었다.

사회안전법은 형법상의 내란죄, 외환죄, 군형법 중 반란죄, 이적죄, 반공법, 국가보안법, 국방경비법 위반죄를 범한 자들로서 형을 선고받고 집행을 받은 사실이 있는 자들을 대상으로 재범의 위험성을 예방하고 사회복귀를 위한 교육 개선을 목적으로 검사의 청구와 보안처분심사위원회의 결정에 따라 보안관찰 처분, 주거 제한 처분, 보안감호 처분 등을 할 수 있다고 규정하고 있었다. 보안감호 처분은 2년마다 무기한으로 갱신할 수 있었으며, 보안감호 처분을 받은 자들을 수용하기 위해 청주보안감호소가 설치되었다. 그러나 아무런 사법적 판단 없이 검사의 청구만으로 무제한적으로 인신을 구속한다는 것은 인권과 양립할 수 없는 야만적인 국가폭력이 아닐 수 없었다. 당연히 사회안전법에 대해서 국내외에서 많은 비판이 제기되었다.

결국 1980년대 후반부터 사상범에 대한 다양한 통제제도들이 조금씩 변경되기 시작했다. 사회안전법은 1989년 6월 16일 전문 개정되어 그 명칭이 보안관찰법으로 바뀌면서 보안감호 처분과 주거 제한 처분이 폐지되는 한편 종전의 보호관찰 처분이 보강된 보안관찰 처분제도가 신설되었다. 그러면서 상당수의 비전향 좌익수들이 출감했고, 청주보안감호소는 청주여자교도소로 변경되었다. 또 사상범들의 수형생활도 어느 정도 향상되기 시작했으며, 무기수로 복역하고 있던 비전향자 일부가 가석방되었다.

이와 관련하여 유엔인권이사회도 제78차 회의(2003. 7. 15)에서 "대한민국의 '사상전향제도'가 B규약에 위반"된다는 결정을 내렸다. 이 이사회는 결정문을 통해 "사상전향제도의 강압적 성격에 주목"하고 "이런 제도는 피수용자의 정치적 견해를 바꾸기 위한 의도로 차별적 관행을 적용한 것"이라고 밝히면서 "정치적 견해에 대하여, 차별적 기초 위에서 의사 표현의 자유를 제한하고, 그럼으로써 인권규약 제26조(평등권), 제18조 1항(사상·양심의 자유), 제19조 1항(표현의 자유)을 침해한다"고 결정했다. 나아가 "사상전향제도의 강압적 성격은 그 뒤에 나온 준법서약제도에서도 유지된다"고 밝혔다.

결국 국가인권위원회는 2002년 10월 "1998년 10월 10일 〈가석방심사에 관한 규칙〉이 개정되기 전까지 시행된 사상전향제도는 헌법 제19조에서 보장하는 양심의 자유를 침해하는 제도"라고 결정했으며, 1998년 사상전향제도를 폐지하며 도입한 준법서약제도도 2003년 7월 30일 폐지되었다.

전향공작에 대한 진실화해위원회의 결정

진실화해위원회는 2009년 11월 3일 안○○ 씨 등 23명의 전향공작 피해자들이 신청한 전향 공작 관련 인권침해 사건에 관한 진실 규명 결정서에서 다음과 같이 밝혔다.

1. 대전, 대구, 광주, 전주교도소 및 청주보안감호소는 전향공작계획을 수립·실행했고, 이 과정에서 위 교도소 및 감호소는 신청인 등 비전향 좌익수들에 대해 운동시간 및 질병 치료의 제한 등 차별적인 비인도적 처우를 하는 한편, 교도관들은 사상전향을 강요하며 구타 등의 가혹행위를 했으며, 대전, 대구, 광주교도소의 경우는 교도소 측의 지시로 전향공작에 동원된 폭력재소자들이 고문과 구타를 한 사실도 확인되었다.

2. 전향공작은 개인의 세계관, 인생관, 주의, 신조 등이나 내심에 있어서의

윤리적 판단을 그 대상으로 하고, 공권력이 위법 또는 부당한 직간접적인 강제수단을 동원하여 신념을 번복하게 하거나 신념과 어긋나게 사상전향을 강요한 것으로서 헌법 제19조가 보장하고 있는 양심의 자유를 침해한 것이다.

3. 전향공작 과정에서 행사된 고문, 구타 등 가혹행위는 "모든 국민은 고문을 받지 아니한다"는 헌법 제12조 2항에 위배되며 형법 제125조(폭행, 가혹행위)에 해당하는 위법한 행위이다.

전향 공작의 피해자들은 수십 년 동안 좌익수로서 교도소 및 감호소에 수감되어 국가의 직접적인 통제를 받으며 먹고 자고 움직일 수밖에 없는 극히 제한된 조건에 있었고, 이 과정에서 사상과 양심을 전향하지 않는다는 이유로 국가의 조직적이고 체계적인 전향공작의 대상이 되어 행형상의 차별적 처우를 받았음은 물론 협박, 고문, 구타 등의 가혹 행위를 당했다.

결국 사상전향제도하에서 진행된 전향 공작은 공권력이 위법 또는 부당한 직간접적 강제수단을 동원하여 개인의 세계관, 인생관, 주의, 신조 등을 번복하게 하거나, 신념과 어긋나게 사상전향을 강요한 것으로서 헌법 제19조가 보장하고 있는 양심의 자유에 대한 본질적 침해였다는 것이 진실화해위원회의 판단이었다.

3-4. 의문사사건

의문사疑問死란 일반적으로 '사망의 원인에 의혹이 있는 죽음'이라 하겠으나, 여기서는 "민주화운동과 관련한 의문의 죽음으로서 그 사인이 밝혀지지 아니하고 위법한 공권력의 직간접적인 행사로 인하여 사망했다고 의심할 만한 상당한 사유가 있는 죽음"(《의문사 진상규명에 관한 특별법》 제2조 1항)을 말한다.

과거 권위주의 통치 시기 민주화운동을 탄압하는 과정에서 독재정권의 각종 공안기관들이 개입되어 사인이 조작되거나 은폐된 죽음이 적지 않았다. 그러나 독재의 서슬이 시퍼렇게 살아 있던 당시로서는 유가족들이 죽음의 원인에 대해 의혹을 제기하더라도 권력의 탄압으로 사회적으로 알려지기는 힘들었다.

하지만 각종 의문사에 대한 의혹이 누적되고, 민주화운동이 확산되면서 의문사에 대한 진상 규명운동도 조직적인 운동으로 점차 발전하게 되었다. 1986년 '민주화운동 유가족협의회(이하 유가협)'가 창립되었고, 의문사 유가족들을 중심으로 1988년 10월 17일 '의문사 유가족협의회'가 발족되었다.

의문사 유가족협의회는 의문사 진상 규명을 촉구하며 NCC인권회관 농성(1988)과 '의문사 진상규명 촉구 및 폭로대회', '의문사 진상규명 및 책임자 처벌을 위한 시민대회'를 개최했고 야당 당사, 정부 청사 등을 항의 방문, 농성하는 등 지속적인 진상 규명 투쟁을 전개했다.

그 결과, 1988년 국회 '5공화국 비리 특별위원회'에서 의문사 문제가 처음으로 공식적으로 다루어지게 되었다. 이 때 다루어진 의문사는 정성희, 한희철 등 녹화사업 관련 의문사, 문영수·김성수·신호수 등 학생과 노동운동가 관련 의문사 사건들이었다. 그러나 당시 집권 여당과 공안기관, 검찰 등의 비협조로 인해 완전한 진상 규명에 이르지 못하고 몇몇 수사 결과에 대한 문제점과 의혹을 제기하는 데 그쳤다.

그러던 중 1989년 조선대학교 교지편집장 이철규 학생의 의문사, 같은 해 연이어 발생한 중앙대학교 총학생회장 이내창 학생의 의문사는 1990년 미국 국무부가 발표한 〈한국인권보고서〉에 실릴 정도로 사회적으로 큰 파장을 불러일으켰다.

1992년 3월 15일 민주화운동 과정에서 희생된 전국 여러 열사들의 추모단체가 모여 '전국 민족민주열사 추모사업회 연대회의'(이하 추모연대)를 발족시켰다. 1993년 문민정부의 출범과 함께 유가협과 추모연대는 〈의문사 진상조사 특별법〉과 특별검사제 도입을 정부에 촉구했다. 1994년 하반기부터는 유가족들은 진상 규명 촉구 서명운동과 청원운동, 국회 앞 시위·농성을 전개했다.

1997년 하반기 유가협과 추모연대 등은 의문사 진상 규명을 위한 특별법 제정운동을 시작했다. 국방부, 안기부, 기무사, 경찰청 등 공안기관들을 항의 방문하는 한편 시민 캠페인과 홍보활동에 주력했다. 1998년 김대중 정부의 출범과 함께 의문사문제 해결에 대한 기대는 더욱 높아졌다. 1998년 8월 3일에는 '민족민주 열사·희생자 명예 회복과 의문사 진상규명을 위한 범국민추진위원회'가 정식 발족했다.

1998년 11월 4일 유가협 회원 30여 명은 국회 앞 철야농성을 시작했다. 이 농성투쟁은 1999년 12월 28일 〈민주화운동 관련자 명예 회복 및 보상 등에 관한 법률〉과 〈의문사 진상규명에 관한 특별법〉(이하 의문사 특별법)이 국회를 통과할 때까지 장장 422일간 계속되었다.

〈의문사 특별법〉의 의의는 첫째, 국가범죄로 지적되어 온 의문사 사건에 대한 진실 규명의 책임이 국가에 있음을 명백히 하게 되었다는 것이다. 둘째, 국가기관으로서 진실 규명 기구—의문사 진상규명위원회—를 독립적으로 설치하여 일정한 조사권한을 행사하도록 했다는 점이다. 이는 1948년 '반민특위' 이후 민관 공동참여로 만들어진 첫 공식 과거사 청산 국가기관이었다. 셋째, 국가의 불법적 공권력 행사가 영원히 은폐될 수 없고 반드시 역사적 청산의 대상이 된다는 것을 내외에 공시함으로써 무소불위의 국가 공권력 행사에 제동을 걸고 향후 국민의 인권보장과 국가 공권력의 도덕성 회복에 기여하게 되었다는 것이다.

1기 의문사 진상규명위원회 활동(2000. 10~2002. 10)

〈의문사 특별법〉은 2000년 1월 11일 국무회의 의결을 거쳐 1월 15일 공포되었으나 시행령 제정을 둘러싸고 약 6개월 동안 갈등을 빚었다. 의문사진상규명위원회의 주관 부서, 활동 기한, 전문 인력의 규모와 배치, 조사대상자의 범위, 압수수색 등 강제적 조사 권한의 확대 등이 쟁점이었다. 결국 정부 부처와 시민단체, 유족들의 7차에 걸친 협의 끝에 총 27개 조문과 부칙으로 구성된 〈의문사 특별법 시행령〉이 2000년 7월 10일 대통령령 제16898호로 제정, 공포되어 대통령 직속 '의문사 진상규명위원회'가 첫발을 내딛게 되었다.

의문사 진상규명위원회는 출발 당시 2001년 11월 30일이 활동 시한이었으나 두 차례의 특별법 개정으로 2002년 10월까지로 활동 기간이 연장되었다. 의문사 사건의 특성상 핵심적인 자료나 증거물, 관련자들의 진술을 단기간 확보한다는 것은 처음부터 불가능한 일이었다. 실질적인 조사를 담당할 인력도 출범 당시 1국 5과(행정과, 조사1, 2, 3과, 특별조사과), 10팀(78명)이었다가 업무 진행과 조직 수요에 따라 4차에 걸쳐 확대, 개편되었다.

2000년 10월 활동을 시작한 의문사진상규명위원회는 같은 해 11월

9일 진정 제1호 양상석 사건을 시작으로 진정 접수시한인 같은 해 12월 31일까지 총 80건을 접수받았다. 또한 삼청교육대 관련 박영두·전정배 의문사 사건, 탁은주 학생 의문사 사건, 남민전 관련 이재문 사건, 1974년 인혁당재건위 사건 관련 장석구 사건 등 시대별 상징성이 있는 사건 등 5건에 대해 직권조사를 결정했다.

총 85건의 의문사 사건을 분석하면, 피해자들의 성별은 남성이 대부분(97퍼센트)이었고, 직업별로는 군인 25명, 학생 20명, 노동자 7명, 무직 5명, 장기수 5명이었고, 회사원, 언론인, 교사, 운전수, 재야인사, 노점상 등 다양하게 분포되어 있었다. 사망 연도별로는 1970년대 14명, 1980년대 55명, 1990년대 16명이었다. 가해 기관(피진정기관)은 국방부 28건, 경찰 22건, 국가정보원 9건, 국가 9건, 교도소 3건, 미군 1명, 불특정 13명이었다.

1975년 발생한 장준하 선생 의문사사건 조사의 경우, 2001년 3월부터 2002년 8월까지 약 10회에 걸쳐 현장조사가 이루어졌다. 이 실지 조사에서는 조사관과 위원 외 참고인 등이 의문사 현장인 약사봉 계곡에서 과학적 지형탐사, 헬기 촬영, 모형실험 등을 실시했다.

이내창 사건의 경우 사체가 발견된 거문도 유림 해수욕장과 그 인근 지역을 대상으로 실지조사가 6회 진행되었다. 이 실지 조사에서는 인체모형의 부유물 실험, 풍속과 풍향 조사, 참고인 탐문조사 등을 진행하여 사건 발생 당시 여수경찰서의 초기 수사 결과가 신뢰할 수 없는 것임을 밝혀내기도 했다.

장준하·이내창·이철규·박창수 의문사사건 조사를 위해 국가정보원에 대한 실지 조사(2002. 8. 7)도 있었다. 당시 조사관들은 사건 관련 자료가 국정원에 분명히 존재하고 자료 공개가 국가안보에 지장이 없을

것이라는 판단하에 국가정보원 자료보존실 현장조사를 진행했으나 국
정원 측의 비협조로 실질적인 성과를 거두는 데 한계가 있었다. 약 2년
간의 조사활동 기간 동안 위원회는 총 6,536명의 참고인 조사, 3,123건
의 자료협조 요청, 8,647건의 조회 요청을 했다.

2000년 10월부터 2002년 10월까지 활동한 의문사 진상규명위원회
(이하 1기 위원회)의 조사 결과는 〈표 3-3〉과 같다.

국가범죄에 의한 죽음이라고 인정된 사건 외 진실 규명 불능사건의
사유는 국가정보원의 자료협조 미비, 법의학 감정 결과의 상이, 사건
발생 이후 오랜 시간의 경과에 따른 기록 폐기와 참고인 사망 등이었
다. 기각 사건은 조사 결과 민주화운동 관련성이 없고, 위법한 공권력
의 직간접적 개입이 확인되지 않았다고 판단한 경우였다.

〈표 3-3〉 1기 위원회 조사 결과

구분	1기 위원회 조사 결과
조사 1과	인정: 최종길, 김창수, 장석구 사건 진실 규명 불능: 장준하, 이철규, 이내창, 박창수, 정은복, 양상석 사건 기각: 이수영, 김제강, 김석조 사건
조사 2과	인정: 김준배, 오범근, 문용섭, 정법영, 박태조, 이덕인, 박동학 사건 진실 규명 불능: 우종원, 신호수, 김성수, 정경식 사건, 문승필, 임태남, 김용갑, 이재호, 이승룡 사건 기각: 고정희, 박인순, 정인택, 장종훈, 심재환, 김상원, 문영수, 최봉대, 박헌강, 우수열, 이재문 사건
조사 3과	인정: 임기윤, 정성희, 한희철, 이윤성, 한영현 사건 진실 규명 불능: 김두황, 최온순, 임용준, 최우혁, 이창돈, 김용권, 남현진, 박성은 사건 기각: 송종호, 우인수, 이이동, 박종근, 노철승, 김소진, 정도준, 박필호, 정연관, 허원근, 박상구, 김영환, 이재근, 이진래 사건
특별조사과	인정: 박영두, 변형만, 김용성, 전정배 사건 진실 규명 불능: 박태순, 안치웅, 노진수, 심오석, 권두영, 탁은주 사건 기각: 신영수, 손윤규, 최석기, 박융서, 김진홍 사건

진실 규명 사례 - 최종길 교수 의문사사건(1기 의문사위원회 진정 제7호 사건)

1972년 유신헌법이 제정·공포되어 시행된 후, 1973년에 들어 박정희 정권은 해외에서 반유신활동을 하던 전 대통령후보 김대중에 대한 납치사건을 일으키고 박형규 목사 등 반유신활동 인사들을 내란음모 혐의로 체포하는 등 탄압을 가중시키고 있었고, 이로 인하여 국내뿐 아니라 국제적으로도 비난을 받고 있었다. 또한 이 사건 직전인 1973년 10월 2일 서울대를 필두로 해서 고려대, 연세대, 서강대, 이화여대 등으로 대학생들의 반유신 시위가 확산되고 있던 상황이었다.

당시 중앙정보부는 서울대 법대 최종길 교수의 간첩 혐의를 입증할 만한 증거를 바탕으로 구금, 조사한 것이 아니고, 일단 조사를 하면 쉽게 자백할 것이라는 막연한 판단에서 조사를 시작했다. 최 교수는 조사 과정에서 자신의 혐의사실을 제대로 고지 받지 못했을 뿐 아니라 영장 없이 구금되었으며 변호사의 조력을 받지 못하는 등 형사소송법상 피의자의 권리를 보장받지 못했다. 나아가 강요하는 대로 자백하지 않는다는 이유로 중정 수사관들에게 심각한 가혹행위를 받았다.

1973년 최 교수 사망 당시 중정의 감찰실에서 최종길 교수 사건의 관련자들을 대상으로 한 조사 결과 최 교수가 간첩임을 자백한 사실이 없으며, 수사관들이 최종길 교수를 고문한 사실이 드러났음에도 이를 은폐하고 마치 최 교수가 간첩임을 자백하고 조직을 보호할 목적으로 투신자살을 한 것으로 자살 동기를 조작했다.

또한 중정은 최 교수를 간첩 혐의 때문에 수사한 것이 아니라 공작의 일환으로 조사에 착수했음에도 최 교수 사후에 현장검증 조서, 긴급구속장, 압수조서, 피의자신문조서, 신문보도안 등 허위문서를 만들어 이 사건이 마치 간첩사건의 수사 과정에서 발생한 우발적인 사고인 양 은폐·조작을 시도했다.

중정은 사망사건의 현장검증을 형식적으로 했으며, 사체의 상태는 물론 위치와 자세, 착의 상태 등 현장을 조작했다. 그에 대한 관련자들의 진술도 일치하지 않는다. 중정의 수사관들은 최종길이 '유럽거점 대규모 간첩단'의 일원이 아님을 잘 알고 있었기 때문에 간첩단 피의자들을 조사하면서 최 교수와 관련한 어떠한 추궁도 하지 않았으면서도 발표할 때는 최 교수를 이 간첩단의 일원이라고 허위사실을 발표했다. 의문사규명위원회는 수사 개시부터 강요된 자백에 대한 최 교수의 거부 행위가 수사관들로 하여금 가혹행위를 하게 했고, 가혹행위에도 불구하고 자백을 계속 거부한 것이 죽음에 이를 정도의 참혹한 가혹행위를 하게 한 원인이 된 것으로 판단했다.

2기 의문사 진상규명위원회 활동(2003. 7~2004. 6)

2002년 9월 16일 1기 위원회의 법정 조사 활동시한이 도래하면서 유가족단체들은 의문사 진상규명위원회의 조사권한 강화와 기한 연장을 목표로 〈의문사 특별법〉 3차 개정을 추진했다. 유가족단체들은 다시 36일간의 한나라당 당사 농성투쟁을 전개했고, 국가인권위원회도 특별법 개정 권고안을 정부에 제출했다. 그해 대통령 선거를 앞두고 2002년 11월 14일 개정 특별법이 국회를 통과했다. 개정된 법률안은 조사 기간을 최대 1년으로 하고, 관계기관의 자료 제출 의무를 일부 강화하는 데 그쳤다. 다만 1기 위원회에서 진실 규명 불능 처리된 사건을 향후 계속 조사하도록 하고 이미 기각 결정된 사건도 재심의하여 재조사가 가능하도록 했다.

〈표 3-4〉 2기 위원회 조사 결과

구분	2기 위원회 조사 결과
조사 1과	인정: 정은복 사건 진실 규명 불능: 양상석, 장준하, 이철규, 이내창, 박창수, 이재문 사건 기각: 이재근 사건
조사 2과	인정 건: 김성수, 임태남 사건 진실 규명 불능: 신호수, 정경식, 문승필, 이재호, 김용갑, 문영수 사건 기각: 이승룡, 박인순 사건 각하: 우종원 사건
조사 3과	인정: 이승삼, 박성은, 최우혁, 정연관 사건 진실 규명 불능: 임용준, 김두황, 이창돈, 남현진, 최온순, 　이이동, 이진래, 허원근 사건 기각: 박상구, 정도준, 박필호 사건 각하: 김용권 사건
특별조사과	인정: 심오석, 손윤규, 최석기, 박융서 사건 진실 규명 불능: 박태순, 안치웅, 노진수, 권두영 사건 기각: 박은주 사건

2기 위원회는 2003년 7월 공식 활동을 재개했다. 그러나 특별법 일부 개정에도 불구하고 조사 권한을 비롯 1기 위원회의 위상과 한계를 그대로 이어받았다. 활동내용은 1기 위원회의 미진한 부분을 보완하는 데 그쳤고 활동 기간은 1년으로 축소되었다.

2기 위원회는 1기 위원회가 진실 규명 불능 결정한 사건 30건과 기각 사건 중 이의 제기한 14건을 포함 총 44건을 조사해 2004년 6월 30일 법정 조사시한까지 총 11건을 위법한 공권력에 의한 죽음으로 규명했다. 1년간의 조사 기간 동안 2기 위원회는 3,586명의 참고인 조사, 5,965건의 자료협조 요청을 했다. 또한 조사의 투명성, 공정성을 높이기 위해 사건 신청인과 관련 단체들을 위해 중간설명회를 개최했다. 그외 박태순 사건 등 참고인에 대한 최면조사 5회, 총기 감정 4회, 필적 감정 7회, 시체 사진감정 20회, 미국 등 해외 출장 4회를 실시했다.

그러나 조사대상 사건 중 상당수는 국정원, 경찰 등 피진정기관에 대한 접근이 여전히 어려운 상황이었고 자료협조 요청도 번번이 거부되었다. 예를 들어 허원근 사건 등 군 의문사 사건에 대해 기무사는 자료가 없다거나 폐기되었다는 등 비협조적 태도로 일관했다. 이러한 악조건 속에서도 2기 위원회는 총 44건에 대하여 조사한 결과, 11건에 대해 진실 규명을 했고, 24건을 진실 규명 불능, 7건을 기각, 2건을 각하 결정했다.

1, 2기 의문사 위원회는 특별법에 따라 사건 조사를 종료하고 사건의 재발 방지와 제도적 개선방안을 담아 대정부 권고를 했다. 1기 위원회의 대정부 권고사항은 '국가폭력과 인권침해 진상 규명을 위한 기구 설립' 등 총 51개 항이었다. 이 가운데 '고문범죄에 대해서는 별도의 수사기관으로 하여금 조사를 담당하도록 한다'(권고 43) 등의 내용은 정부(법무부)에 의해 거부되었고, '강제 징집되어 사망한 학생에 대해 학교 당

국은 명예졸업장을 수여하는 등 적절한 명예 회복 조치를 취해야 한다'
(권고 8) 등 일부 사항은 수용되었다.

2기 위원회는 총 16개항의 권고안을 작성하며 해산했으나 대부분 아
직 실행되지 않고 있다. 권고 내용은 아래와 같다.

권고 1: 정부와 국회는 총체적 과거청산을 위한 진상 규명 제도를 마련하고,
　　　　이 제도를 통해 국가기관이 자행한 폭력과 인권침해에 대한 철저한
　　　　진상 규명 작업을 진행해야 한다.

권고 2: 집단학살 및 고문 등 국가의 반인권적 범죄는 공소시효를 배제해야
　　　　한다.

권고 3: 진상 규명과 과거 청산을 위한 청문회에서 위증 및 허위자료 제출로
　　　　활동을 해하거나 자료제출을 거부하는 등의 조사방해 행위에 대하
　　　　여 보다 실효성 있는 처벌규정을 두어야 한다.

권고 4: 과거 권위주의 정권하에서 이루어진 국가폭력과 인권침해의 진상
　　　　규명을 위해 정보공개 요청 시 관련 국가기관이 모든 정보를 공개하
　　　　도록 정보공개특별법을 제정해야 한다.

권고 5: 국가폭력이나 공권력에 의한 인권침해 사건에 대해 손해배상청구권
　　　　의 소멸시효를 배제하는 입법조치가 필요하다

권고 6: 병역의무 수행 중 사망자(자살 포함)에 대해서는 국가가 보상할 수 있
　　　　도록 관련법(국가유공자 예우 및 지원에 관한 법률 등)을 개정해야 한다.

권고 7: 민주화운동 관련자로 인정받은 사람들의 관련 유죄판결에 대해 법
　　　　적 효력을 무효화하는 국가적 조치가 있어야 한다.

권고 8: 전문성과 독립성을 갖춘 사인 확인기관을 설치, 운영하고, 법의학
　　　　전문인력 양성과 체계적 교육에 대해 국가가 적극적인 조치를 취해

야 한다.

권고 9: 군 사망사건의 공정한 조사를 위해 총기·화약·문서 등의 감정을 독립적으로 수행할 수 있는 전문기관과 총기 감식 전문가를 양성하기 위한 전문 교육기관의 설립이 필요하다.

권고 10: 일반범죄 사범에 있어 본인의 의사와는 상관없는 강제적인 반성문 작성 관행을 폐지해야 한다.

권고 11: 군 내외 여건의 변화와 국민의식 변화를 고려하여 장병의 권익이 보장될 수 있도록 군 사법제도를 개선해야 한다.

권고 12: 기무부대의 업무는 군사보안 및 군 방첩 등에 관한 정보수집에 한정되어야 한다.

권고 13: 한미 간에 카투사 제도에 대한 법적 근거를 마련하기 위한 공식 협정을 체결해야 한다. 이 협정에는 카투사에 대한 지휘 권한과 책임 한계에 관한 구체적인 규정뿐 아니라 이들에 대한 인권보장 방안이 포함되어야 한다.

권고 14: 사회보호시설 수용자의 신원을 확인할 수 있는 관리감독 체계 및 인권을 보장할 수 있는 규정이 강화되어야 한다.

권고 15: 대표적 반인권법률인 보안관찰법을 폐지해야 한다.

권고 16: 사실상 사상검열기관 역할을 하고 있는 경찰대학 부설 공안문제연구소와 검찰총장 직속 민주이념연구소를 폐지해야 한다.

진실화해위원회의 후속 의문사 규명활동(2005. 12~2010. 12)

2003년 참여정부를 표방하며 출범한 노무현 정부는 2003년 여야 합의로 국회 내에 '과거사 진상규명을 위한 특별위원회'를 구성하고 관련 법률안의 제정을 준비했다. 노무현 대통령은 2004년 광복절 경축사에

진실 규명 불능 사례 – 장준하 의문사사건(1, 2기 위원회 진정 사건)

박정희는 1961년 5·16군사쿠데타를 통해 권력을 장악한 후, 1969년 3선 개헌과 제7대 대통령선거를 통해 장기집권을 기도했고 다시 1972년 유신헌법을 제정, 국회를 해산하고 통일주체국민회의를 세워 사실상 종신 대통령을 꾀했다. 이에 일제하 광복군에서 활동했던 장준하는 3선 개헌 반대투쟁 및 유신헌법 개정운동을 전개했으며 1975년 8월 20일경, 제2의 100만인 개헌 서명운동을 추진하는 내용의 성명을 준비했으며 이 결행을 3일 앞둔 1975년 8월 17일 경기도 포천 약사봉에서 의문의 죽음을 당했다.

사건 당시 장준하와 함께 동행했던 김○○은 그동안 장준하가 실족, 추락하여 사망한 것을 목격했다고 주장해 왔다. 그러나 2기 의문사위는 김○○의 '1975년 8월 20일자 녹음테이프'와 실지조사를 통해 분석한 결과, 김○○의 주장이 대부분 거짓일 개연성이 많다고 판단했다. 사건 전반에 있어 동행자인 김○○은 왜 사실이 아닌 진술을 하고 있는지 여부와 이 거짓 진술이 장준하의 사망 경위와 어떤 연관성이 있는지에 대해서는 여전히 김○○이 부인하고 있고, 그 외 이 사건과 관련한 자료를 존안하고 있을 것으로 판단되는 국정원의 자료 비협조 및 실지조사 거부로 인해 이 사건의 실체적 진실을 규명할 수 없었다.

사건 발생 당시 박정희 유신정권과 대립하고 있었던 장준하의 사망 경위에 중정이 개입했는지 여부는 2기 의문사위 조사에서도 명백하게 드러나지는 않았으나, 사건 발생 당일까지도 중정이 장준하의 자택에 대해 24시간 전화 감청 및 미행, 감시 등의 수법으로 지속적으로 관찰했음에도 장준하를 담당하던 중정 6국 관련 수사관들이 장준하의 산행 사실을 전혀 몰랐으며 그의 죽음도 신문 등 언론을 통해 알게 되었다고 진술하고 장준하 사망 관련 자료는 오직 한 장의 중요 상황 보고만이 전부라는 것은 믿기 어려웠다.

의문사규명위원회는 장준하의 사망 후 중정 요원이 사건 현장을 방문한 것이 사실로 확인되는 상황에서 이 같은 방문 사실을 부인하고 관련 자료의 제출을 거부하고 있는 점, 이를 확인하기 위한 의문사위 실지조사까지 국정원이 거부하고 있는 상황에서 중정의 사건 관련 개입 여부에 대해 추가 조사가 이루어지기 전까지 그 진실을 확정하기 어렵다고 판단했다. 특히 1기 의문사위에 국정원이 제출한 장준하 관련 존안문서보다 더 많은 814쪽에 달하는 장준하 존안자료를 은폐하고 있다가 2004년 5월 1일에 이르러서야 제출했고 이로 인해 제출한 추가 존안자료와 관련한 조사가 2기 의문사위 조사 기간 만료로 전혀 이루어지지 못했고, 사건 당시 한○○ 105 보안부대장이 사건 현장을 방문한 후 보안사령부 본부에 16절지 분량으로 텔레타이프를 통해 보고한 장준하 사망 관련 문서의 존안 사실을 기무사령부가 부인하는 등 정보기구의 비협조로 인해 충분한 조사가 이루어지지 못하여 장준하의 사망에 공권력의 개입 여부를 구체적으로 밝히지 못했다.

결국 의문사규명위원회는 장준하에 대해 사망 이전에 민주화운동을 한 사실은 인정되나, 장준하의 사망에 위법한 공권력의 직간접적인 개입으로 인한 것인지 여부를 판단하기 어려워 의문사 진상규명법 제24조의 2에 규정된 진상 규명 불능에 해당한다고 결정했다.

서 포괄적 과거사 청산의 필요성을 밝히고 국가기관에서 스스로 진실 규명을 위해 노력할 것이라고 다짐했다. 이 경축사 이후 국정원(2004. 11. 2~2007. 10. 31), 국방부(2005. 5. 5~2007. 12. 3), 경찰(2004. 11~2007. 11) 등 주요 기관들은 자체 과거사 청산기구를 발족시켜 주요 과거사 사건들을 조사하고 국가에 의한 인권침해 사실을 규명했다.

또한 각계 피해자 단체들과 유가족단체들은 포괄적 과거사 청산법의 제정을 촉구하면서 농성과 시위 집회를 이어갔다. 우여곡절 끝에 결국 2005년 5월 3일 〈진실·화해를 위한 과거사정리기본법〉(이하 〈과거사 기본법〉)이 국회를 통과했다.

1, 2기 의문사위원회에서 의혹이 해소되지 않은 사건들은 2005년 출범한 〈진실·화해를 위한 과거사정리위원회〉에서 진상 규명 작업이 계속 진행되었다. 〈과거사 기본법〉 부칙 제3조(군의문사를 포함한 의문사 진상규명에 관한 경과조치)는 "의문사 진상 규명에 관한 특별법에 의한

의문사 진상규명위원회가 접수한 사건 중 조사 기간의 제한으로 진상 조사가 완료되지 못했거나 미진했던 사건의 경우 진정인이 재조사를 신청하는 사건에 대하여 위원회가 추가적인 진실 규명이 필요하다고 인정하는 때에는 위원회는 제22조의 규정에 따라 진실 규명 조사개시 결정을 할 수 있다"고 규정하고 있다.

진실화해위원회는 2010년 12월까지 4년 10개월간 조사 활동했는데 전체 진실 규명 신청사건 1만 1,860건 가운데 의문사 사건은 모두 83건이었다. 이들 의문사 사건들은 군 의문사 진상규명위원회와 1, 2기 의문사위원회에서 이송된 사건 외 추가 신청 접수한 사건들이었다.

진실화해위원회는 산하 인권침해 조사국(3국) 내에 '의문사사건 조사 특별팀'을 구성하여 의문사사건을 조사했다. 조사 결과, 의문사사건 중 문영수 사건, 김상원 사건, 신호수 사건, 안상근 사건, 임성국 사건, 남현진 사건, 윤태현 소령 사건 등 7건에 대해 진실 규명을 했고, 안계순, 이승룡, 이진래, 하주대, 기혁, 정경식, 문승필, 구철민 사건 등에 대해 진실 규명 불능, 장준하, 박태순, 백범 김구 사건에 대해 조사 중지, 그리고 나머지 사건에 대해 기각 및 각하 결정했다.

2000년 이후 세 차례의 국가기구를 통해 의문사에 대한 진실 규명이 진행되었다. 그러나 의문사사건은 오랜 시간이 경과했고, 국가기관의 불성실한 협조 등으로 인해 부분적인 성과에 머물고 말았다. 유족들의 한 맺힌 원성은 여전하다. 진실화해위원회에서 조사 중지 결정한 장준하 선생 의문사사건의 경우, 2012년 장준하 선생의 묘소 이장 과정에서 유해의 두개골에서 결정적인 타살 흔적이 발견되기도 했다. 그러나 2013년 12월 국회에서 발의된 〈장준하 의문사 등 진실 규명과 정의 실현을 위한 과거사 청산 특별법안〉은 국회 통과가 무산되어 2016년 8월 현재까지 다수의 의문사는 여전히 의혹 속에 남아 있다.

04

언론 탄압과
언론인
강제 해직

"국가의 안보를
최우선으로 하고 일체의 사회불안을
용납하지 않겠다."

4-1. 《동아일보》 광고 탄압 사태

박정희는 1971년 대통령선거에 당선된 후에도 각계의 저항이 계속되자 그해 12월 6일 "국가의 안보를 최우선으로 하고 일체의 사회불안을 용납하지 않겠다"며 국가비상사태 선언을 했다. 당시 《동아일보》는 바로 다음날 〈국가안보와 자유민주주의〉라는 제목의 사설을 통해 사회불안은 부정부패에서 비롯됐음을 지적하고 무책임한 안보 논의의 기준은 무엇이며 자유의 일부마저 유보할 수 있는 최악 상황이란 과연 무엇인가를 묻는 등 비상사태 반대 의사를 표현했다. 이에 중앙정보부는 12월 8일 저녁 김상만《동아일보》사장을 연행해갔고, 4시간 만에 풀려난 김상만 사장은 중앙정보부의 요구에 따라 이동욱 주필, 천관우 이사, 심재택 기자 등 세 사람을 해임했다.

기자들의 언론자유 수호 선언

1972년 10월 유신 독재체제를 선포한 박정희 정권은 이에 반대하는 언론사와 기자들에 대한 감시와 탄압을 더욱 강화했다. 중앙정보부 소속

각 언론사 담당자가 언론사의 담당 데스크에 전화나 직접 방문을 통해 보도내용이나 형식에 대해 전면적 금지 또는 부분적 제한을 일일이 통보하고 지시했다. 이들은 평소에는 회유나 친밀감을 조성해 통제 효과를 거두지만, 기자들이 보도 통제지침을 따르지 않는 경우, 협박과 폭언, 심한 경우는 연행과 폭행, 고문도 서슴지 않았다.

《동아일보》 기자들은 1973년 11월 20일 언론자유 수호 제2차 선언에 나서 "정부의 언론에 대한 부당한 간섭 중지 요구", "언론 자유 확보" 등의 내용을 결의하고, "보도해야 할 중요한 기사가 누락되었을 때에 그 누락 경위를 알아보고 그날 밤으로 편집국에 모여 가능한 모든 대책에 대해 의견을 나눈다", "선후배 동료가 기사와 관련, 부당하게 연행되었을 때, 이 사실을 즉시 보도하고 그가 돌아올 때까지 편집국에서 기다리기로 한다" 등의 구체적인 행동강령까지 발표했다.

이에 대해 정권에서 다시금 발행인과 편집국장을 불러 압력을 가하자 《동아일보》 기자들은 그해 12월 3일 언론자유 수호 제3차 선언을 발표하고 "우리는 당국이 자율을 빙자한 발행인 서명공작을 즉각 철회할 것을 요구한다", "우리는 이 같은 강압에 맞서 언론 본연의 임무를 지키려는 양식 있는 언론인의 의연한 자세에 경의를 표하며 함께 투쟁한다", "우리는 이 시점까지 서명을 거부해온 본사 발행인이 당국의 강압에 못 이겨 끝내 서명하게 되는 불행한 사태가 올 경우 신문 제작과 방송 뉴스의 보도를 거부한다"는 등의 내용을 결의하기에 이르렀다.

1974년 10월 24일 《동아일보》 기자들은 유신체제의 계속되는 언론 탄압에 맞서 〈자유언론 실천선언〉을 발표했다. 이들은 "본질적으로 자유언론은 바로 우리 언론종사자들 자신의 실천 과제일 뿐 당국에서 허용 받거나 국민 대중이 찾아다 쥐어주는 것이 아니다"라며, "외부 간섭 배제", "기관원 출입 거부", "언론인의 불법 연행을 일절 거부"하고, "만약 어떠한 명목으로라도 불법 연행이 자행되는 경우 그가 귀사 할 때까지 퇴근하지 않기로 한다"는 등의 내용을 결의했다.

그런데 그해 12월 초순부터 《동아일보》와 그 자매 회사인 《신동아》, 《여성동아》, 《동아방송》 등에는 갑자기 광고 해약이 잇달아 일어났다. 그 결과 12월 26일자 신문이 처음으로 4면과 5면에 백지 광고로 나가는 사태가 일어났다. 중앙정보부와 정부 당국이 광고주들에게 압력을 넣어 광고를 철회하도록 한 것이었다. 중앙정보부는 이미 1973년 3월 《조선일보》에도 광고 통제를 가해 광고주들에게 광고 해약을 강요한 바 있었다.

중앙정보부는 물론, 국세청 세무사찰 협박 등 정권의 압력에 굴복한 동아일보사는 18명의 기자와 직원들을 해고했고, 이에 불응하는 《동아일보》 노동조합과 기자들은 사옥에서 항의 단식 농성에 돌입했다.

기자들을 응원하는 독자들의 백지광고

《동아일보》 광고 해약사태가 정권의 언론탄압이라는 이유 때문이라는 것을 알게 된 신문 독자들은 자발적으로 《동아일보》에 의견 광고를 내고 정부의 언론 탄압조치를 규탄했다. 국외에서도 《동아일보》 백지광고 사건에 대해 관심을 가지게 되었다.

사태가 일파만파로 확산되자 《동아일보》 사측은 1975년 3월 17일 농성 기자들을 강제 해산하고 '경영난'이라는 명목으로 130여 명의 기자, 프로듀서, 아나운서 등을 해임, 무기정직 등 중징계했다. 그러나 광고탄압 기간에 《동아일보》에 실린 격려광고는 1만 351건에 달해 광고수입보다 많은 격려광고금이 들어오고 판매부수가 오히려 12만부가 늘어나는 등 '경영난'이라는 회사 측의 주장은 근거가 희박했다. 정권의 압력에 회사 경영진이 굴복했음이 명백했던 것이다.

결국 1975년 7월 15일 중앙정보부와 동아일보사 간에 '긴급조치 9호를 준수한다', '편집국장 이상의 간부 인사를 중앙정보부와 협의한다'는 등의 굴욕적인 각서 서명이 있은 후 광고 해약사태는 중단되었다. 그러나 그 후에도 해직된 기자들은 일부를 제외하고 복직되지 않았고, 《동아일보》 해직기자들은 그 후 오랜 기간 동안 취업 방해, 일상적 감시·탄압 등 경제적·사회적·정치적 피해를 겪어야 했다.

〈사진 3-16〉 동아일보 백지 광고·격려 광고
동아일보 백지 광고와 시민들의 격려 광고(1975년 1월 28일자 2, 3면).
《동아일보》 광고 해약사태가 정권에 의한 언론탄압임을 알게 된 신문 독자들은
《동아일보》에 자발적으로 격려 광고를 냈다.

4-2. 1980년 언론 통폐합: 언론인들의 저항과 해직, 탄압

신군부에 저항하는 언론인들의 자유언론 실천

기자들은 1979년 10·26사건으로 유신체제가 종언을 고하면서 언론자유의 봄을 기대했다. 그러나 기대와 달리 신군부에 의한 언론 장악 기도가 벌어졌고 기자들은 또 다시 저항했다. 언론계는 신군부의 조치에 대항하여 1980년 2월 20일 《경향신문》을 시작으로 각 언론사별로 1980년 5월 20일까지 '언론검열 철폐와 자유언론실천 결의문'을 채택하는 등 자유언론실천운동을 전개하기 시작했고, 한국기자협회는 1980년 5월 16일 검열 거부 선언문을 발표하면서 5월 20일부터 검열을 거부하는 제작 거부에 돌입한다고 선언했다.

신군부는 언론계의 언론검열 철폐와 자유언론실천운동을 예의주시하면서 보안사 요원들로 하여금 언론인과 언론기관의 동정을 살피고 언론의 논조 및 언론인에 대한 비리조사에 착수했다. 그 결과 기자들을 A(국시 부정자), B(제작 거부), C(단순 제작 거부, 부조리 행위자, 자체 정화자)로 구분해 해직 대상자를 선정, 명단을 작성했다. 1980년 5월 자유언론실천운동이 확산되자, 신군부는 5·17 비상계엄을 전국으로 확대하면서 함께 발동한 〈포고령 10호〉를 명분으로 언론의 자유를 주장하는 기자들을 유언비어 유포 및 내란 음모 등의 혐의로 구속·해직시켰다. 1980년 7월 30일 해직 대상자를 통보받은 신문협회와 방송협회는 '언론 자율정화' 명목의 결의를 하고, 각 언론사는 대상자들에게 사직을 종용하여 무려 933명 이상이 1980년 10월 말경까지 해직되었다.

언론 장악을 위한 신군부의 'K-공작계획'

1980년 1월경부터 당시 전두환 등 12·12쿠데타 주모자들은 군부 집권 방안을 검토하기 시작하여 1980년 3월경 전두환을 중심으로 한 군부의 정권 장악을 위한 집권 시나리오를 구체화했다.

진실화해위원회의 조사 결과, 신군부는 이 시나리오에 따라 언론을 1차적 공작 대상으로 삼고 1980년 2월경 보안사 대공전문가 이상재를 보도검열단에 파견하여 검열업무를 통제, 조정하면서 언론을 회유, 신군부에 유리한 여론을 조성하고자 1980년 3월 초 'K-공작계획'을 작성하고, 이를 실행하기 위해 1980년 4월 보안사 내 별도의 언론대책반을 구성했다.

신군부는 'K-공작계획'에 따라 언론에 대한 회유공작을 실시했고, 보안사 외근요원들을 통해 언론인과 언론기관에 대한 동정을 파악하고, 허삼수·허화평을 통해 언론인 출신 허문도를 국가보위비상대책위원회(이하 국보위) 문공위원으로 추천했다. 이상재, 허문도 등은 언론공작뿐만 아니라 언론인 해직, 언론사 통폐합 등을 계획했다.

신군부는 보안사와 국보위를 통해 1980년 5월 언론 통폐합에 대한 기본 계획을 수립하고, 계엄 해제 후의 상황에 대비하여 문화예술, 대중 교육체계를 인위적으로 개편하는 방안인 '국가홍보 기본계획'을 마련했다.

이에 따라 1980년 6월 보안사 언론대책반은 각 기관 및 관련 인사들이 작성한 건의서 형식의 '언론정화를 위한 정책 건의', '언론시책 방안', '민주주의의 창조적 정착을 위한 언론 순화 방안', '언론정책의 문제점과 조정 방향', '한국적 여건에 적합한 언론순화 방안 건의' 등을 토대로 〈언론종합대책(안)〉을 마련했고, 이를 바탕으로 국보위 문공분과위원회 명의로 '언론계 자체 정화·정비계획'을 작성해 전두환 국보위 상임위원장에게 보고했다.

형식은 자율정화, 실질은 집권 길 다지기

진실화해위원회의 조사에 의하면, 당시 언론사별 통폐합의 실질적인 이유는 다음과 같은 것이었다.

〈표 3-5〉에서 보듯이 언론 통폐합의 출발점은 신군부의 주장처럼 '사이비 기자' 척결, 언론사주의 비리라는 것은 명분에 불과하고, 실질적으로는 '야당 성향', '정부 비판적'인 언론들을 길들이는 것이 핵심이었다.

1980년 7월 14일 국보위 문공분과위원회는 언론 통폐합 전 단계로 간행물 정화계획을 수립하고, 그 계획에 따라 1980년 7월 31일 172종의 정기간행물을 등록 취소했다. 언론인 해직과 정간물 폐간 이후 1980년 10월경 신군부는 보안사의 언론대책반을 통해 '언론 건전육성 종합보고'를 작성케 한 뒤 이를 청와대에 보고했다.

1980년 11월 11일 신군부는 계엄 해제 이후 예상되는 반발을 무마하기 위해서는 언론 통폐합이 필요하다는 인식하에 '언론 창달계획'을 입안, 1980년 11월 12일 전두환의 결재를 얻은 후 보안사에 집행을 위임했다. 집행을 위임받은 보안사는 1980년 11월 12일 오후 6시경부터 언론사 사주들을 연행, 소환하여 통폐합 조치를 통보하고 이의가 없다는 내용의 각서를 강제로 받았다.

이 과정에서 언론사 소유주와 언론인들에 대한 감시, 구속, 협박, 납치, 고문 등이 자행되었다. 이들은 언론사에 대해 등록 취소, 영업 방해, 모기업에 대한 위해 협박 외에 기업주에 대한 직접적인 폭행 협박

등 쓸 수 있는 모든 수단을 동원하여 강제로 포기 각서를 작성케 하거
나 직접 인수 작업을 진행하기도 했다. 주주총회나 이사회 결의와 같은

〈표 3-5〉 진실화해위원회가 파악한 언론사별 통폐합 실질 이유

해당사	소유 형태	사 유
신아일보	개인소유 (장기붕)	경영부실업체로 친정부 성향이나, 장기붕의 개인 소유로 인한 사원 불만이 고조되었음.
동아방송	주식회사 (인촌기념회)	정부 주도의 방송 공영화를 위해 통폐합이 필요하고, 야당성 보도성향을 보이고 있음. 순화 조치 필요.
동양방송	주식회사 (이병철)	방송 공영화 및 방송의 재벌 분리를 위해 통폐합이 필요.
문화방송	5·16장학회 에서 관리	준공영화하여 지방사를 계열화한다. 10·26 이후 야당지로 급전환하고 있음. 수뇌진 교체.
기독교 방송	재단법인 (NCC)	사회문제에 깊숙이 관여하고 있고, 사주가 반골 인사, 반정부 성향 보도.
서울신문	KBS 이사회에 의해 운영.	친정부 성향지, 수뇌진 교체.
서울경제	한국일보 자매 지(장강재)	중앙·동아일보와 형평성을 고려, 서울경제 폐간.
합동통신	사단법인 (두산그룹)	친정부 성향이나 불리 기사 보도성향이 증대, 국고 헌납. 외신보도 장악 필요.
동양통신	사단법인 (쌍용그룹)	친여 성향이나 사실상 중도 및 야당적 성향, 국고 헌납.
국제신문	럭키그룹	정치적으로 국제신문 소유 기업 럭키를 겨냥함. 럭키계열사로 럭키그룹 부정 은폐에 선봉적 역할, 대정부 비판 및 시류에 영합, 5·16 장학회에 대한 정치적 고려.
부산일보	5·16 장학회	5·16 장학회 산하 신문으로 공익을 중시하고 언론의 국익증대 사명을 자체적으로 수행.
경남일보	주식회사 (김윤양)	부실경영에 따라 독자의식 보도성향이 야경화.
경남매일	주식회사 (이중)	국익 우선의 국가관하에 안전기반 구성에 적극노력. 비위기자 6명 조사 후 처리.
영남일보	주식회사 (이재필)	국가관 및 시국관 동요로 시류영합 농후.
매일신문	주식회사 (전달출)	국익 우선의 국가관하에 안정 추진에 적극 협력하고 있고, 회장 전달출이 입법회의 의원 및 신문협회 부회장.
전남매일	주식회사 (심상우)	사주가 야 성향이나 5·17 이후에는 정부 정책에 적극 호응하고 있고, 사주 심상우는 김대중 지지자였고, 김대중에게 500만원 정치자금 지원설이 있음.
제주신문	주식회사 (김선희)	사주가 김대중 지지자. 기관장들과 마찰.
경기신문	주식회사 (홍대건)	세금 체납, 부정축재 재산, 매각 대금 국고 환수.

정상적인 절차는 무시되었다.

이와 함께 언론 통폐합 조치가 언론사의 자발적 의사에 따라 추진된 것으로 위장하기 위해 청와대 비서관이 작성한 결의문과 홍보문을 문화공보부를 통해 전달하여 1980년 11월 14일 신문협회와 방송협회가 '건전 언론 육성과 창달을 위한 결의'라는 결의문을 채택하도록 조종하기도 했다.

언론사 46곳 문 닫고 언론인 1,636명 해직

강제적 언론 통폐합 조치에 따라 공·민영 방송구조는 공영방송체제로, 지방지는 10개로 통합 개편되는 등 신문 28개, 방송 29개, 통신 7개 등 64개 매체가 신문 14개, 방송 3개, 통신 1개 등 18개 매체로 통폐합되었으며, 이 과정에서 305명 이상의 언론인이 추가 해직되었다.

정부는 1980년 11월 18일 해당사별로 조치 계획을 사고社告에 게재토록 하고, 1980년 11월 25일 군소 통신사의 등록을 취소하고, 통폐합된 언론사들을 종간토록 했으며, 1980년 11월 30일 동아·동양·전일방

〈사진 3-17〉 1986년 보도지침 폭로 기자회견 모습
* 출처: 천주교정의구현전국사제단.

송을 강제 합병한 뒤 1980년 12월 1일 KBS의 채널을 개편하고, CBS를 복음방송으로 개편하는 등 1980년 12월 20일 통합 절차를 완료했다.

신군부는 언론 통폐합 이후에도 '문제 언론인'의 동향을 파악하고, 계엄 해제에 대비하여 언론이 신군부의 정책에 적극 협조한다는 취지의 각서를 신문·방송사 편집국장들에게 요구했다. 또 언론기본법을 제정하여 언론기관의 보도협조 및 지원에 대한 종합계획을 수립한다는 명분 아래 1981년 1월 9일 문화공보부 산하에 홍보조정실을 설치하고, 청와대 정무수석실 및 안기부를 통해 각 언론사의 보도를 계속 통제했다.

건국 이후 최대 언론 탄압사건

진실화해위원회 조사 결과에 의하면, 1980년 전체 해직 언론인 규모는 1,636명에 이른다. 일부 기자들은 강제 연행된 후 삼청교육대에 입소되기도 했다. 그 결과, 해직 언론인들은 장기간 정상적인 취업이 불가능한 상태에서 감시받았고 경제적 어려움과 사회적 고립 상태에 놓여 있었다. 일부는 이혼 등 가정 파탄은 물론 생계 곤란, 후유증으로 인한 고통 등 심각한 경제적·사회적·정치적 피해를 겪어야만 했다. 또한 언론 통폐합 과정에서 보안사는 언론인들에 대한 고문 가혹행위도 자행했다.

1980년 언론 통폐합사건과 언론인의 해직사태는 언론계의 자율적 정화를 통해 사이비 언론과 기자를 척결한다는 명분이었으나, 실제로는 1980년 5월 언론계의 자유언론실천운동 등에 참여한 기자협회 간부 및 제작 거부 참여자와 신군부에 저항이 예상되는 언론계 인사들이 주 대상이었으며, 중앙과 지방 언론 말살을 통해 정권의 통치 기반을 강화하는 데 주목적이 있었다.

역사적으로 보면, 1980년 언론통폐합 사건은 1931년 일제가 전시통제의 일환으로 저지른 동아·조선일보의 폐간, 1961년 5·16군사쿠데타후 진행된 언론기관 일제 정비, 박정희 유신체제하 1972년과 1973년의 자유언론 탄압 등 역대 사례의 규모를 뛰어넘는 건국 이후 최대 규모의 언론탄압사건이다.

1975년과 1980년의 언론탄압사건은 우리 언론사에 부끄러운 기록으로 남았으나, 보다 철저한 진상 규명과 피해자들의 명예 회복·배상은 아직도 이루어지지 않고 있다.

부록
과거사 진실 규명 관련 법안 제정 및 관련법 위원회 활동 연표

1990. 8. 6 광주 민주화운동 관련자 보상 등에 관한 법률(약칭 5·18 보상법)[법률 제4266호] 제정, 시행 1990. 8. 17.

1995. 12. 21 5·18민주화운동 등에 관한 특별법[법률 제5029호] 제정, 시행 1995. 12. 21.

1996. 1. 5 거창 사건 등 관련자의 명예 회복에 관한 특별조치법[법률 제5148호] 제정, 시행 1996. 4. 6.

2000. 1. 12 제주 4·3사건 진상규명 및 희생자 명예 회복에 관한 특별법[법률 제6117호] 제정, 시행 2000. 4. 13.

2000. 1. 12 민주화운동 관련자 명예 회복 및 보상 등에 관한 법률[법률 제6123호] 제정, 시행 2000. 5. 13.

2000. 1. 15 의문사 진상규명에 관한 특별법[법률 제6170호] 제정, 시행 2000. 5. 16.

2004. 1. 29 삼청교육 피해자 명예 회복 및 보상 등에 관한 법률[법률 제7121호] 제정, 시행 2004. 7. 30.

2004. 1. 29 특수 임무 수행자 보상에 관한 법률[법률 제7122호] 제정, 시행 2004. 7. 30.

2004. 3. 5 일제 강점하 강제동원 피해 진상규명 등에 관한 특별법[법률 제7174호] 제정, 시행 2004. 9. 6.

2004. 3. 5		노근리사건 희생자 심사 및 명예 회복에 관한 특별법[법률 제7175호] 제정, 시행 2004. 6. 6.
2004. 3. 5		동학농민혁명 참여자등의 명예 회복에 관한 특별법[법률 제7177호] 제정, 시행 2004. 9. 6.
2004. 3. 22		일제 강점하 친일 반민족행위 진상규명에 관한 특별법[법률 제7203호] 제정, 시행 2004. 9. 23.
2005. 5. 31		진실·화해를 위한 과거사 정리 기본법[법률 제7542호] 제정, 시행 2005. 12. 1.
2005. 7. 29		군 의문사 진상규명 등에 관한 특별법[법률 제7626호] 제정, 시행 2006. 1. 1.
2005. 12. 29		친일 반민족행위자 재산의 국가 귀속에 관한 특별법[법률 제7769호] 제정, 시행 2005. 12. 29.
2007. 10. 17		한센인 피해사건의 진상규명 및 피해자 생활지원 등에 관한 법률[법률 제8644호] 제정, 시행 2008. 10. 18.
2007. 12. 10		태평양전쟁 전후 국외 강제동원 희생자 등 지원에 관한 법률[법률 제8669호] 제정, 시행 2008. 6. 11.
2008. 1. 8		과거사 관련 권고사항 처리 등에 관한 규정[대통령령 제20532호] 제정, 시행 2008. 1. 8.

주석

1 브루스 커밍스, 김자동 옮김, 《한국전쟁의 기원》, 일월서각, 1986, 435쪽.

2 계엄령은 계엄법이 발동된 지 1년 후인 1949년 11월 24일 제정되었다.

3 NARA, USAFIK, Adjutant General Section, RG554 Records of General Headquarters, Far East Command, Supreme Commander, Allied Powers and United Nations Command, General Correspondence(Decimal Files) 1945–1949, A1 1378, 000.5 Reports 1947–1948⑵. 진실화해위원회, 〈여수 지역 여순사건〉, 《2010년 상반기 조사보고서》 6권, 2010, 435쪽.

4 자세한 내용은 김상숙, 〈한국전쟁 전 대구경북 지역 민간인학살 사건의 실태와 특징〉, 《대구사학》 제102집, 2011 참조.

5 2005년 5월 31일 제정된 〈진실·화해를 위한 과거사정리 기본법〉은 제1조(목적)에 "이 법은 항일독립운동, 반민주적 또는 반인권적 행위에 의한 인권유린과 폭력·학살·의문사 사건 등을 조사하여 왜곡되거나 은폐된 진실을 밝혀냄으로써 민족의 정통성을 확립하고 과거와의 화해를 통해 미래로 나아가기 위한 국민통합에 기여함을 목적으로 한다"고 적시하고 있다.

6 이 글은 다음 자료와 책을 바탕으로 서술했다. 진실화해위원회, 《종합보고서》, 2010; 한성훈, 《가면권력: 한국전쟁과 학살》, 후마니타스, 2014; 한성훈, 《학살, 그 이후의 삶과 정치》, 산처럼, 2018.

[7] 일제 강점기 때부터 경찰은 민간인을 대상으로 사찰을 벌여왔다. 사찰은 대상자를 특정하지 않는 '일반사찰'과 특정인물이나 단체를 대상으로 하는 '요시찰要視察'로 구분할 수 있다. 요시찰제도는 특정인물이나 단체를 일정 기간 주기적으로 감시하는 제도로서 일제 강점기부터 행해졌는데, 이에 대한 최초의 기록은 1912년 말 '형사 요시찰'을 규정한 내규라고 할 수 있다. 조선총독부에서 작성한 요시찰인 명부는 대상자에 관한 인적사항과 활동사항을 상세히 기록했다. 해방 이후 이 제도는 경찰에 그대로 이어졌다. 요시찰인 업무를 예산경찰서 자료에서 구체적으로 살펴보면 일선 경찰서에서는 분기별로 담당 경찰이 감시대상자의 외출관계와 불온언동 수집, 서신·우편물, 재산변동, 서클 형성 등을 파악했다. 경찰은 이들 업무에 점수를 부여해 직원들을 평가했으며, 요시찰인 1명을 탐지할 때마다 6,500원을 지급한 것으로 알려졌다. 경찰의 민간인 사찰은 독재와 권위주의 정권의 정치적 목적에 따라 지속되어왔다.

[8] CIC(Counter Intelligence Corps)란 육군본부 정보국 내의 1개 과로 시작해 1948년 8월경 특별수사대(SIS: Special Investigation Service)로 불렸다. 창설 당시 오열 분자의 적발 및 원조물자 유출방지 임무를 수행했는데, 방첩대는 1949년 10월 20일 CIC로 개칭되었으며, 1950년 10월 21일 정보국으로부터 독립하여 특무부대가 되기까지 CIC로 통칭했다. 이 부대는 방첩부대를 거쳐 보안사령부, 이어 국군기무사령부로 활동하다가 2018년 폐지되었다.

[9] 〈오석재 면담보고서〉, 2008. 11. 19, 진실화해위원회, 《2009년 상반기 조사보고서》, 2009, 146쪽.

[10] 〈오제도 증언〉, 1977. 1. 27, 국방부 전사편찬위원회, 《참전 군인 증언록》.

[11] 〈정희택 증언〉, 중앙일보사 편, 《민족의 증언》, 중앙일보사, 1983.

[12] 1912년 8월 경남 의령군 지정면 오천리 웅곡마을에서 태어난 강성갑은 기독교 가정에서 성장하면서 의령에서 사서四書까지 공부한 다음 13세에 의령보통학교에 입학해 5개월을 배운 다음 신학문에 대한 어머니의 사려에 따라 마산 창신학교 4학년으로 전학해 17살에 졸업했다. 그는 1927년 4월 마산 상업학교에 입학해 1930년 3월 졸업한 후 일본으로 건너갔지만 노동생활을 하다 귀국해 김해군 장유 금융조합 서기로 5년간 근무했다. 1937년 연희전문 문학부에 입학해 1941년 3월 졸업한 후 일본 동지사대학 신학부에 입학해 2년 과정을 마친 후 1943년 귀국했다. 해방이 된 후 그는 장유면 농장 창고에서 아이들에게 한글을 가르치고, 그해 11월 경상남도 교원양성소

교사로 재직하면서 1기생부터 4기생까지 가르쳤고 부산대학교(국립 부산대학교 전신) 설립에 참가해 교수로 출강하기도 했다. 이듬해 1946년 8월 진영교회 목사로 부임해 야간 복음고등공민학교 설립인가를 받고 진영 대흥초등학교 내 가교사假教舍를 빌려 야간학교로 개교하고 자신은 설립자 겸 교장이 되었다. 1947년 6월에는 재단법인 삼일학원을 설립하고 같은 해 8월에는 부산대학교 교수직을 사임했다. 1948년 1월 재단법인 삼일학원 및 한얼 초급중학교 설립인가를 받은 후 7월, 진영읍 진영리에 교사 부지 3,500평을 매수 흙벽돌로 교사를 짓기 시작했고 1949년 3월에는 김해군 진례면에 분교를 설치(현 진례중학교)했으며, 10월에는 김해군 동군 녹산면에 분교를 설치(현 녹산중학교) 운영하면서 이들 중학교를 토대로 하여 남녀 고등학교와 농민대학 설립을 구상하고 생전에 대학 설립을 위한 부지까지 구해두었던 것으로 밝혀졌다.

13 한국혁명재판사편찬위원회 편, 《한국혁명재판사 4》, 1962, 210~211쪽.

14 〈진실화해를 위한 과거사정리 기본법〉 제22조 제3항에 의하면, 위원회는 "역사적으로 중요한 사건으로서 진실 규명사건에 해당한다고 인정할 만한 상당한 근거가 있고 진실 규명이 중대하다고 판단되는 때에는 이를 직권으로 조사할 수 있다"고 명시했다. 직권조사는 피해자 신청이 없더라도 사건의 중대성에 비추어 위원회 판단으로 사건을 조사할 수 있는 권한이었다. 위원회는 국민보도연맹과 11사단사건 등 피해 규모와 조직적인 살상 등의 사안에 대해 직권조사 결정을 했다.

15 경찰청 과거사진상규명위원회에 대한 내용. 경찰청은 "경찰의 직무집행과 관련하여 시민단체 및 이해관계인 등이 인권침해, 고문, 사건조작 등을 이유로 진상 규명"을 요구하거나, "경찰력의 위법·부당 한 개입으로 역사에 오점을 남겼거나 억울한 피해를 발생"하게 한 사건에 대해 진상을 규명하고자 했다. 《경찰청 과거사진상규명위원회 백서》(2007)에 따르면 2004년 11월 경찰청 내에 과거사진상규명위원회를 설치했다. 경찰이 창설된 1945년부터 당시까지 경찰력으로 인해 억울한 피해가 발생한 사건의 진상 규명을 통해 부정적인 경찰상을 불식하고, 국민의 신뢰를 회복하여 인권 경찰로 나아가고자 시민사회와 학계에서 끊임없이 의혹을 제기해왔던 국민보도연맹 사건과 나주부대 사건, 대구 10·1사건 등을 조사대상으로 선정했다. 경찰청 과거사진상규명위원회는 2004년 11월 18일 제1회 정기회의에서 개별사건 조사대상 10개를 선정했다. ① 서울대 깃발 사건, ② 민주화운동청년연합 사건, ③ 강기훈 유서대필 사건, ④ 전국민주화청년학생총연맹 사건, ⑤ 청주대 자주대오 사건, ⑥ 남조선민족

해방전선 사건, ⑦ 1946년 대구10·1사건, ⑧ 보도연맹 학살 의혹 사건, ⑨ 나주부대 민간인피해 의혹 사건, ⑩ 진보와 연대를 위한 보건의료 연합 사건. 조사 기간은 2005년 3월부터 2006년 9월까지였으며, 이 해 9월 14일 경찰청 과거사진상규명위원회는 〈보도연맹 학살의혹사건 중간조사결과〉를 발표했다.

16 재소자에 대한 상세한 신상정보를 수록한 것이다. 범죄와 관련된 사실 외에도 개인의 세세한 인적 사항과 형무소에서의 행실 등에 대해 상세히 기록되어 있다. 첫 장에는 간단한 인적사항과 죄명, 형기 등 주요사항만 기록되어 있고, 감형 여부와 모범수 여부 등은 기록되어 있지 않았다.

17 제주지법 제2형사부(재판장 제갈창 부장판사)는 2019년 1월 17일 제주 4·3사건 당시 행해졌던 불법적이고 반인권적인 계엄 군사재판(군법회의)으로 형무소에 수감되었던 피고인 18명 전원에 대한 공소를 모두 기각했다. 이는 과거 군법회의에서 절차적으로 문제가 있는 불법으로, 군법회의에서 판결한 사항은 인정할 수 없다는 것이다. 이에 따라 이번에 재심을 청구한 18명의 생존 수형인 모두 '무죄'를 선고받으면서, 70년 만에 명예를 회복하게 했다. 이처럼 최근에 와서 비로소 4·3사건의 불법성이 재심을 통해 입증되었다.

18 서울·인천 지역의 부역사건에 대해서는 2010년 6월 8일 진실화해위원회가 조사한 '서울·인천 지역 군경에 의한 민간인 희생 사건'의 진실 규명 결정서에 그 일부가 밝혀졌다. 희생자들은 한국전쟁 발발 전후 국민보도연맹원, '요시찰인', 부역 혐의자 등의 이유로 군경에 의해 처형되었다.

19 박명림, 「한국전쟁과 한국정치의 변화」, 한국정신문화연구원 편, 《한국전쟁과 사회구조의 변화》, 백산서당, 1999, 429~430쪽.

20 《한국전쟁 자료총서 52》, 국사편찬위원회, 429~430쪽; 이임화, 〈한국전쟁기 부역자 처벌〉, 《사림》 제36호, 2010, 120쪽.

21 신문에는 이송된 날짜, 이송 기관이 사실과 다르게 보도되었다. 《동아일보》 1952. 1. 6; 《조선일보》 1952. 1. 5.

22 김귀옥, 〈한국전쟁기 강화도에서의 대량 학살사건과 트라우마〉, 《제노사이드연구》 3, 2008, 57쪽.

23 본래 견벽청야堅壁淸野란 성벽을 견고히 지키면서 들의 작물을 거두고 가옥을 철거하여 적에게 양식이나 쉴 곳의 편의를 주지 않는다는 뜻인데, 당시 작전에서는 빨치

산의 양식과 은신처를 철저히 제거하여 이들을 진멸한다는 의미로 사용되었다. 견벽청야작전은 원래 중국 국공내전 중 국민당군이 공산당군에 대항하여 사용했던 것인데, 일본이 만주에서 사용했던 초토화작전과도 유사하다.

24 이선아, 〈한국전쟁 전후 빨치산의 형성과 활동〉, 《역사연구》 13, 2003 참조.

25 진실화해위원회, 〈경남 산청·거창 등 민간인 희생 사건〉, 《2010년 상반기 조사보고서》 5권 참조.

26 진실화해위원회, 〈포항 지역 미군 폭격사건〉, 《2010년 상반기 조사보고서》 8권, 328쪽. 원래 출처는 Final mission Summary, Aug 50, 39th Fighter Bomber Squadron, 18th Fighter Bomber Wing, Mission Reports of U.S. Air Force Units during the Korean War Era, Records of U.S. Air Force Commands, Activities and Organizations, Box 23, RG 342, NARA.

27 진실화해위원회, 〈포항 지역 미군 폭격 사건〉, 《2010년 상반기 조사보고서》 8권, 333쪽. 원래 출처는 Final mission Summary, Sep 50, 8th Fighter Bomber Squadron, 49th Fighter Bomber Group, Mission Reports of U.S. Air Force Units during the Korean War Era, Records of U.S. Air Force Commands, Activities and Organizations, Box 11, RG 342, NARA.

28 진실화해위원회, 〈단양 곡계굴 미군 폭격사건〉, 《2008년 상반기 조사보고서》, 289쪽. 원래 출처는 'Psychological Warfare Activities Report for Week Ending 16 January 1951' 부록, Military History Section, Box 1788, RG 338, NARA.

29 네이팜탄이란 알루미늄, 비누, 팜유, 휘발유 등을 섞어 젤리 모양으로 만든 네이팜을 연료로 만든 유지소이탄油脂 燒夷彈이다. 폭발할 경우 3,000℃의 고열을 내면서 반지름 30미터 이내를 불바다로 만들어 사람이 타 죽거나 질식하여 죽게 한다.

30 국정원 과거사 규명위원회, 《과거와 대화, 미래의 성찰》, 395~396쪽.

참고문헌

제1부 전쟁 전야─이념 갈등 속의 민간인 학살

1. 조사보고서

1) 진실·화해를위한과거사정리위원회(이하 '진실화해위원회'로 줄임) 사건조사보고서

진실화해위원회, 〈구례 지역 여순사건〉, 《2008년 하반기 조사보고서》 2권, 2008.

_____, 〈순천 지역 여순사건〉, 《2008년 상반기 조사보고서》 2권, 2008.

_____, 〈경북 영천 국민보도연맹 사건〉, 《2009년 하반기 조사보고서》 5권, 2009.

_____, 〈보성·고흥 지역 여순사건〉, 《2009년 하반기 조사보고서》 6권, 2009.

_____, 〈영천 민간인희생 사건〉, 《2009년 하반기 조사보고서》 7권, 2009.

_____, 〈대구10월사건 관련 민간인희생 사건〉, 《2010년 상반기 조사보고서》 4권, 2010.

_____, 〈여수 지역 여순사건〉, 《2010년 상반기 조사보고서》 6권, 2010.

_____, 《종합보고서》 1권, 2010.

_____, 《종합보고서》 3권, 2010.

2) 다른 기관, 단체의 보고서

경찰청 과거사위원회, 《46년 대구10·1사건 중간조사결과》, 2006.

여수지역사회연구소 편, 《여순사건 피해실태 조사보고서 제1집―여수편》, 1998.

_____, 《여순사건 피해실태조사보고서 제3집―순천 외곽 지역편》, 2000.

제4대 국회, 《양민학살사건 진상조사보고서》, 1960.

제주도의회 4·3특별위원회 편, 《제주도 4·3 피해조사보고서》 수정·보완판, 1997.

제주4·3사건 진상규명 및 희생자 명예 회복위원회, 《제주 4·3사건 자료집》 전10권, 2001.

_____, 《제주 4·3사건 진상조사보고서》, 2003.

제주4·3연구소, 《4·3 희생자(제주국제공항) 유해발굴사업 2단계(2차 2008~2009) 최종보고서》, 2011.

제주4·3연구소 편, 《제주 4·3신문자료집》 I·II, 2002.

_____, 《제주 4·3자료집―미군정보고서》, 제주도의회, 2000.

_____, 《제주 4·3자료집 II―미 국무성 제주도 관계문서》, 각, 2001.

_____, 《1960년 국회 양민학살사건 진상조사 특별위원회 보고서》 I·II, 2001.

진실화해위원회·경북대학교사회과학연구원NGO센터, 《2008년 피해자현황조사 용역사업 최종결과보고서(경북 영천시)》, 2009.

2. 논저, 단행본

경북지방경찰청, 《경북경찰발전사》, 2001.

국방부 전사편찬위원회, 《한국전쟁사 제1권》, 1968.

국사편찬위원회, 《자료대한민국사》 9권, 1998.

국회사무처, 《제헌국회 속기록》, 1948.

김득중, 《'빨갱이'의 탄생―여순사건과 반공국가의 형성》, 선인, 2009.

김상숙, 《10월 항쟁―1946년 10월 대구 봉인된 시간 속으로》, 돌베개, 2016.

박찬식, 《4·3과 제주 역사》, 각, 2008.

브루스 커밍스, 김자동 옮김, 《한국전쟁의 기원》, 일월서각, 1986.

서중석, 《이승만과 제1공화국》, 역사비평사, 2007.

_____, 《한국 현대민족운동연구 2―1948~1950 민주주의·민족주의 그리고 반공주의》, 역사비평사, 1996.

아라리 연구원, 《제주 민중항쟁》 1~3권, 소나무, 1988·1989.

양정심, 《제주 4·3항쟁—저항과 아픔의 역사》, 선인, 2008.

여수지역사회연구소, 《다시 쓰는 여순사건 보고서》, 2012.

육군본부, 《공비토벌사》, 1954.

육군본부 정보참모부, 《공비 연혁》, 1971.

정영진, 《폭풍의 10월》, 한길사, 1990.

정해구, 《10월 인민항쟁 연구》, 열음사, 1988.

제민일보 4·3취재반, 《4·3은 말한다》 1~5권, 전예원, 1994.

제주도경찰국, 《제주경찰사》, 1990.

제주도의회, 《제주도 의회 회의록》, 1993.

제주 4·3연구소, 《이제사 말햄수다》 1~2권, 한울, 1989·1990.

조선통신사 편, 《조선연감》(1947년판), 1946.

_____, 《조선연감》(1948년판), 1947.

한국경찰사편찬위원회, 《한국경찰사 II》, 1973.

한국반공연맹 경상북도지부, 《내 고장의 대공투쟁사》, 1987.

3. 논문, 기사, 기타 문헌 자료

김남식, 〈1948~50년 남한 내 빨치산 활동의 양상과 성격〉, 《해방 전후사의 인식 4》, 한길
사, 1989.

김득중, 〈여순사건과 이승만 반공체제의 구축〉, 성균관대학교 박사학위논문, 2004.

김상숙, 〈농민항쟁의 측면에서 본 1946년 10월사건—경북 영천의 사례연구〉, 《기억과 전
망》 25호, 2011.

_____, 〈1946년 10월 항쟁의 지역적 전개양상—영천의 사례를 중심으로〉, 《통일문제연
구》 30집, 2011.

_____, 〈한국전쟁 전 대구경북 지역 민간인학살 사건의 실태와 특징〉, 《대구사학》 102집,
2011.

_____, 〈1948~1949년 지역 내전과 마을 청년들의 경험—경북 영천의 사례를 중심으
로〉, 《경제와 사회》 101호, 2014.

_____, 〈1946년 10월 항쟁과 대구지역의 진보적 사회운동〉, 《민주주의와 인권》 16권 2
호, 2016.

_____, 〈1947~1949년 대구지역의 진보적 사회운동과 민간인 학살〉, 《기억과 전망》 34호, 2016.

_____, 〈10월 항쟁 유족회와 과거청산운동〉, 《NGO연구》 11권 1호, 2016.

김순태, 〈제주 4·3 당시 계엄의 불법성〉, 《제주 4·3 연구》, 역사비평사, 1999.

김종민, 〈제주 4·3항쟁─대규모 민중학살의 진상〉, 《역사비평》 1998년 봄호, 1998.

김진웅, 〈미군정기 국내정치에 있어서 경찰의 역할〉, 《대구사학》 97집, 2009.

김춘수, 〈1946~1953년 계엄의 전개와 성격〉, 성균관대학교 박사학위논문, 2013.

노영기, 〈여순사건과 구례─여순사건 직후 군대의 주둔과 진압을 중심으로〉, 《사회와 역사》 68호, 2005.

양조훈, 〈제주 4·3의 역사적 조명〉, 《제주도연구》 15집, 1998.

허상수, 〈정부 보고서를 통해 본 제주 4·3사건의 진상〉, 《제주 4·3 진상규명운동의 현 단계와 과제─제주 4·3 진상조사보고서를 중심으로》(4·3관련 4단체 심포지엄 자료집), 2003.

4. 외국어 문헌(1차 자료, 논저, 논문)

한림대학교 아시아문화연구소 편, 《미군정기 정보자료집: 시민소요·여론조사보고서 (1945. 9~1948. 6)》 제1권, 한림대학교 출판부, 1995.

_____, 《미군정기 정보자료집─CIC(방첩대) 보고서》 제1~3권, 한림대학교 출판부, 1995.

_____, 《주한미육군사령부 정보일지 G─2 Periodic Report》 제1~7권, 한림대학교 출판부, 1988.

_____, 《주한미육군사령부 주간정보 요약 G─2 Weekly Summary》 제1~5권, 한림대학교 출판부, 1990.

HQ. 6th Division, *G─2 Summary of Kyongsang, Kyongsang Communist Uprising of October 1946*, 1946. 12. 1.

HQ. 99th M.G. Gp.(제99군정단 본부 부대일지), 1946. 10. 1~1946. 10. 5.

RG554. USAFIK, Adjutant General Section, Records of General Headquarters, Far East Command, Supreme Commander, Allied Powers and United Nations Command, General Correspondence(Decimal Files) 1945~1949, A1 1378, 000.5 Reports 1947~1948(2),

NARA.

USAFIK, *History of the United States Armed Forces in Korea*, 1948(《주한미군사》, 돌베개 간행 영인본, 1988).

5. 영상 자료, 인터넷 사이트

대구문화방송 영상 자료, 〈대구 현대사 재조명 2부: 1946년 10월, 항쟁의 도시〉, 2005.

10월 항쟁 유족회 홈페이지(http://cafe.daum.net/daegu—10·1).

제주 4·3사건 진상규명 및 희생자 명예 회복위원회(http://www.jeju43.go.kr).

제주 4·3평화재단(http://www.jeju43peace.or.kr/).

행정안전부 과거사관련업무지원단 홈페이지(http://www.pasthistory.go.kr).

제2부 전쟁과 국가폭력

1. 조사보고서

1) 진실화해위원회 사건조사보고서

진실화해위원회, 〈고양 금정굴 사건〉, 《2007년 상반기 조사보고서》, 2007.

_____, 〈나주 동창교 민간인 집단희생 사건〉, 《2007년 상반기 조사보고서》, 2007.

_____, 〈함평 11사단 사건〉, 《2007년 상반기 조사보고서》, 2007.

_____, 〈고양 부역혐의 희생 사건〉, 《2007년 하반기 조사보고서》, 2007.

_____, 〈예천 산성동 미군 폭격 사건〉, 《2007년 하반기 조사보고서》, 2007.

_____, 〈당진지역 적대세력에 의한 희생 사건〉, 《2008년 상반기 조사보고서》 1권, 2008.

_____, 〈강화(강화도·석모도·주문도)지역 민간인희생 사건〉, 《2008년 상반기 조사보고서》 2권, 2008.

_____, 〈단양 곡계굴 미군 폭격 사건〉, 《2008년 상반기 조사보고서》 2권, 2008.

_____, 〈함평수복작전 민간인희생 사건〉, 《2008년 상반기 조사보고서》 2권, 2008.

_____, 〈남원지역 민간인희생 사건〉, 《2008년 하반기 조사보고서》 2권, 2008.

_____, 〈포항 흥안리 미군 폭격 사건〉, 《2008년 하반기 조사보고서》 2권, 2008.

_____, 〈불갑산지역 민간인희생 사건〉, 《2008년 하반기 조사보고서》 3권, 2008.

_____, 〈순창지역 민간인희생 사건〉, 《2008년 하반기 조사보고서》 3권, 2008.

_____, 〈함양 민간인희생 사건〉, 《2008년 하반기 조사보고서》 3권, 2008.

_____, 〈고창지역 적대세력에 의한 희생 사건〉, 《2009년 상반기 조사보고서》 2권, 2009.

_____, 〈영광지역 적대세력에 의한 희생 사건〉, 《2009년 상반기 조사보고서》 2권, 2009.

_____, 〈강화(교동도)지역 민간인희생 사건〉, 《2009년 상반기 조사보고서》 3권, 2009.

_____, 〈부산·경남지역 형무소 재소자 희생 사건〉, 《2009년 상반기 조사보고서》 3권, 2009.

_____, 〈전남 지역(담양·장성·화순·영광) 11사단 사건〉, 《2009년 상반기 조사보고서》 4권, 2009.

_____, 《통영·거제 국민보도연맹원 등 민간인희생 사건 진실 규명 결정서》, 《2009년 상반기 조사보고서》 5권, 2009.

_____, 〈국민보도연맹 사건〉, 《2009년 하반기 조사보고서》 7권, 2009.

_____, 〈호남지역 군 작전 중 발생한 민간인희생 사건〉, 《2009년 하반기 조사보고서》 7권, 2009.

_____, 〈서울·인천지역 군경에 의한 민간인희생 사건〉, 《2010년 상반기 조사보고서》 3권, 2010.

_____, 〈화순·나주지역 군경에 의한 민간인희생 사건〉, 《2010년 상반기 조사보고서》 3권, 2010.

_____, 〈광주·목포·순천·전주·군산 형무소 재소자 희생 사건〉, 《2010년 상반기 조사보고서》 4권, 2010.

_____, 〈영광지역 민간인희생 사건〉, 《2010년 상반기 조사보고서》 4권, 2010.

_____, 〈경남 산청·거창 등 민간인희생 사건〉, 《2010년 상반기 조사보고서》 5권, 2010.

_____, 〈경남 산청지역 적대세력에 의한 민간인희생 사건〉, 《2010년 상반기 조사보고서》 5권, 2010.

_____, 〈대전·충청지역 형무소 재소자 희생 사건〉, 《2010년 상반기 조사보고서》 5권, 2010.

_____, 〈포항 환여동 미군 함포 사건〉, 《2010년 상반기 조사보고서》 5권, 2010.

_____, 〈대구·경북지역 형무소 재소자 희생 사건〉, 《2010년 상반기 조사보고서》 6권,

2010.

_____, 〈단양지역 미군 관련 희생 사건〉, 《2010년 상반기 조사보고서》 6권, 2010.

_____, 〈김천·단양지역 미군 폭격 사건〉, 《2010년 상반기 조사보고서》 7권, 2010.

_____, 〈서부경남 민간인희생 사건〉, 《2010년 상반기 조사보고서》 7권, 2010.

_____, 〈중부지역 형무소 재소자 희생 사건〉, 《2010년 상반기 조사보고서》 7권, 2010.

_____, 〈고창지역 민간인희생 사건〉, 《2010년 상반기 조사보고서》 8권, 2010.

_____, 〈예천 진평리 미군 폭격 사건〉, 《2010년 상반기 조사보고서》 8권, 2010.

_____, 〈포항 북송리 미군 폭격 사건〉, 《2010년 상반기 조사보고서》 8권, 2010.

_____, 〈포항지역 미군 폭격 사건〉, 《2010년 상반기 조사보고서》 8권, 2010.

_____, 《종합보고서》 1권, 2010.

_____, 《종합보고서》 3권, 2010.

2) 다른 기관, 단체의 보고서

제4대 국회, 《양민학살사건 진상조사보고서》, 1960.

제주4·3사건진상규명및희생자명예회복위원회, 《제주 4·3사건 진상조사보고서》, 선인, 2003.

진실화해위원회·공주대학교참여문화연구소, 《2008년 피해자현황조사 용역사업 최종결과보고서(충북 영동군)》, 2009.

진실화해위원회·동아대학교석당학술원, 《피해자현황조사 용역사업 결과보고서》, 2007.

진실화해위원회·전남대학교사회과학연구소, 《2008년 피해자현황조사 용역사업 최종결과보고서(전남 영광군)》, 2009.

진실화해위원회·전남대학교산학협력단심리건강연구소, 《심리적 피해현황 조사보고서》, 2007.

진실화해위원회·충북대학교박물관, 《한국전쟁 전후 민간인 집단희생 관련 2007년 유해발굴 보고서》, 2008.

_____, 《한국전쟁 전후 민간인 집단희생 관련 2008년 유해발굴 보고서》, 2009.

_____, 《한국전쟁 전후 민간인 집단희생 관련 2009년 유해발굴 보고서》, 2009.

진실화해위원회·한국현대사회연구소, 《한국전쟁 전후 민간인 집단희생 관련 유해 매장 추정지 조사용역 최종보고서》, 2007.

한국전쟁전후민간인학살진상규명범국민위원회, 《한국전쟁 전후 민간인 학살 실태보고서》, 한울, 2005.

2. 논저, 단행본

경찰청, 《경찰청과거사진상규명위원회 백서》, 범신사, 2007.

곡계굴대책위원회, 《단양곡계굴진상규명 자료집―한국전쟁과 통한의 곡계굴》, 2005.

국군보안사령부, 《대공30년사》, 고려서적주식회사, 1978.

국민보도연맹중앙본부, 《애국자》 창간호, 1949. 10. 1.

국방부 군사편찬연구소, 《6·25전쟁사》 제4권, 2008.

국방부 군사편찬연구소 편, 《한국전쟁의 유격전사》, 2003.

국방부 전사편찬위원회, 《참전 군인 증언록》, 발행연도 미상.

_____, 《한국전란 1년지》, 1950.

_____, 《한국전쟁사》 1권, 1967.

국사편찬위원회, 《자료 대한민국사》 8~18권, 1998~2004.

공보처 통계국 편, 《6·25사변 피살자명부》, 1952.

김경현, 《진주이야기 100선》, 진주문화원, 1998.

_____, 《1950년 진주 민중과 전쟁기억》, 선인, 2007.

김기진, 《끝나지 않은 전쟁 국민보도연맹》, 역사비평사, 2002.

_____, 《한국전쟁과 집단학살》, 푸른역사, 2005.

김동춘, 《이것은 기억과의 전쟁이다》, 사계절, 2013.

김득중, 《빨갱이의 탄생, 여순 사건과 반공 국가의 형성》, 선인, 2009.

김병희, 《미수옹 회고록》, 1995.

김주완, 《토호세력의 뿌리―마산현대사를 통해 본 지역사회의 지배구조》, 불휘, 2006.

김태우, 《폭격: 미공군의 공중폭격 기록으로 읽는 한국전쟁》, 창작과비평사, 2013.

내무부 치안국, 《경찰10년사》, 1958.

대전지방검찰청, 《대전지방검찰사》, 1992.

명석면사편찬추진위원회, 《명석면사》, 늘함께, 2000.

박원순, 《국가보안법연구》 1권, 역사비평사, 1989.

백선엽, 《군과 나》, 시대정신, 2009.

법무부, 《법무부사》, 1988.

_____, 《한국교정사》, 1987.

서중석, 《조봉암과 1950년대(하)》, 역사비평사, 1999.

서중석 외, 《전쟁 속의 또 다른 전쟁—미국 문서로 본 한국전쟁과 학살》, 선인, 2011.

신경득, 《조선종군실화로 본 민간인학살》, 살림터, 2002.

신기철, 《전쟁범죄—한국전쟁 민간인 학살의 본질을 말하다》, 2015.

_____, 《진실, 국가범죄를 말하다》, 자리, 2011.

수원시, 《수원 근·현대사 증언자료집 I》, 경기출판사, 2001.

역사문제연구소, 《한국근현대지역운동사 1》(영남편), 여강, 1993.

유병진, 《재판관의 고민》, 서울고시학회, 1952.

육군본부, 《공비토벌사》, 1954.

_____, 《육군헌병약사 1945~1967년》, 1969.

_____, 《한국전쟁사료》 59권, 1987.

_____, 《한국전쟁사료》 65권, 1988.

육군사관학교, 《한국전쟁사부도》, 황금알, 1981.

21세기 군사연구소 편, 《한국전쟁 해전사》, 2003.

이응준, 《회고 90년》(1890~1981), 산운기념사업회, 1982.

이형근, 《군번 1번의 외길 인생》, 중앙일보사, 1993

제주 4·3연구소, 《무덤에서 살아나온 4·3 수형자들》, 역사비평사, 2002.

전북경찰청, 《전북경찰 60년사》, 2005.

중앙일보사 편, 《민족의 증언》 1권, 1983.

_____, 《민족의 증언》 2권, 1983.

_____, 《민족의 증언》 3권, 1983.

최정기 외, 《전쟁과 재현》, 한울아카데미, 2008.

최호근, 《제노사이드》, 책세상, 2005.

충북대책위, 《기억여행: 탑연리에서 노동리까지》, 예당출판, 2006.

태극단동지회, 《태극단투쟁사: 6·25 遊擊實戰事例》, 1983.

한국정신문화연구원 편, 《한국전쟁과 사회구조의 변화》, 백산서당, 1999.

한국혁명재판사편찬위원회 편, 《한국혁명재판사 4》, 1962.

한성훈, 《가면권력: 한국전쟁과 학살》, 후마니타스, 2014.

_____, 《학살, 그 이후의 삶과 정치》, 산처럼, 2018.

한인섭 편,《거창양민학살 사건자료집 I·II·III》, 서울대학교 법학연구소, 2003.

헌병사령부,《한국헌병사》, 대건출판사, 1952.

홍두표,《나의 여운》, 새틀, 2006.

홍순권 외,《전쟁과 국가폭력》, 선인, 2012.

3. 논문, 기사, 기타 문헌 자료

강은지,〈한국전쟁기 미군의 역할과 한국 피난민 문제〉,《인권과 평화 강의 자료집: 한국
　　전쟁기 국가폭력과 인권》, 성공회대학교, 미간행 자료(2011).

권혁상,〈도내 보도연맹원 2천여 명 피살〉,《충청리뷰》1994년 6월호, 1994.

김귀옥,〈한국전쟁기 강화도에서의 대량학살 사건과 트라우마─1950년 10월~1951년 6
　　월을 중심으로〉,《제노사이 연구》3호, 2008.

김상숙,〈과거청산을 위한 역사적 진실 규명과 진실화해위원회위원회 보고서: 한국전쟁 전
　　후 민간인 학살 분야를 중심으로〉,《사회와 역사》104호, 2014.

김수자,〈대동청년단의 조직과 활동〉,《역사와 현실》31호, 1999.

김태우,〈한국전쟁기 미 공군에 의한 서울 폭의 목적과 양상〉,《서울학연구》35호, 2009.

_____,〈육감에서 정책으로: 한국전쟁기 미 공군 전폭기들의 민간지역 폭격의 구조〉,
　　《역사와 현실》77호, 2010.

_____,〈진실화해위원회의 미군 사건 조사보고서에 대한 비판적 검토〉,《역사연구》21
　　호, 2011.

노가원,〈대전형무소 4천3백 명 학살 사건〉,《월간 말》1992년 2월호, 1992.

박명림,〈전쟁과 인민: 통합과 분화와 학살〉, 한림대학교 아시아문화연구소《아시아문화》
　　16호, 2000.

심규상,〈진상보고: 사진과 증언으로 재연한 대전형무소 학살 사건〉,《월간 말》2002년 2
　　월호.

서덕순,〈피난실기〉, 공주향토문화연구회,《웅진문화》13집, 2003.

정병준,〈한국전쟁 초기 국민보도연맹원 예비검속·학살 사건의 배경과 구조〉,《역사와 현
　　실》54호, 2004.

도진순,〈1951년 1월 산성동 폭격과 미10군단의 조직적 파괴정책〉,《역사비평》73호,
　　2005.

이상길, 〈한국전쟁시기 마산 여양리 민간인 학살의 실상과 성격〉,《한국전쟁 55주년 기획 발표: 한국전쟁시기 경남지역 민간인 학살문제》, 2005.

이선아, 〈한국전쟁 전후 빨치산의 형성과 활동〉,《역사연구》13, 2003.

이임하, 〈한국전쟁기 부역자 처벌〉,《사림》36, 2010.

이재곤·정구도·오윤석, 〈전시 민간인 보호를 위한 국제법적 규제: 한국전쟁 시 소위 '충북 영동군 황간면 노근리 민간인 살상 사건'과 관련하여〉,《충남대학교 법학연구》10권 1호, 1999.

조시현, 〈한국전쟁기 미군에 의한 민간인희생 사건의 법적 성격: 국제인도법과 국제인권법을 중심으로〉,《민주법학》37호, 2008.

최정기, 〈해방 이후 한국전쟁까지의 형무소 실태연구—행형제도와 수형자의 경험을 중심으로〉,《제노사이드 연구》2호, 2007.

한성훈, 〈거창 사건의 처리과정과 남는 문제〉,《제노사이드 연구》2호, 2007.

한인섭, 〈한국전쟁과 형사법—부역자 처벌 및 민간인 학살과 관련된 법적 문제를 중심으로〉,《서울대학교법학》41권 2호, 2000.

홍순권·배병욱, 〈한국전쟁 전후 김해지역 민간인학살의 실태와 성격〉,《제노사이드 연구》4호, 2008.

4. 외국어 문헌(1차 자료, 논저, 논문)

Alan Winnington, "I saw the Truth in Korea", *Daily Worker*(London: People's Press Printing Society Ltd., 1950).

Gavan McCormack, *Cold war, hot war: An Australian perspective on the Korean War*(Hale & Iremonger, 1983).

Getty Images, Untold Story: the Fall of Picture, Post, 16 March 2002.

Philip Deane, *I Was A Captive in Korea*(New York: Norton, 1953).

Richard James Aldrich, Gary D. Rawnsley, Ming—Yeh T. Rawnsley, *The clandestine Cold War in Asia, 1945—65: Western intelligence, propaganda and special operation*(London—New York: Frank Cass, 2005).

Stephen Simmons and Haywood Magee, "War in Korea", *Picture Post* vol. 48, No. 5, July 1950.

한림대학교 아시아문화연구소 편,《주한미군사령부 정보일지 G―2 Periodic Report(1948. 12. 13~1949. 6. 17)》제6권, 한림대학교 출판부, 1989.

_____,《주한미군사령부 정보일지 G―2 Periodic Report(1948. 12. 13~1949. 6. 17)》제7권, 한림대학교 출판부, 1989.

_____,《주한미군사령부 주간정보 요약 G―2 Weekly Summary(1948. 1. 31~1948. 11. 26)》제5권, 한림대학교 출판부, 1990.

_____,《KLO(Korean Liaison Office)·TLO(Tactical Intelligence Liaison Office) 문서집: 미극동군 사령부 주한연락사무소, 1950. 1~1951. 2》제1권, 한림대학교 출판부, 2000.

HQ USAFIK, Counter Intelligence Corps, Monthly Information Report(1945. 9~1949. 1), 한림대 아시아문화연구소 편,《미군정기 정보자료집―CIC(방첩대) 보고서》제3권, 한림대학교 출판부, 1995.

Incoming Message, Folder: Korean War Official Letter Aug 11~20, 1950, Series Far East Command, Box 2, RG 6, Macarthur Memorial Archives and Library

Reported war atrocities in Korea, FO 371/84178, General Correspondence from Political and Other Departments, Foreign Office, UK.

RG 263, Box 333. Syngman Rhee forces massacre civilians, FBIS Daily Reports 1941~50, NARA.

RG 319, Box 85. Outgoing Classified Message, Joint Sitrep―Korea Number 8. NARA.

RG 319, Box 4622, Execution of Political Prisoners in Korea, Report no. R―189―50, Records of the Army Staff G―2 ID File, NARA.

RG 338, Box 20, Consolidated Weekly Activities Report of 13 June 51, UN Civil Assistance Command, Korea(UNCACK), 1951, NARA.

RG 338, Box 20. Weekly Activities Report of Period 7 to 13 January 51, UN Civil Assistance Command, Korea(UNCACK), 1951, NARA.

RG 338, Box 20. Weekly Activities Report of Period 15 to 21 January 51, UN Civil Assistance Command, Korea(UNCACK), 1951, NARA.

RG 338, Box 20. Weekly Activities Report of Period 22 to 28 January 51, UN Civil Assistance Command, Korea(UNCACK), 1951, NARA.

RG 338, Box 20. Weekly Activities Report of Period 29 January to 4 February 51, UN Civil

Assistance Command, Korea(UNCACK), 1951, NARA.

RG 407, Box 3473. Activities Report, Spot Report 42, NARA.

RG 407, Box 3758. War Diary and Acitivity Report: 7 October 1950, 25th CIC Detachment, 2 Nov. 1950, NARA.

RG 338, Box 611, Incoming Message, Records fo HQs FEC SCAP UNC Adjutant General's Section, Operation division Secret General Correspondence 1950, NARA.

RG 338, Conditions in North Korean Held Territory, NARA.

5. 영상 자료, 인터넷 사이트

국회 홈페이지 의안정보시스템(http://likms.assembly.go.kr).

금정굴인권평화재단 홈페이지(http://www.gjpeace.or.kr).

노근리평화공원 홈페이지(http://www.nogunri.net).

포항 미군 폭격 사건 유족회 카페(http://cafe.daum.net/hmg816).

행정안전부 과거사관련업무지원단 홈페이지(http://www.pasthistory.go.kr).

제3부 독재정치하의 인권탄압

1. 조사보고서

1) 진실화해위원회 사건조사보고서

진실화해위원회, 〈민족일보 조용수 사건〉, 《2006년 하반기 조사보고서》, 2006.

_____, 〈태영호 납북 사건〉, 《2006년 하반기 조사보고서》, 2006.

_____, 〈납북귀환어부 서창덕 간첩 조작 의혹 사건〉, 《2007년 하반기 조사보고서》, 2007.

_____, 〈진보당 조봉암 사건〉, 《2007년 하반기 조사보고서》, 2007.

_____, 〈YH노조 김경숙 사망 관련 조작 의혹 사건〉, 《2008년 상반기 조사보고서》 3권, 2008.

_____, 〈80년 사북 사건〉, 《2008년 상반기 조사보고서》 3권, 2008.

_____, 〈동아일보 광고 탄압사건〉, 《2008년 하반기 조사보고서》 4권, 2008.

_____, 〈박동운 일가 사건〉, 《2008년 하반기 조사보고서》 4권, 2008.

_____, 〈보안대의 가혹행위에 의한 임성국 사망 사건〉, 《2008년 하반기 조사보고서》 4권, 2008.

_____, 〈재일동포 유학생 이종수 국가보안법 위반 사건〉, 《2008년 하반기 조사보고서》 4권, 2008.

_____, 〈남현진 의문사 사건〉, 《2009년 상반기 조사보고서》 5권, 2009.

_____, 〈납북귀환어부 정영 등 간첩 조작 의혹 사건〉, 《2009년 상반기 조사보고서》, 5권, 2009.

_____, 〈안상근 의문사 사건〉, 《2009년 상반기 조사보고서》 5권, 2009.

_____, 〈유신치하 학원통제 사건〉, 《2009년 상반기 조사보고서》 5권, 2009.

_____, 〈임봉택 외 2인의 반공법 위반 사건〉, 《2009년 상반기 조사보고서》 5권, 2009.

_____, 〈신호수 의문사 사건〉, 《2009년 하반기 조사보고서》 8권, 2009.

_____, 〈재일동포 김병진 인권침해 사건〉, 《2009년 하반기 조사보고서》 8권, 2009.

_____, 〈전향공작 관련 인권침해 사건〉, 《2009년 하반기 조사보고서》 8권, 2009.

_____, 〈1980년 언론 통폐합 및 언론인 해직 사건〉, 《2009년 하반기 조사보고서》 8권, 2009.

_____, 〈이성희에 대한 간첩 조작 의혹 사건〉, 《2010년 상반기 조사보고서》 9권, 2010.

_____, 〈재일동포 유지길 인권침해 사건〉, 《2010년 상반기 조사보고서》 9권, 2010.

_____, 〈주민교회 탄압 사건〉, 《2010년 상반기 조사보고서》 9권, 2010.

_____, 〈청계피복노조 등에 대한 노동기본권 및 인권침해 사건〉, 《2010년 상반기 조사보고서》 9권, 2010.

_____, 〈문승필 의문사 사건〉, 《2010년 상반기 조사보고서》 10권, 2010.

_____, 〈정경식 의문사 사건〉, 《2010년 상반기 조사보고서》 10권, 2010.

_____, 〈좌익재소자의 사망 관련 인권침해 사건〉, 《2010년 상반기 조사보고서》 10권, 2010.

_____, 《종합보고서》 1권, 2010.

_____, 《종합보고서》 4권, 2010.

2) 다른 기관, 단체의 보고서

경찰청과거사진상규명위원회, 《경찰청과거사진상규명위원회 조사결과보고서》, 2007.

국정원 과거사건 진실 규명을 통한 발전위원회, 《인혁당 및 민청학련사건 조사보고서》, 2005.

국정원 과거사건 진실 규명을 통한 발전위원회 편, 《과거와 대화, 미래의 성찰—학원·간첩 편 VI》, 국가정보원, 2007.

_____, 《과거와 대화, 미래의 성찰—언론·노동 편 V》, 국가정보원, 2007.

국방부 과거사진상규명위원회, 《강제 징집·녹화사업 사건 조사결과보고서》, 2006.

_____, 《보안사 민간인 사찰 사건 조사결과보고서》, 2007.

_____, 《삼청교육대 사건 진상조사보고서》, 2006.

_____, 《재일동포 및 일본관련 간첩조작 의혹사건》, 2007.

_____, 《종합보고서》, 2007.

대통령 소속 의문사 진상규명위원회, 《사상전향제도의 이해》, 2001.

_____, 《1차 보고서》, 2003.

_____, 《2차 보고서—진실을 향한 험난한 여정》, 2004.

진실화해위원회·전남대학교산학협력단심리건강연구소, 《심리적 피해현황 조사보고서》, 2007.

2. 논저, 단행본

국군보안사령부, 《대공 30년사》, 1978.

김덕용, 《고문정치학》, 동광출판사, 1988.

김병진, 《보안사》, 소나무, 1988.

김지형, 《남북을 잇는 현대사 산책》, 선인, 2003.

김형욱·박사월, 《김형욱 회고록 2》, 아침, 1985.

김효순, 《조국이 버린 사람들》, 서해문집, 2015.

노민영·강희정, 《거창양민학살》, 온누리, 1988.

동아일보 80년사 편찬위원회, 《민족과 더불어 80년》, 동아일보사, 2000.

문명자, 《내가 본 박정희와 김대중》, 월간 말, 1999.

민주화운동기념사업회 편, 《한국민주화운동사 연표》, 2006.

박원순, 《국가보안법 연구 2》, 역사비평사, 1997.

_____, 《야만시대의 기록》 1~3권, 역사비평사, 2006.

박태균, 《조봉암 연구》, 창작과비평사, 1995.

박태순·김동춘, 《1960년대의 사회운동》, 까치, 1991.

서중석, 《조봉암과 1950년대》 상·하, 역사비평사, 1999.

원희복, 《조용수와 민족일보》, 도서출판 새누리, 2004.

유영구, 《남북을 오고간 사람들》, 글, 1993.

이상우, 《박정희, 파멸의 정치공작》, 동아일보사, 1993.

이수병 선생 기념사업회 편, 《암장: 인혁당 사형수 이수병 평전》, 지리산, 1992.

재일동포 정치범사건 재심 변호인단, 《우리는 왜 간첩이 되었나》 11, 22사건 40년 토론회 자료집, 2015.

정태영, 《조봉암과 진보당》, 한길사, 1991.

조갑제, 《고문과 조작의 기술자들》, 한길사, 1987.

존 G. 알렌, 권정혜 외 옮김, 《트라우마의 치유》, 학지사, 2010.

중앙선거관리위원회, 《대한민국정당사》, 1968.

중앙정보부, 《북한대남공작사》 제2권, 1973.

최창남, 《울릉도 1974》, 뿌리와 이파리, 2012.

페터 엘사스, 최현정 옮김, 《고문폭력 생존자 심리치료》, 민주화운동기념사업회, 2009.

한국역사연구회 4월 민중항쟁 연구반, 《4·19와 남북관계》, 민연, 2001.

한국정치연구회, 《한국정치사》, 백산서당, 1990.

한국혁명재판사 편찬위원회 편, 《한국혁명재판사》, 1962.

3. 논문, 기사, 기타 문헌 자료

김성수, 〈함석헌의 삶, 그리고 영국역사에서 학살 경험과 치유〉, 《고문 국가폭력피해자 치유를 위한 다학제간 모색―역사문화론적 접근》, 인권의학연구소·민주화운동기념 사업회, 2012.

김지형, 〈나는 왜 황태성 사건을 미국에 고발했나?〉, 《민족21》, 2003.

_____, 〈4·19 직후 민족자주통일협의회 조직화과정〉, 《역사와 현실》 21, 1996.

_____, 〈황태성, "본인 만나서 할 말 다했다"〉, 《민족21》 3호, 2001.

노계원, 〈제3공화국 말기 언론통제에 관한 분석적 연구〉, 성균관대학교 언론정보대학원 석사학위논문, 1999.

바딤 투카첸코, 〈한반도와 러시아 정치의 우선적 방향〉, 《월간조선》 1992년 7월호.

박은정, 〈반민주적 법률 개폐를 위한 공개토론〉, 《법과 사회》 창간호, 1989.

신준영, 〈북한 밀사 황태성의 최후 육성 증언〉, 《월간 말》, 1993년 8월호.

임채도, 〈고문피해자 인권상황과 사회적 치유의 과제〉, 《역사와책임》 4호, 포럼 진실과 정의, 2013.

_____, 〈과거사 재심과 국가배상소송에서의 인권침해〉, 《역사와책임》 8호, 포럼 진실과 정의, 2015.

전명혁, 〈1960년대 '동백림사건'과 정치·사회적 담론의 변화〉, 《역사연구》 22호, 2012.

_____, 〈1960년대 '1차 인혁당' 연구〉, 《역사비평》, 2011.

전창일, 〈세칭 인혁당을 말한다〉, 《인혁당사건, 그 진실을 찾아서》, 재경 대구경북민주동우회 민청학련·인혁당 진상규명위원회, 2005.

〈황태성 판결문〉(중앙계엄고등군법회의, 〈황태성 판결〉, 1961. 12. 27; 육군고등군법회의(高軍刑第 43호), 〈황태성 판결〉, 1962. 10. 26; 대법원, 〈황태성 판결〉, 1963. 1. 31).

4. 외국어 문헌(1차 자료, 논저, 논문)

在日韓國人政治犯を救援する家族·僑胞の會, 《在日韓國人政治犯救援運動記錄集》, 1993.

Michael Goodhart, *Human Rights: Politics and Practice*(Oxford University Press, 2013).

5. 영상 자료, 인터넷 사이트

MBC 영상 자료, 〈이제는 말할 수 있다—박정희의 레드 콤플렉스, 황태성 간첩사건〉, 2001.

국회 홈페이지 의안정보시스템(http://likms.assembly.go.kr).

행정안전부 과거사관련업무지원단 홈페이지(http://www.pasthistory.go.kr).

찾아보기

한국 현대사와 국가폭력

⊙ 2019년 6월 29일 초판 1쇄 발행
⊙ 2023년 6월 20일 초판 3쇄 발행
⊙ 엮은이   김상숙·박은성·임채도·전명혁·한성훈·홍순권
⊙ 펴낸이   박혜숙
⊙ 책임편집   정호영
⊙ 디자인   이보용
⊙ 펴낸곳   도서출판 푸른역사
　　우) 03044 서울시 종로구 자하문로8길 13
　　전화: 02)720-8921(편집부) 02)720-8920(영업부)
　　팩스: 02)720-9887
　　전자우편: 2013history@naver.com
　　등록: 1997년 2월 14일 제13-483호

ⓒ 푸른역사, 2023

ISBN   979-11-5612-145-9   93900